新풍流

골프
나를 만들고 가르치다

우기정 지음

LEADERPIA

新風流 신풍류
골프 나를 만들고 가르치다

초판 1쇄 인쇄 2023년 06월 16일
초판 1쇄 발행 2023년 06월 29일

지은이 : 우기정
펴낸이 : 유승용
자　문 : 김해태
디자인 : (주)사사연
표지디자인 : 조은진
마케팅 : 황태혁, 송경민, 조수아

발행처 : (주)리더피아
출판신고 : 2015년 05월 14일 제 2022-000045호

주소 : 서울특별시 중구 을지로 95, 리더빌딩 3층(을지로2가)
전화 : (02) 6959-9326
팩스 : (02) 6959-9329
이메일 : happy@leaderpia.com
홈페이지 : www.leaderpia.com

ⓒ 2023 우기정
ISBN 979-11-956590-5-0 03300

* 이 책은 저작권법에 따라 보호받는 저작물이므로 무단전재와 복제를 금하며, 책 내용의 전부 또는 일부를 이용하려면 반드시 저작권자와 (주)리더피아의 서면 동의를 받아야 합니다.
* 잘못된 책은 구입처에서 바꿔드립니다.
* 책값은 뒤표지에 있습니다.

新風流
신 풍 류

골프
나를 만들고 가르치다

우기정 지음

LEADERPIA

골프 인생 60년을 돌아보다

내가 앉은 자리에서 창밖을 내다보면 골프코스가 펼쳐져 있다. 대구CC의 동코스와 중코스의 스타트 홀과 마지막 홀이 한 눈에 들어온다.

필드에서 열심히 골프를 즐기고 있는 골퍼들의 모습 위로 50년 전의 그림이 오버랩 된다. 세월이 흘렀지만 골프공을 쫓는 골퍼들의 열정은 한결 같다. 50년 전이라면 대구CC가 국내 열다섯 번째 정규코스 골프장으로 탄생한 해이다.

대구광역시가 경상북도 대구시였던 시절, 등록된 자가용 대수가 1000대가 안되던 그때쯤 대구지역 골프인구는 100명 정도였다. 원거리의 내장객을 합쳐 110명이 플레이를 하던 날 캐디가 모자라 직원 부인들이 골프채를 머리에 이고 그린을 향하던 희한한 광경도 엊그제 같다. 그야말로 격세지감이다.

대구CC가 개장한 1972년 우리나라 골프 인구는 2만 명 정도였으나 불과 50년이 지난 지금은 600만 명을 헤아릴 것으로 추산된다. 실제 골프 인구는 스크린골프를 포함해서 필드를 밟지 않은 골퍼들까지 더하면 그 이상일 것이란 예상도 있다.

간단히 말해 골프는 '골프채(Club)로 골프공(Golf Ball)을 홀컵(Hole)에 넣는 운동'이다. 적은 타수로 골프공을 홀컵에 넣으면 이기는, 어찌 보면 단순한 운동이다. 그런 골프가 지구촌을 홀리고 있다.

영국 스코틀랜드에서 시작된 골프가 이제는 전 세계적으로 전파돼 직접 즐기거나 방송 매체를 통해 여가 시간을 할애하는 사람들이 많아지고, 올림픽 종목으로까지 발전했다.

특히 상업성과 연계돼 미디어 매체를 통해 인기를 얻으면서 스스로 즐기는 사람들과 어우러져 전성기를 구가하고 있다고 해도 과언이 아니다. 상업적으로는 세계적으로 큰 시장이 형성되기에 이르렀다. 무려 206개 나라에 3만 8000여 곳의 골프코스가 있다고 한다. 더구나 한국에서는 스크린골프라는 장르가 개발돼 새로운 골프 문화를 만들어가고 있다.

오늘도 골프는 나를 설레게 한다

오래라면 오랜 기간 골프를 친 사람으로서 돌이켜 보면 참 많은 생각이 떠오른다. 골프 자체의 운동 효과가 인체에 미치는 영향은 물론 플레이에서 일어나는 모든 것을 생각할 때마다 인간에게 가장 재미있는 스포츠가 아닌가 생각해 본다.

18홀 라운드를 할 때마다 골프가 인간의 세상살이와 흡사하다는 생각을 갖게 된다. 그래서인지 사람들은 골프는 '인생의 축소판'이라고 이야기한다. 물론 골프를 하시 않는 사람들은 알 수 없는 이야기겠지만 골프를 시작해서 한 번이라도 라운드한 사람은 이런 생각에 동의할 것이다.

골프를 아는 사람이라면 초보든 프로든 라운드 전날의 설렘은 거의 같다. 골프와 60년 가까운 세월을 같이 한 나 또한 아직도 내일 골프 약속이 있다면 벌써부터 설렌다.

'내일은 정말 멋진 샷을 만들어 보리라. 티샷, 세컨샷, 그리고 퍼터는 어떻게? 어느 쪽 손에 힘을 주어야 할까? 백스윙은 천천히, 스윙 탑에서 쉬었다 와야지. 1번 홀은 파로 마무리? 아냐 세컨샷에 조금 미스하더라도 보기로 막을 거야. 혹시 버디를 할 수도 있는데 양보해서 파를 했다고 치고, 두 번째 홀은?'

끝없는 상념과 흥분 속에 골프 약속 전날은 꼭 잠을 설친다.

대부분의 아마추어 골퍼들도 나와 크게 다르지 않다고 생각한다. 예측할 수 없으면서도 노력의 결과는 항상 나타나기 때문이리라. 그리고 생각지도 않은 행운이 다가오는 기쁨도 누리게 되고.

왜 골프는 사람들로부터 사랑을 받을까? 사랑을 받는다는 의미는 무엇일까? 인간이 무엇에 몰입하게 되고 재미를 느끼게 된다는 것은 결론적으로 우리에게 만족감이나 묘미를 주기 때문일 것이다.

거기에는 성공의 성취감이 주는 묘미도 있을 것이고 실패했을 때 다시 도전해 보는 인간 본성의 마력도 있을 것이다. 우리는 성공이나 실패 어느 쪽에서도 본능적인 감성을 느끼게 되며, 자신에게 주어지는 재미에 따라서 지속성이 유지된다. 그것이 골프의 묘미로, 항상 인간의 욕망과 같이 가는 것이리라.

재미와 더불어 사람에게 주는 건강에 대한 기여는 더욱 골프를 가까이하게 한다. 최근에 발표된 보건의학계의 보고서는 '다른 어떤 운동보다도 골프가 인체 건강에 가장 좋은 영향을 준다'고 했다. 〈동아일보〉 2023년 2월 13일자에는 다음과 같은 기사가 실려 있어 눈길을 끌었다.

동핀란드대 연구팀은 65세 이상 골프선수 25명(남 16명·여 9명)을 대상으로 골프가 노인의 심장 건강에 미치는 영향을 알아봤다. 참가자들은 △18홀 골프 라운드 △3.7마일(약 6km) '노르딕 워킹'(양손에 스틱을 쥐고 걷는 전신 운동) △3.7마일 평소처럼 걷기 등 3가지 유형의 유산소 운동을 진행했다. 연구팀은 정확한 비교·분석을 위해 참가자의 몸에 심장 모니터 등 피트니스 측정 장치를 달았고, 활동 후에는 혈압·혈당·콜레스테롤 수치를 측정했다.
연구 결과, 세 가지 유형의 유산소 운동 모두 심장 건강을 향상시켰다. 특히 골프가 가장 큰 효과를 낸 것으로 나타났다. 연구팀에 따르면 골프를 했을 때 중성지방과 총 콜레스테롤 수치가 유의미하게 감소했다. 18홀 골프 라운딩은 보통 4시간 정도 진행되며 최대 6마일(약 9.6km)까지 걸을 수 있다. 결과적으로 더 많은 칼로리를 소모한 것이 건강 수치에 더 큰 영향을 미쳤다는 설명이다.
연구팀은 운동 강도가 비교적 낮음에도 가장 큰 효과를 냈다고 평했다. 연구 저자인 줄리아 케티넨 박사는 "골프는 게임하는 동안 걸은 거리를 인식하지 못한 채 걷기 운동에 동기를 부여하기 때문"이라며 "골프는 함께 치는 사람들과 사회적 관계를 유지해 치매 발병을 낮추는 등 정신 건강에도 도움이 된다"고 설명했다.

이와 같은 골프에 대한 연구 결과는 도처에서 볼 수 있다. 정신적으로 육체적으로 인간에게 긍정적인 효과를 가져다준다는 것이다.

승리를 향한 열정

스포츠는 궁극적으로 승리를 향한 열정의 결과물이다. 성공을 향한 노력에 대해 생각할 때마다 떠오르는 사람이 있다. 1993년 중국의 광저우에서 조니워커배 세계클럽대항선수권대회가 열렸을 때다. 이 대회에 대구CC 선수단을 이끌고 참가했던 나는 그곳에서 세계적인 골퍼인 게리 플레이어(Gary Player)를 만났다. 대구CC가 우승한 덕분에 주최 측의 배려로 저녁식사 자리에서 게리 플레이어와 같은 테이블에 앉게 됐던 것이다.

주최 측의 초청으로 대회에 참석한 게리 플레이어는 참가 선수들과 일일이 인사를 하며 골프에 대한 많은 이야기를 들려주었다. 그는 식사 전에 요즘도 사용하는 가슴까지 오는 긴 퍼터를 설명하고 추천했다.

한편으론 자신의 체력을 과시하느라 세 손가락으로 푸시업을 해 보이기도 했다. 식사 도중에 골프에 대한 이런저런 재미있는 이야기를 신념에 찬 목소리로 들려주던 그의 모습이 나의 뇌리에 지금까지 남아 있다.

"여러분, 제가 골프를 통해서 터득한 솔직한 경험을 말씀드리겠습니다. 그것은 연습을 많이 하면 할수록 행운(Lucky)은 그만큼 많이 찾아온다는 사실입니다."

짧은 한마디였지만 쾅하고 머리에 와 닿는 것이 있었다. '정말 멋진 말이구나' 속으로 감탄했다.

"인생이나 골프나 열심히 연습하고 준비하면 자신에게 더 많은 성공의 기회가 온다."

평소 자신의 인간적인 기본 소양을 닦고 전문적인 능력을 열심히 연마한다면 조금이라도 더 많은 성공의 기회가 오는 것처럼 골프도 모든 것을 연습하면 할수록 좋은 성적을 낼 수 있는 기회가 찾아온다는 이야기였다. 비단 게리 플레이어의 말이라서가 아니라 골프를 즐겨보면 누구나 한 번씩 인생살이를 그 속에서 느끼게 될 것이다. 그렇기에 더더욱 골프와 가까워지고 마니아가 돼 가는 것이리라. 이 말은 지금도 〈골프 명언집〉에 게리 플레이어의 이름으로 실려 있다.

문화강국으로 가는 길, 그리고 사명감

골프가 큰 발전을 이루어가는 것을 보면서 우리나라 국민의 한 사람으로서 조그마한 소망을 가져보게 된다. 스포츠로서의 골프를 통한 사회 품격의 향상이다. 골프장은 넓다. 실제 우리나라 산업 중에서 단위면적이나 총 면적으로 보더라도 가장 큰 넓이를 차지한다. 국가 면적의 많은 부분을 이용하는 만큼 거기에 따른 가성비도 생각해 보아야 한다.

옛날부터 우리 민족은 산천경개(山川景槪)를 유람하며 마음을 닦고 호연지기(浩然之氣)를 길러 인격을 함양하고 사회질서의 수준을 높여왔다. 그것을 일컬어 '풍류'라고 했다. 곳곳의 자연에 펼쳐진 골프코스를 누비며 심신을 닦고 체력을 연마하는 것은 바로 현대판 풍류라 할 수 있다.

'골프를 치면서 쓴 기운의 결과가 국격을 높이고 나아가 문화강국으로서의 대한민국의 품격에 일조를 한다면…. 그냥 가볍게 넘길 문제가 아니라 골퍼들이 모두 일종의 사명감을 가지고 골프를 통한 문화강국으로 우뚝 서는데 앞장선다면…'

항상 이 결론에 다다르면 나는 자랑스러움과 함께 골프인으로서 사명감을 느낀다.

경험과 생각을 공유하고

지난해 가을 우리 대구CC가 개장 50년을 맞았다. 나는 이에 앞서 대구CC가 걸어온 50년의 발자취를 정리한 책, 이른바 사사를 발간하고 싶었다. 그래서 국내 최고의 기록물 편찬 회사인 사사연(社史硏)에 작업을 의뢰했다. 자료를 찾고 모아서 준비하고, 사사연 대표인 장형규 작가가 직접 집필하는 과정을 거쳐 1년 반 만에 〈골프문화를 선도해온 대구CC 50년사〉가 탄생했다. 지금도 이 책의 발간을 자랑스럽게 생각하며, 장형규 작가에게 고마운 마음을 가지고 있다.

사사 편찬 작업을 진행하던 중 장형규 작가가 나에게 의미 있는 제안을 하는 것이었다. 〈대구CC 50년사〉를 편찬하기 위해 수집한 자료들을 나에게 건네면서 단행본 집필을 권유한 것이다. 우리나라 골프계에서 '골프 입문 60년, 골프장 경영 50년'의 유일한 경력을 지닌 내가 이런 글을 쓸 수 있는 적임자라는 부추김과 함께….

고민 끝에 용기를 내기로 했다. 우리나라에도 이렇게 골프산업의 역사를 정리하고, 특히 내 스스로 보고 듣고 배우고 공부한 골프에 대한 기록이 필요하다는 생각이 들었다. 더불어 내 주변의 못다 한 이야기들도 남겨서 한국 골프사의 담론이 됐으면 하는 바람이었다.

추가 자료를 구해 주고, 거칠게 만든 내 원고를 다듬어주고 감수해 준 장형규 작가에게 감사의 말을 전한다.

2023년 6월
대구CC 클럽하우스 3층에서
우기정이 쓰다

목차

- 글을 시작하며 - 골프 인생 60년을 돌아보다 ······ 004

제1장 골프는 어떻게 세상을 흘렸나

골프는 어떤 스포츠인가 ······ 018
골프의 매력은 무엇인가 ······ 026
골프는 언제 어디서 탄생했나 ······ 038
골프, 지구촌에 자리잡다 ······ 045
골프에는 어떤 정신이 담겨 있나 ······ 049

제2장 한국골프의 시작과 발전

골프는 언제 우리나라에 들어왔을까 ······ 062
최초의 상업적 골프장, 효창원코스 ······ 066
경성골프구락부 결성, 청량리코스를 건설하다 ······ 071
지방으로 퍼져나간 골프 열기 ······ 075
최초의 국제규격 골프장 군자리코스 탄생 ······ 079
골프장을 누빈 한국인 골퍼들 ······ 083
군자리코스 재복구와 서울CC 탄생 ······ 088
늘어나는 골프장, 골프문화가 자리잡다 ······ 095

골프 문화 확산과 잇따른 골프 단체 발족 …… 102
골프의 저변 확대, 늘어나는 골프대회 …… 106
골프 발전과 확산에 기여한 박정희 대통령 …… 113
어린이대공원으로 바뀐 군자리코스 …… 121

제3장 말도 많고 탈도 많았던 한국골프

사치성 스포츠란 족쇄, 지금도 이어지는 중과세 …… 128
아시안게임과 전국체전, 골프 대중화 촉진 …… 138
골프 대중화, 체시법 제정과 퍼블릭코스 병설 의무화 …… 146
'캐디없는 골프장'은 가능할까 …… 153
'골프 금지령', '해저드'에 빠진 골프산업 …… 158
내장객 급증에 따른 부킹 전쟁의 백태 …… 163
박세리 신화, 외환위기 극복의 희망을 주다 …… 167
한국의 여자골프는 왜 강할까 …… 172
골프의 중흥, 국민 스포츠로 자리 잡다 …… 180
골프산업에 영향 미친 대통령의 골프관 …… 186
지는 해 '회원제', 뜨는 해 '대중제'로 전환 러시 …… 194
코로나의 역설, 골프 전성시대를 맞다 …… 198
한국인, 그리고 골프 …… 203
새로운 골프장 분류체계가 가져올 영향 …… 211

제4장 골프와의 인연, 보고 듣고 경험한 이야기

지방 골프 확산의 전초기지 대구CC 개장 …… 218
선친의 골프와의 운명적인 만남 …… 223
경북지역 골프의 성지를 만들다 …… 227
나의 골프 입문, 한국대학골프연맹 창설 …… 237
골프장 경영에 발을 들여놓다 …… 243
골프 발전을 위한 프로들의 노력에 힘 보태다 …… 249
국내 최고 권위의 동해오픈 개최 …… 254
골프장 개방, 페어웨이를 동심으로 물들이다 …… 261
클럽대항전 우승, 내친김에 세계대회 우승까지 …… 266
송암배 창설, 골프인재 육성의 큰 걸음 …… 273
송암배가 맺어준 깊고 오랜 인연 …… 282
여자 프로선수들의 소망 담아 대회를 만들다 …… 290
해외골프장 건설, 한국골프의 혼을 심다 …… 296
"원망하지 말라"던 평생의 귀한 말씀 …… 303
KGA 경기위원장으로서의 소중한 추억 …… 306
스페셜올림픽, 천사들에게 골프를 선물하다 …… 310
필드에 울려 퍼진 가곡의 선율 …… 319
들고양이들에게 보낸 경고장 …… 324
세계시니어골프 준우승, 한일 교류로 연결하다 …… 329
시니어아마추어골프에 활력을 불어넣어 보자 …… 335
평창동계스페셜올림픽 유치 …… 340

제5장 　살아온 골프 인생 뒤에
　　　　남는 이야기

골프는 스포츠이자 인문학이다 …… 348

골프장 경영자는 시인(詩人)이어야 한다 …… 354

명문 골프장, 빠른 그린과 변별력 높은 코스 관리 …… 359

포스트 코로나 시대 한국골프의 위상 …… 364

골프를 국가 브랜드로 …… 372

- 글을 마치며 …… 380

제1장

골프는 어떻게 세상을 홀렸나

골프는 어떤 스포츠인가 ·· 018

골프의 매력은 무엇인가 ·· 026

골프는 언제 어디서 탄생했나 ······································ 038

골프, 지구촌에 자리잡다 ·· 045

골프에는 어떤 정신이 담겨 있나 ································· 049

1 골프는 어떤 스포츠인가

지구촌 최고 인기 스포츠인 골프의 영어 표기는 'GOLF'다. 어떤 사람은 이를 한 글자씩 풀이해 재미있게 설명하기도 한다. 즉 G를 'Green(잔디)'으로, O를 'Oxygen(산소)'으로, L을 'Light(햇볕)'로, 그리고 F는 'Foot(발걸음)'로 해석해 골프란 "잔디 위에서 햇볕을 받으며 좋은 공기를 마시는 가운데 마음껏 걸으면서 하는 운동"이라고 표현한 것이다. 참으로 기발하고 적절한 의미화이다.

이처럼 골프는 넓은 잔디밭의 정해진 장소에서 골프공을 쳐서 멀리 떨어져 있는 지름 108mm 남짓한 홀에 집어넣을 때까지 골프공을 친 타수로 우열을 가린다. 각각 다른 모양의 골프채로 골프공을 날리기도 하고, 퍼팅도 한다. 골프공을 친 횟수가 적은 쪽이 이기게 된다.

골프코스는 18개 홀로 이루어져 있다

골프를 하는 곳을 골프코스라고 한다. 현대 골프코스는 18개의 홀로 이루어져 있다. 골프 경기를 하는 것을 "라운드(Round)한다"고 하는데 18개 홀을 도는 것을 말한다. 이들 18개 홀은 플레이하는 순서에 따라 1번부터 18번까지 번호가 매겨져 있다. 1번에서 9번 홀까지를 아웃코스(Out Course)라고 하고, 10번에서 18번 홀까지를 인코스(In Course)라고 한다.

골프코스의 각 홀은 골프공을 처음 치는 티박스(Tee Box)에서 퍼팅을 해서 골프공을 홀에 넣는 그린(Green)까지 사이는 여러 가지 요소로 이루어져 있다.

티잉 그라운드(Teeing Ground)라고도 하는 티박스는 티샷을 하는 장소이다. 티샷은 멀리 보내야 하기에 대부분 드라이버로 한다. 여기에는 여러 가지 티가 있는데 자신의 핸디에 따라 선택해야 한다. 일반적으로 백티(블루·블랙티)에서는 프로나 싱글 골퍼들이, 레귤러티(화이트티)에서는 일반 남성 골퍼들이, 레이디티(레드티)에서는 여성 골퍼가 티샷을 한다. 요즘은 레귤러티와 레이디티 중간에 '시니어 전용 티'를 만들어 놓은 곳도 많이 있다.

코스 중간에 잔디를 잘 깎아놓은 구역을 페어웨이(Fairway)라고 한다. 원래 배의 항해 용어인데 '암초가 없는 안전한 바닷길'이라는 의미다. 페어웨이 바깥에 긴 잔디나 잡풀들이 우거진 곳을 러프(Rough)라고 하는데 암초를 뜻한다. 러프에 골프공이 들어가게 되면 스윙이 곤란한 경우가 많기 때문에 골퍼라면 피하려 한다. 러프 바깥에는 골프공을 보내면 안 되는 지역인 OB(Out of Bounds)구역도 있다. 이곳에 골프공이 들어가게 되면 벌타를 받게 된다. 코스 중간 중간에는 장애물이 놓이기도 한다. 모래밭인 벙커(Bunker)도 있고, 호수나 물웅덩이인 워터 해저드(Water Hazard, 지금은 패널티 구역)도 있다.

홀의 최종 목적지인 그린은 아주 짧은 잔디로 잘 관리돼 있는 장소이다. 골프공이 잘 구를 수 있게 잔디를 촘촘히 깎아 놓은 그린에는 홀컵이 있다. 먼 거리에서는 눈으로 확인이 불가능해 깃대를 꽂아 위치를 표시한다. 골퍼는 그린에 올라 퍼터(Putter)로 골프공을 굴려 홀컵에 넣음으로써 그 홀의 플레이를 마무리한다.

골프가 하나의 스포츠로 자리잡아가던 1400년대에 골프의 발상지로 알려진 스코틀랜드에서는 자연 지형 그대로를 살린 골프코스를 만들어 경기를 즐겼다고 한다. 바닷바람이 많이 불어 만들어진 모래 언덕은 지금의 티박스와 그린의 시초가 됐고, 언덕 사이에 양들이 풀을 뜯어먹어 평평하게 된 지역은 페어웨이가 됐다. 동물들이 땅속에 파놓은 굴이 지금의 벙커로 발전했고, 물이 고인 웅덩이와 개울은 워터 해저드가 됐다고 한다.

홀은 티잉 그라운드에서 그린까지 거리에 따라 일반적으로 파3·파4·파5 홀의 세 가지 형태로 구분돼 있다. 파(Par)라는 말은 기준 타수에 홀을 마치는 것으로, '동등함'과 '탁월함'을 의미하는 라틴어라고 한다. 파3 홀은 티잉 그라운드에서 골프공을 쳐서 홀에 세 번 만에 넣는 것이 기본인 홀이다. 파4 홀은 네 번 만에, 파5 홀은 다섯 번 만에 넣는 것이 기본이다.

정규 18홀 골프장은 보통 파3 홀과 파5 홀 각 4개, 파4 홀 10개로 구성돼 있다. 이 18홀이 아웃코스와 인코스에 절반씩 나뉘어 있다. 9홀 기준으로 파3와 파5가 각 2개, 파4가 5개여서 파36으로 구성된다. 아웃코스와 인코스를 합하면 파72가 기본이다. 골프장에 따라선 파70이나 파71 또는 파73으로 18홀을 구성하기도 한다.

오늘날의 모든 정규 골프코스는 18홀로 구성돼 있다. 하지만 처음부터 18홀로 구성된 것은 아니었다. 골프 발생 초기에는 5홀에서 많게는 25홀까지 다양했다고 한다. 자연을 그대로 살리거나 부지 크기에 따라 골프코스를 만들었기 때문에 일정한 기준이 없었던 것이다.

골프코스가 18홀로 굳어진 것은 골프 발상지인 스코틀랜드에 있는 세인트앤드루스(Saint Andrews) 올드코스부터라고 한다. 골프의 성지로 불리는 세인트앤드루스 올드코스는 양떼를 방목하던 해안가 황무지를 골프코스로 만든 것이었는데 처음에는 18홀이 아니라 12홀이었다고 한다. 해안가를 끼고 도는 코스인데 1번 홀에서 출발해 12홀을 끝내고 돌아와야 했다.

1754년 5월 14일, 22명의 골퍼들이 모여 '세인트앤드루스 골프클럽'을 창립하면서 12홀 코스를 페어웨이와 그린을 지그재그로 사용하면서 출발하는(Out) 11홀, 돌아오는(In) 11홀을 1라운드로 하기로 했다. 그래서 22홀 코스로 바뀌었다.

그런데 10년 후인 1764년에 세인트앤드루스시에서 골프장의 일부이던 시유지를 수용해 버렸다. 4홀 규모가 수용되자 골프클럽은 코스를 재정리해 아웃코스 9홀, 인코스 9홀의 18홀을 기준 코스로 정했다. 세계 최초로 18홀 정규코스가 탄생하는 순간이었다. 이후 골프장들이 세인트앤드루스 올드코스를 본 따 18홀 코스를 만들면서 일반화되기 시작했다.

골프 스코어는 새의 이름에서 기원했다

골프공을 몇 번 만에 홀에 넣는지에 따라 부르는 스코어의 이름이 다르다. 기준타수인 파보다 적게 치는 좋은 스코어의 명칭은 모두 새의 이름에서 따왔다고 한다. 기준타수보다 1타 적게 치는 '버디(Birdie)'는 작은 새란 뜻이다. 1903년 미국에서 조지 크럼프라는 골퍼가 파보다 1타 적게 홀을 마친 뒤 골프공이 날아가는 모양이 작은 새와 같다며 "That's a bird of shot"이라고 외친 것에서 유래했다고 한다.

버디보다 한 타를 더 적게 치는 것은 '이글(Eagle)'이라고 하는데 '새 중의 새'이자 미국을 상징하는 독수리에서 따왔다. 이글보다 1타 더 적게 치는 것은 독수리보다 더 크고 멀리 나는 새인 신천용을 뜻하는 '알바트로스(Albatross)'이다. 이는 영국에서 만들어진 용어인데 미국에서는 '더블이글'이라는 용어가 널리 쓰인다.

파3 홀에서 골프공을 한 번에 넣는 것을 '홀인원(Hole-in-One)'이라고 한다. 아마추어의 경우 홀인원 확률이 1만 2000분의 1이라고 하니 평생에 한 번 하기도 어렵다. 그래서 "홀인원을 하면 3년간 재수가 있다"거나 "홀인원 하는 것만 봐도 1년간 재수가 있다"는 믿지 못할 말까지 있다. "그렇게 어려운 경우를 해 냈으니 무엇인들 되지 않을까? 상상할 수 없는 좋은 일이 생길 거야!"라는 기대감을 갖게 되는 것이다.

기준타수보다 1타를 더 치는 것을 '보기(Bogey)'라고 한다. 초창기 골프에서는 보기가 기준타수였다고 한다. 오늘날의 파와 같은 개념이었던 것이다. 2타를 더 치면 '더블 보기(Double Bogey)', 3타를 더 치면 '트리플 보기(Triple Bogey)', 4타를 더 치면 '쿼드러플 보기(Quadruple Bogey)'다. 그러나 그 이상에도 용어가 있지만 대부분의 아마추어골퍼들은 용어 자체를 들어보기도 어렵다. 일반적으로 기준타수의 2배를 치는 '양(兩)파(더블 파, Double Par)' 이상은 스코어카드에 적지 않기 때문이다.

이처럼 우리가 흔히 골프에서 사용하는 '보기'라는 용어는 어디에서 유래됐을까?

원래 보기는 도깨비 혹은 유령과 같이 무서운 것을 의미하는 것으로, 보기맨(Bogey Man)은 어린이를 겁주기 위해 사용되던 말로, 못된 아이를 잡아간다는 귀신이나 괴물을 뜻했다.

골프규칙 역사에서 19세기까지 '보기 스코어'는 '그라운드 스코어'라는 용어로 사용됐고, 이는 탁월한 플레이어가 낼 수 있는 스코어를 의미했다.

이후 '보기'라는 아이디어는 '보기 대령(大領)'에 대한 재미있는 이야기에서 유래됐다. 1891년 5월 13일 영국해군의 토마스 브라운 박사와 육군의 찰스 웰먼 소령은 영국 남동부 해안의 그레이트 야마우스 링크스(Great Yarmouth Links)에서 그들이 그 코스의 그라운드 스코어보다 더 잘 할 수 있는지의 여부를 시험해 보기로 했다.

한편 당시 런던의 음악 공연장에서 가장 인기 있었던 노래는 '보기맨'으로 '조심하지 않으면 그 무서운 괴물이 너를 잡아 간다'는 내용을 다룬 것이었다.

그런데 이때 웰먼 소령은 대개 그라운드 스코어(보기)보다 성적이 좋지 않았기 때문에 "제기랄! 그라운드 스코어는 꼭 보기맨 같구만. 항상 나를 잡아 가는 걸 보니"라고 소리 질렀다.

그 뒤 브라운 박사는 이 표현을 매우 좋아해서 그의 클럽에서는 그라운드 스코어를 '보기'라고 부르게 했다.

이렇게 해서 골프에서 '보기'라는 용어가 등장하게 됐고, 이러한 연고로 미국에서도 1900년대 초까지 '보기 대령'은 매우 인기 있는 소재가 됐다고 한다.

18홀 파72를 기준으로 72타를 치면 '이븐파(Even Par)'라고 하고, 72타보다 적게 치면 '언더 파(Under Par)'라고 하며, 72타보다 많이 치면 '오버 파(Over Par)'라고 한다.

골프채는 14개로 이루어졌다

골프를 즐기기 위해서 제일 먼저 필요한 것이 골프공을 쳐낼 골프클럽, 즉 골프채다. 골프는 길이가 각기 다른 14개의 골프채로 경기를 한다. 14개가 1인당 소지가 가능한 골프채 숫자이다. 그 이상의 골프채를 소지하면 반칙으로 벌타를 받게 된다. 골프규칙에는 '플레이어는 14개가 넘는 클럽을 가지고 라운드를 시작해서는 안 되며, 라운드 동안 14개가 넘는 클럽을 가지고 있어서도 안 된다'고 적혀 있다.

골프채는 크게 우드(Wood)·아이언(Iron)·퍼터 등 3종류로 이루어져 있다. 우드는 골프공을 멀리 보내기 위해 사용하는 클럽이다. 오랫동안 감나무와 같은 목재로 만들었기 때문에 지금도 우드라고 부르고 있다. 목재로 만든 골프채는 1970년대 후반 금속재 우드가 등장하면서 사라졌다.

금속으로 만든 아이언은 중거리와 단거리를 칠 때 사용한다. 아이언에는 헤드 각도에 따라, 또는 원하는 거리에 따라 골라 쓰도록 번호가 새겨 있다. 번호가 낮을수록 공이 낮고 멀리 날아가며, 번호가 높을수록 높고 짧게 날아간다.

퍼터는 그린에서 홀컵으로 골프공을 보낼 때 사용한다. "드라이버는 쇼이고, 퍼터는 돈"이라는 말이 있을 정도로 퍼터는 스코어를 줄이는 데 가장 중요한 골프채다.

골퍼는 14개 골프채 안에서 목적이나 상황에 따라 적절하게 구성해 사용할 수 있다. 우드 3~4개와 9~10개의 아이언, 1개의 퍼터로 구성하는 것이 일반적이다. 그런데 골프용품이 발달하지 않았던 초창기에는 6~7개 정도의 골프채를 사용했고, 1920년대 이후에는 25개 정도를 사용하기도 했다. 1930년대 초반까지만 해도 대회에서 사용할 수 있는 골프채의 수를 제한하지 않았던 것이다.

골프채를 14개 이하로 제한한 것은 미국골프협회(United States Golf Association, USGA)가 1938년에 이를 골프규칙으로 정식 채택하면서였다. USGA와 함께 골프규칙을 관장하던 영국왕립골프협회(The

Royal & Ancient golf club, R&A)도 다음해인 1939년부터 제한하기 시작했다. 골프채 개수에 제한이 없다 보니 20개 이상을 골프백에 넣고 참가하는 선수가 많아 선수의 역량보다 도구에 의존하는 것을 방지하고자 했던 것이다.

골프채의 개수를 제한하게 된 결정적인 계기가 있었다. 미국의 로슨 리틀이라는 선수가 1934년 미국 아마추어골프선수권대회에서 우승했는데, 골프백에 31개의 골프채가 들어 있었다고 한다. 너무 많은 골프채가 든 골프백의 무게 때문에 캐디가 추가로 캐디피를 청구하면서 문제가 됐다.

이 사건이 논란을 일으키자 '세계 골프규칙'을 제정하는 양대 기구인 R&A와 USGA가 휴대 골프채 수를 14개로 제한하는 규칙을 마련하게 된 것이다.

2 골프의 매력은 무엇인가

골프의 매력이 무엇이기에 사람들을 빠져들게 하는 것일까? 무엇보다 재미있는 운동'이기 때문이라는 것이 일반적인 대답이다. 어떤 운동이든 재미가 있어야 꾸준히 즐길 수 있다. 따분하고 무미건조하면 누가 계속해서 즐기려고 하겠는가.

골프가 재미있다는 것은 직접 플레이해 보지 않고는 알 수가 없다. 직접 플레이해 봐야 인간이 만들어낸 스포츠 중에서 가장 재미있고 매력적인 운동이라는 말이 거짓이 아님을 알 수 있다. 골프는 그 정도로 묘한 중독성이 있는 스포츠다. 라운드를 하고 나면 누구나 아쉬움을 느끼게 된다. 9홀이든 18홀이든 마치고 나면 누구나 더 플레이하고 싶어 한다. 그래서 골프에 한번 빠져들게 되면 쉽게 헤어날 수 없다.

인생의 축소판이다

골프는 '우리의 삶과도 너무나 흡사하다'는 말을 많이 한다. 골프를 하다보면 매번 다른 환경과 상황에 맞닥뜨리게 된다. 기후적으로는 맑은 날을 만나는가 하면 비바람 치는 궂은 날도 만난다. 골프가 잘 되는 날도 있고 안 되는 날도 있다. 하루 18홀을 라운드하면서도 여러 번 굴곡을 겪는 것이 골프다. 골프공이 잘 맞아 환호하는 때도 있기도 하고, 엉뚱한 데로 날아가 낙담하기도 한다. 버디를 한 다음 홀에서 티샷이 OB가 나서 낙담하는 것이 골프다. 그래서 우리는 이럴 때 "버디 값했다"는 농담을 주고받기도 한다.

골프는 다른 구기 종목과 달리 철저하게 혼자서 경기를 한다. 그렇기에 누구를 탓할 수도 없다. 잘 치는 것도 자기 능력이고, 못 쳐도 그 결과는 오롯이 자기가 책임져야 한다. 그러기에 골프는 자신과의 고독한 싸움이라 할 수 있다.

따라서 골프를 하면서 어쩔 수 없이 자신을 되돌아보게 된다. 실력을 쌓지도 않으면서 좋은 결과만 바라고 있지는 않았는지? 한 번 잘했다고 너무 자만하지는 않았는지? 골프를 오래 친 사람들은 샷 하나에 울고 웃는, 즉 일희일비(一喜一悲)하지 않는다. 자신을 다스릴 줄 알게 된다. 하지만 골프를 시작한 지 얼마 되지 않은 초보들은 샷 하나하나에 울고 웃기 마련이다. 이처럼 감정을 제어하기 어려운 것은 아직 골프 연륜이 쌓이지 않았기 때문이다. 그래서 골프는 인생살이와 흡사하다는 말을 자주 하게 되는 것이다.

뜨거운 열정과 목표를 이루고자 하는 욕망으로 부단히 정진하는 골퍼는 힘들고 험한 세상을 열심히 살아가는 인간 한 사람 한 사람의 진면목이다. 쾌락과 쾌감만을 추구하는 것이 아니라 성공이라는 성취점을 향해 노력하고 매진하는 인생살이와 흡사하다고 생각하기 시작하면 골프는 점점 더 가까이 다가온다.

직경이 42.67mm의 동그랗고 하얀 골프공, 요즈음은 색깔 골프공도 나오고 있지만 그 규격은 정해져 있다. 내 앞에 놓인 그 한 개의 골프공을 더 멀리, 더 가까이, 더 정확히 치기 위해 우리는 혼신의 힘을 다해 노력한다.

골프칼럼리스트로 이름 높았던 소동기 변호사가 〈문화일보〉 2006년 9월 23일자에 쓴 '인생 축소판 같은 무한추球'라는 글의 일부를 소개하고자 한다. 삼성의 창업주 이병철 회장의 일화를 소개하는 내용이다.

안양베네스트 골프장의 9번 홀 퍼팅 그린 뒤에 전시돼 있는, 잘생기고 큼지막한 돌에는 네 글자가 새겨져 있다. '무한추구(無限追球)'다. 목적한 바를 이루고자 끝까지 좇아 구한다는 의미에서 구할 구(求)자 대신에 구슬 옥(玉)변이 들어간 구(球)자를 쓴 것이 이채롭다.

이 골프장이 발행하는 격월간 소식지의 제호도 '무한추구'다. 며칠 전 이 골프장에서 무한추구라는 비석이 들어서게 된 일화를 들었다. 골프계에서는 이름이 알려져 있는 조한창 회장으로부터 들은 일화다. 그는 안양 베네스트 골프장에서 오랜 기간 근무한 적이 있는 관계로 비석이 들어서게 된 이야기를 재미있게 들려주었다.

1987년의 어느 날, 이병철 회장께서 골프장에서 일하는 사람들을 모아 놓고 질문을 하나 던졌다. "골프를 한 마디로 표현한다면 어떻게 말할 수 있겠느냐?"고. 질문 이후 한 달이 지났을 즈음 이 회장은 한 폭의 붓글씨를 써왔다. '無限追球'라는 휘호였다. 그리고 그 뜻풀이를 대강 이렇게 했다고 한다.

"모든 골퍼는 티샷 순간부터 하나의 작은 골프공을 좇아 일희일비(一喜一悲)를 거듭하면서 최후의 홀까지 도달한다. 골프공을 따라 들판을 가로지르고 물을 건너며 모래 함정을 벗어나는 플레이 자체가 어찌 보면 칠전팔기(七顚八起)의 인생축도(人生縮圖)와도 같다. 자연과 더불어 시종 골프공 하나에 몰입하는 것이 골프 삼매경(三昧境)이기에 '無限追求'의 '求'자를 '球'자로 대신한 것이다."

골프장 직원들은 강화도까지 가서 좋은 돌을 골라와 그 글을 새겨 9번 홀 퍼팅 그린 뒤쪽에 전시했다고 한다. 골프는 '공 하나를 향해 성공을 향한 무한한 노력을 쏟아붓는다'는 말이다. 인생도 하나의 목표를 향해 최선을 다해 몰입한다는 이병철 회장의 말씀을 아직도 뇌리에 새기고 있다고 했다.

이병철 회장의 말씀은 참으로 가슴에 와 닿는다. 골프는 누구에게나 공평하다. 그렇기 때문에 각자가 더욱 몰입하게 되고 나름대로 능력에 따라 노력할 따름이다.

나는 얼마 전 무한추구라는 비석이 들어서게 된 일화를 알게 됐다. 골프계에서는 이름이 알려져 있는 조한창 회장으로부터 직접 들었다.

이병철 회장의 일화에 이어 〈매일경제신문〉의 오태식 기자가 쓴 '골프에 미치는 7가지 이유'(〈매일경제신문〉 2011년 1월 5일자)라는 재미난 칼럼을 잠시 음미해 본다.

외국에는 '바람난 남자에게는 골프채를 사주라'는 농담이 있다. 골프에 미치다 보면 여자는 잊게 된다는 것이다. '가을 전어 굽는 냄새에 집 나간 며느리가 돌아온다'는 우리 옛말과 비슷한 이야기다. 골프는 그만큼 중독성이 강하다. 그래서 '골프광'이라는 말도 있지 않은가. 야구광·축구광·농구광·당구광… 아무리 다른 스포츠에 '미칠 광(狂)'자를 붙여 봐도 '골프광'처럼 어울리는 게 없다.
서양의 한 대기업 회장이 임원들에게 "내가 죽으면 자네들끼리만 모여서 골프를 칠 생각을 하니 도저히 죽을 수가 없네"라고 했던 일화도 있다. 왜 이렇게 골프에 미치게 되는 걸까.

첫째 이유는 '될 듯 될 듯하다가 결국은 되지 않는다'는 것이다. 한번 잘 맞았다가도 언제 그랬냐는 듯 다시 옛날로 돌아가는 게 골프다. 만일 누구에게나 쉬웠다면 아무도 골프에 미치지 않았을 것이다.

둘째는 온갖 종류의 내기를 접목할 수 있다는 것이다. 스트로크·스킨스·라스베이거스는 가장 기본적인 내기 형태다. 상황에 따라서, 실력에 따라서 다양한 내기를 할 수 있는 게 골프다. 버디 값은 또 어떤가. 니어리스트와 롱기스트도 골프의 재미를 더한다. 요즘에는 라스베이거스를 변형시킨 신 라스베이거스, 흔히 '뽑기'라고 하는 내기가 대유행이다.

셋째, 골프에는 체급이 없다. 드라이버샷 거리 200m를 치는 골퍼가 300m를 치는 골퍼를 이길 수 있는 유일한 스포츠가 골프가 아닐까 싶다. 체격이 좋은 골퍼가 매번 체격이 작은 골퍼를 이긴다고 하자. 체격 작은 골퍼는 골프의 취미를 잃을 것이다. 하지만 골프는 라이트 플라이급이 슈퍼헤비급과 맞붙어 이길 수 있는 스포츠인 것이다.

넷째, 골프에는 구찌·농담·핑계 등 다양한 이야기가 있다. 한 번에 4시간 이상 걸리는 라운드 시간 동안 스윙만 하는 게 아니다. 서로 농담도 주고받고, 구찌도 해 가면서 웃음꽃 피는 스포츠가 골프다. 골프에서 핑계는 또 얼마나 다양하고 재미있나. 우스갯소리다. 골프 핑계 중 가장 많이 쓰이는 게 무엇인지 아는가. 답은 "왜 오늘따라 안 맞지?"란다.

다섯째, 라운드를 하면 할수록 커지는 '도전 욕구'다. 200m를 날리는 골퍼는 210m를 보내고 싶고, 240m를 보내는 장타자는 또 250m를 날리고 싶어지는 게 골프다. 타수도 마찬가지다. 자신의 최저타를 한 타 한 타 줄여나가는 묘미는 골프에 '푹' 빠져들게 한다.

여섯째, 특권 의식이다. 솔직히 드러내고 싶지 않은 골프에 미치게 하는 요소다. 골프를 하려면 경제력·시간·동료까지 3박자가 모두 맞아야 한다. 대중화가 상당히 진전되기는 했지만 아무나 할 수 있는 스포츠는 아닌 것이다. 골프는 성공한 사람을 가리는 척도가 되기도 한다.

일곱째, 대인 관계의 중요한 매개체다. 다양한 인간관계를 맺기 위해서 골프만한 것이 없다. 상사와 친해지고 싶다면 골프를 배우라고 하지 않는가. 골프 접대가 많이 이뤄지는 것도 이런 골프의 특성과 관계가 있다.

나의 이력을 아는 많은 사람들이 골프에 대한 질문을 자주한다. 골프의 실전에서부터 역사에 이르기까지 질문의 종류도 가지가지이다. 인간인 이상 당연히 가질 수 있는 경우에 따른 의문은 어떤 때는 내가 선생님이 됐다가 어떤 때는 학생이 되기도 한다. 그렇지만 언제나 답변은 한 가지로 귀결된다. 골프는 남을 배려하는 운동이라는 것이다. 이것은 곧 스포츠를 통한 인간 본성의 연마와 통한다. 스포츠의 가장 중요한 엑기스는 '더불어 사는 세상을 스포츠를 통해 따뜻한 세상으로 만들어 보자'는 데 있다.

"내 스윙을 한번 봐주세요. 어디가 잘못됐죠?"

"어떻게 하면 잘 치게 되죠?"

골프를 한 연륜이 오래돼서 그런지 많은 질문을 받는다. 하지만 그때마다 답은 거의 같다. "모르겠다"는 것이다. 굳이 더 이상을 이야기하면 골프의 기본을 들려준다. 골프는 원운동이다. 그리고 힘의 균형을 발휘하는 운동이다. 테크닉 부분을 이야기하면 백이면 백 사람의 스윙이 다르기 때문에 '전문적인 프로가 아니라 잘 모른다'고 딱 자른다. 함부로 할 이야기가 아니기 때문이다. 그렇지만 이 세상에는 수많은 선생님과 수많은 제자가 있다.

골프의 금언에도 재미있는 것이 많이 있다.

"돌고 돌아 결국 자기가 자신의 선생님이다."
"골프의 가장 큰 결점은 그것이 너무도 재미나다는 데 있다. 골프에 대한 그칠 줄 모르는 흥미는 남편으로 하여금 가정, 일, 아내, 그리고 아이들까지 잊게 한다."(서양속담)
"골프는 남녀노소를 막론한 만인의 게임이다. 걸을 수 있고 빗자루질을 할 수 있는 힘만 있으면 된다."(서양속담)
"골프코스는 머물지 않고 가능한 한 빨리 지나가야 할 덧없는 세상살이 모든 것의 요약이다."(장 지라두)

골프가 불가사의함을 강조하는 말들이다. 인생이 불가사의하듯이 골프도 마찬가지다. 골프의 불가사의성은 남녀노소를 막론한 만인의 게임이며 누구도 정확하게 진단할 수 없는 인생살이와 같다는 결론에 도달한다. 불가사의한 인생, 불가사의한 골프. 오늘 우리는 또다시 인생의 다음 홀을 향해 전진한다.

누구나, 누구와도 즐길 수 있다

골프는 누구나 즐길 수 있는 운동이다. 특별한 조건이 필요 없다. 나이가 많든 적든 관계가 없다. 남녀를 가리지도 않는다. 인종과 국적도 상관하지 않는다. 건강한 사람이라면 누구나 할 수 있는 운동이다.

따라서 다른 운동과 달리 처음 보는 사람과도 얼마든지 어울릴 수 있다. 잘 아는 사람과 골프를 치는 경우도 많지만 동반자가 다른 경우도 적지 않다. 잘 아는 사람들과 라운드를 하면 좋지만 낯선 사람과도 어울릴 수 있는 운동이 골프다. 요즘은 인터넷 조인을 통해 생면부지의 사람과 라운드하기도 한다. 많은 사람과 자연스럽게 사귈 수 있다는 것이 골프의 또 다른 매력이기도 하다.

골프의 또 다른 매력은 나이가 들어서도 할 수 있는 운동이라는 것이다. 대부분의 구기 운동은 나이가 들어서 하기가 쉽지 않지만 골프는 웬만큼 건강을 유지할 수 있다면 60~70대는 물론이고 80대에도 즐길 수 있다. 따라서 골프는 누구나 언제까지나 즐길 수 있는 평생 스포츠라고 할 수 있다.

특히 가족이 함께 즐길 수 있는 스포츠란 장점이 있다. 아버지와 아들, 어머니와 딸이 함께 할 수 있고, 할아버지와 할머니, 손자와 손녀가 함께 즐길 수 있는 운동이다. 대부분의 스포츠는 실력 차가 나면 함께 하기 힘들지만 골프는 '핸디캡(Handicap)'을 주고받으면 되기 때문이다. 그래서 누구나 골프를 재미있게 즐기고 흥미를 잃지 않을 수 있는 것이다.

시장조사 전문기업인 '엠브레인 트렌드모니터'는 2020년 3월에 골프에 관한 재미있는 설문조사 결과를 발표했다. 최근 1년 이내에 골프를 친 경험이 있는 전국 성인남녀 1000명을 대상으로 실시한 설문조사를 통해 '골프가 가진 장점 7가지'를 발표한 것이다.

골프가 가진 장점으로 '서로 대화하면서 운동할 수 있어서'라고 답한 응답자가 56.1%로 가장 많았다. 다음으로 '많이 걸을 수 있어서'(37.5%)와 '몸에 크게 무리가 가지 않아서'(32.8%)가 뒤를 이었다. 다른 송복에 비해 운동의 강도가 높지 않고 속도가 빠르지 않아 여러 사람과 대화를 나누면서 친목을 도모할 수 있다는 장점이 있다는 것이다.

이어 '경기 자체 재미'(30.3%), '고도의 집중력 발휘'(28.8%)를 골프의 매력이라 답한 경우도 적지 않았다. 골프를 '자연 친화적인 운동'(28.4%)으로 여기는 응답자 중에서는 고연령층이 많았고, '비즈니스에 좋은 운동'(26.5%)으로 여기는 응답자 중에는 개인사업자와 전문직 종사자가 많았다고 한다.

자연친화적이다

골프장마다 각각 특성이 있는 것 또한 골프의 매력이다. 다른 스포츠는 경기장 규격이 모두 국제적으로 통일돼 있어 차이가 거의 없다. 그러나 골프는 골프장마다 자연환경이나 코스의 여건이 다르다. 골프의 가장 큰 매력은 자연 속에서 자연과 함께 즐기는 스포츠라는 것이다. 골프장은 모두 잔디와 나무로 이뤄져 있고, 산이나 들판이나 바닷가 등 수려한 풍경 속에 자리 잡고 있다. 한국은 골프장이 산 속에 많이 있지만 바다 매립지나 해안가에 조성된 경우도 있다. 그렇게 다양한 자연 환경 속에 자리 잡고 있기에 기후조건 또한 달라 플레이의 묘미를 색다르게 맛볼 수 있다.

골프 라운드의 가장 중요한 요소인 잔디도 골프장마다 종류나 관리 상태가 다르다. 페어웨이의 넓이나 길이, 그리고 생긴 모양도 다르다. 그린의 크기도 물론 다르고 모양과 기울기도 다르다. 홀마다 배치돼 있는 벙커의 수나 모양과 크기도 다르고, 벙커의 모래 재질도 다르다. 워터 해저드의 크기나 모양도 다르게 마련이다. 심지어 홀 주변에 심어져 있는 나무의 종류나 크기도 다르다. 그야말로 수많은 골프장 중에서 똑같은 여건이나 환경을 가진 골프장은 어디에서도 찾아보기 어렵다. 이처럼 이 골프장이 저 골프장과 다른 것이 오히려 골프를 즐기는 데에는 매력으로 작용한다.

그렇기 때문에 골프는 다양한 환경에서 자연을 마음껏 즐길 수 있는 운동이다. 계절의 변화를 몸으로 직접 느끼면서 운동을 할 수 있다. 계절에 따라 잔디의 색깔이 다르고, 라운드하는 시간에 따라 기온도 다르고 풍향과 일조량도 다르다. 따라서 같은 골프장이라도 매번 같은 조건에서 라운드하는 경우는 없다. 그래서 골프는 더욱 매력적이다.

확 트인 넓은 산야에서 맑은 공기를 마음껏 들이마시면서 잔디를 밟고 라운드하는 운동인 골프야말로 신이 준 선물이라 해도 지나침이 없을 것이다.

자신과 경쟁하는 멘털 게임이다

골프는 다른 구기 운동과 다른 여러 가지 특성이 있다. 골프는 축구나 배구·농구·탁구·테니스처럼 상대방과 공을 주고받는 운동이 아니다. 상대방 없이 혼자서 공을 다루는 운동이다. 그렇기 때문에 상대방과 몸을 부딪칠 걱정을 하지 않아도 된다. 오로지 자신의 마음을 다스리면서 하면 되는 운동이기에 마인드 컨트롤이 중요하다. 골프를 멘털 게임이라고 하는 이유도 여기에 있다.

골프는 또 정지된 공을 치는 거의 유일한 운동이다. 여러 구기 운동이 움직이는 공을 상대방에게 공격하거나 골문에 집어넣지만 골프는 정지된 공을 골프채로 쳐서 홀에 집어넣는 운동이다. 그래서 테니스나 야구가 살아있는 공을 치는 운동인 반면에 골프는 '죽은 공을 치는 운동'이라고 한다.

그런데도 가장 어렵다고 하니 참으로 아이러니하다. 이승엽은 우리나라 야구선수로는 가장 많이 홈런을 친 야구의 레전드다. 그는 우리 대구CC의 홍보대사로 활동하면서 대구CC에서 여러 번 골프예능방송을 촬영하기도 했다. 아마추어골퍼의 고수로 알려져 있는 그는 방송에서 "엄청난 속도로 날아오는 공은 수없이 담장 너머로 날렸지만 움직이지 않는 골프공은 제대로 때리기가 어렵다"라고 골프의 어려움을 토로하기도 했다.

먼 거리에서 작은 골프공을 작은 홀컵에 넣어야 하니 어려운 것은 당연하다고 할 수 있다. 그렇기에 다양한 기술을 배우고 익혀야 한다. 엄청난 노력과 비용이 들게 된다. 라운드 시간도 길어 기본적인 체력도 요구되고, 특히 상대방이 있는 스포츠가 아니라 자신과의 싸움이기 때문에 정신적으로 어려울 수도 있다. 또 박진감 넘치는 스포츠가 아니기 때문에 금방 흥미를 잃기도 한다. 그래서 골프를 멘털 게임이라고 하는 것이다.

그렇기 때문에 골프는 더욱 매력적이라고 할 수 있다. 골프 레전드 박세리의 말을 음미해 볼 필요가 있다.

> "골프가 왜 매력적인가? 골프는 가만히 있는 공을 살려 목적지까지 가게 하는 것이기 때문이다."

자신이 심판인 신사 스포츠다

흔히 테니스를 신사적인 운동이라고 한다. 골프 역시 신사적인 운동으로 꼽히고 있다. 예의와 에티켓(Etiquette)은 물론 골프 룰(Rule)을 잘 지키며 상대방을 배려해야 하는 운동이기 때문이다. 골프를 치다보면 지켜야 할 에티켓과 룰이 유난히 많다. 골프가 신사적인 운동인 만큼 에티켓과 룰을 잘 알아야 한다. 그렇지 않으면 결코 멋지고, 매너 있고, 아름다운 골퍼가 될 수 없다.

골프는 평소 알고 지내는 사람뿐만 아니라 생면부지의 낯선 사람과도 라운드를 할 수 있기 때문에 예의와 에티켓이 더욱더 강조된다. 상대방에게 무례하게 굴거나 에티켓 없이 대하면 상대방은 기분이 상해 그날 경기를 망칠 수도 있다. 따라서 골프는 자신의 양심과 인내심을 최대한 발휘해야 하는 운동이다.

'남을 배려하는 운동'이라는 것은 남이 보지 않더라도 양심껏 룰에 따라 경기를 해야 한다는 뜻이다. 골프를 하다 보면 동반자들이 보지 못하는 곳에서 골프공을 쳐야 할 때가 생긴다. 이럴 때 공을 치기 좋은 곳으로 옮기고 싶고, 잘못 쳤을 경우 다시 치고 싶은 욕심이 생기기 마련이다. 그러나 규칙대로 해야 한다. 골프는 결국 자기와의 싸움이기 때문이다.

골프는 다른 스포츠에 비해 비교적 룰이 많고 복잡하다. 그렇다고 룰을 무시하면 안 된다. 한꺼번에 익히기는 어렵지만 하나하나씩 익혀나가야 한다. 골프를 치면서 익히는 방법이 가장 빠르고 쉽겠지만 TV에서 중계하는 골프대회를 시청하면서 익히는 방법도 있다. 골프 안내서나 인터넷 사이트 등을 통해 각종 룰을 알아둬도 된다. 룰을 모르면 실수를 하게 되고, 경기 진행에 방해가 되기도 한다. 그러면 불이익을 당할 수 있다.

뭐니 뭐니 해도 골프를 할 때 기본은 '남이 나에게 하지 않았으면 하는 말이나 행동을 내가 남에게 하지 않는 것'이다. 평범한 이야기 같지만 남이 플레이를 할 때 방해가 되지 않게 세심한 주의를 기울이고, 내가 싫은 것을 남에게 하지 않는 것이 무엇보다 중요하다. 그리고 자신과의 싸움에서 이겨야 한다. 사소한 룰이라도 자신에게는 엄격해야 한다. 자기가 자신을 속이는 일은 아무리 생각해도 난센스다.

3 골프는 언제 어디서 탄생했나

'골프는 언제 어디서 누가 만들었을까? 만들어진 후 어떻게 발전해 오늘에 이르렀을까?'

골퍼라면 누구나 한 번쯤 품어 볼 만한 궁금증이지만 대답하기 쉽지 않다. 야구나 축구나 테니스처럼 답을 내리기 어려운 스포츠이기 때문이다. 그리고 세계 여러 나라에서 자신들이 골프의 원조라고 주장하고 있기도 하다. 스코틀랜드·네덜란드·중국 등 여러 나라에서 자신들이 골프의 원조라고 말하고 있다.

우선 로마-스코틀랜드 기원설이 있다. 기원전 로마인들이 즐겼던 파가니카(Pila Paganica)가 골프의 시초가 됐다는 것이다. 한쪽이 구부러진 막대기와 깃털로 만들어진 공으로 하던 놀이라고 한다. 2000년 전 스코틀랜드 성을 정복한 시저(Caesar)의 병사들이 야영지에서 즐겨했던 놀이인 파가니카가 지금의 골프로 유래했다는 주장이다.

두 번째는 네덜란드 기원설이다. 옛날 네덜란드의 아이들이 즐겨 하던 '콜벤(Kolven)'이라는 빙상경기에서 유래됐다는 설이다. 나무로 만든 막대기인 '롱노이즈'로 코르크 모양의 공을 치는 경기였다고 한다. 얼음 위에서 경기할 때에는 얼음구멍에 공을 넣었고, 육지에서 경기할 때에는 땅에 구멍을 파고 공을 넣는 방식이었다. 지금의 골프와 경기 방식이 유사하다.

당시 스코틀랜드와 교역이 활발했던 시기라 네덜란드의 콜벤이 스코틀랜드로 건너가서 골프로 발전됐다는 것이다.

중국이 원조라는 주장도 무시하지 못할 정도이다. 당나라 시절부터 시작된 '추이환(推丸)'이라는 놀이가 골프의 원조라는 것이다. 추이환은 구봉이라는 막대기로 나무로 만든 공을 쳐서 기록한 타수로 승부를 가리는 경기인데 지금의 골프와 흡사한 구조다. 추이환에 관한 기록은 943년에 간행돼 지금까지 남아있다고 한다.

한국에도 비슷한 기록이 남아있기는 하다. 조선시대에 보행격구(步行擊毬)라는 놀이가 있었으며, 세종대왕이 즐겨 했다고 한다. 보행격구는 궁중이나 넓은 마당 여기저기에 구멍을 파놓고 걸어 다니며 공을 쳐서 구멍 안에 넣는 놀이였다. 세종 때부터는 종친을 궁내로 불러들여 즐겼고, 세조 때에는 수십 명이 떼를 지어 승부를 겨루었다. 이후 서민의 놀이로 계승됐다고 한다. 이에 대한 기록은 '용비어천가' 등에 남아 있다.

이처럼 막대기로 공을 치는 놀이는 인류 역사에서 흔했기에 모든 '공치기 놀이'가 골프의 기원이라고 주장하기는 어려운 것이 현실이다.

스코틀랜드에서 모양이 갖춰지다

골프의 기원설이 여럿 있지만 널리 인정받는 건 스코틀랜드 기원설이다. 스코틀랜드의 양치기 소년들이 막대기로 돌을 쳐서 토끼 구멍에 넣으며 즐겼던 놀이가 시초라는 설이다. 이를 뒷받침해 주는 근거로는 몇 가지 용어로 알 수 있다고 한다. 스코틀랜드 고어로 '치다'라는 의미를 가진 단어는 '고프(Gouft)'이며, 토끼가 많이 서식해 잔디를 깎아먹어 평탄하게 된 지형을 '그린(Green)'이라고 부른다고 한다. 또 양떼들이 밟고 다니면서 평탄해진 넓은 길을 '페어웨이(Fair Way)'라 불렀다고 한다. 지금의 골프 용어와 너무나 닮았다.

스코틀랜드 지방의 지형이 골프장으로는 적격이었다는 것도 스코틀랜드 기원설을 뒷받침해 준다. 스코틀랜드 북쪽 해안에는 기복이 많은 초원이 있었는데 이를 링크스(Links)라 불렀다고 한다. 잔디와 잡목이 우거진 작은 언덕으로 이어진 이런 지형은 골프코스를 만들기에 적합했다.

골프채, 즉 롱노이즈 등을 만드는 재료인 나무가 많이 생산된 것도 스코틀랜드에서 골프가 생겨나고 발전했다는 주장에 설득력을 더해 준다. 특히 스코틀랜드에서는 러시아나 캐나다로부터 수입한 히코리목이 골프채의 샤프트 자재로 쓰였으며, 높은 가공기술을 보유한 골프채 제조 직공들도 많이 나왔다.

골프의 기원이 어떻든 골프를 스포츠로 발전시킨 개척자는 스코틀랜드인들이라는 사실은 부인할 수 없다. 스코틀랜드인들은 해변의 링크스에서 골프를 개발해 냈을 뿐만 아니라 이를 전 세계에 확산시켰다. 그리고 초창기의 골프 장비들과 코스들을 보급했을 뿐 아니라 지금도 여전히 통용되고 있는 규범과 기본 규칙들을 완성해 냈다.

스코틀랜드는 현대골프의 발원지로 평가받는 대신에 세계 최초로 골프 금지령을 내린 곳이기도 하다. 골프에 관한 첫 번째 기록은 아이러니하게도 '골프 금지령'이었던 것이다. 잉글랜드와 군사적으로 대치 상태에 있던 스코틀랜드의 국왕 제임스 2세가 국민이 군사훈련이 아닌 축구와 골프에 빠졌다는 이유로 1457년 두 종목에 대한 금지령을 내린 것이다.

국왕이 직접 금지령을 내릴 정도로 골프의 인기가 대단했음을 알 수 있다. 그러나 골프 금지령이 잘 지켜지지 않자 1470년에 다시 내려졌으며, 1491년에는 세 번째 금지령이 내려졌다. 세 번이나 금지령을 내렸다는 것은 그만큼 사람들의 골프 사랑을 막기 어려웠다는 뜻이다. 그러다

1502년 스코틀랜드와 잉글랜드가 강화조약을 맺으면서 골프 금지령도 폐지됐다.

골프는 16세기에 들어서면서 스코틀랜드 동해안에 확고하게 뿌리를 내렸으며, 또 널리 확산되기 시작했다. 왕실과 귀족들도 골프에 빠져 들었다. 스코틀랜드 제임스 6세와 그의 어머니 메리 여왕은 유명한 골프 애호가였다. 목동들이 양을 돌보면서 즐겼던 단순한 운동에서 유래해 양들이 짓밟고 지나간 곳에 구멍을 뚫어 즐기던 정도의 골프가 상류층의 스포츠로 자리 잡기 시작한 것이다.

영국에서 꽃을 피우다

스코틀랜드에서 모양을 갖추기 시작한 골프는 잉글랜드와 스코틀랜드가 합병한 영국에서 현대적인 모습으로 발전하기 시작했다. 1608년 영국 런던의 블랙히스 골프클럽에 골프회가 조직됐고, 많은 사람이 세계 최초의 골프클럽으로 꼽는 '리스 젠틀맨 골프회(The Gentle-men Golfers of Leith)'도 1744년 스코틀랜드 동해안에 있는 도시 리스에서 만들어졌다는 기록이 있다. 그러나 무엇보다 골프 발전에 기여한 것은 세인트앤드루스 골프클럽과 올드코스다.

2022년 7월 14일부터 나흘 동안 영국 스코틀랜드의 동부해안에 있는 세인트앤드루스 올드코스에서 제150회 '디 오픈(The Open)'이 열렸다. '전영오픈' 또는 '브리티시오픈(The British Open)'이라고도 하는 이 대회는 세계 남자골프 4대 메이저 대회 중 그 역사가 가장 권위 있고 오래됐다. 세계에서 역사가 가장 오래된 오픈골프대회이기도 하다.

1860년에 처음 개최돼 150회를 맞은 디 오픈을 세인트앤드루스 올드코스에서 연 것은 여러모로 의미가 있다. 첫 대회가 열린 곳도 아니지만 이곳에서 제150회 대회를 연 것은 현존하는 골프코스 중 가장 오래된 골프코스이기 때문이다. 세계에서 가장 오래된(약 460년) 골프코스에서 가장 오래된(150회) 대회가 열린 것이다.

'디 오픈'은 여러 골프코스를 돌아가며 열리는데 세인트앤드루스 올드코스에서는 1873년 제13회 대회를 개최한 이래 가장 많은 30번이나 대회를 개최했다. 일반적으로 세인트앤드루스 올드코스에서는 5년마다 디 오픈을 치렀다. 2020년에 열릴 차례였으나 이곳에서 제150회를 열기 위해 1년을 늦추는 것으로 수정됐다. 그러나 2020년에 코로나19로 대회를 열지 못해 2022년이 제150회로 바뀌면서 이곳에서 대회를 치르게 된 것이다.

양떼를 기르던 목장이던 곳에 세인트앤드루스 골프코스가 만들어진 것은 1550년대 중반으로 알려져 있다. 1553년에 스코틀랜드의 권력자이던 세인트앤드루스 대주교가 이곳 주민들에게 골프를 허용했다는 것을 근거로 들고 있다. 그러면서 현존하는 골프코스 중 가장 오래됐다는 것이다.

그로부터 202년 지난 1754년에 22명의 귀족·교수·지주들이 모여 세인트앤드루스골프협회(St. Andrews Society of Golfers)를 만들었고, 1834년 국왕 윌리엄 4세가 이 골프클럽에 'R&A'라는 명칭을 붙여줌으로써 이후 영국 전역의 골프클럽을 통합했다. R&A에서 최초로 통일되고 성문화된 13개 항목의 골프규칙을 제정·공포했는데 오늘날의 골프규칙과 비교해도 큰 차이가 없다.

R&A에서 최초의 골프규칙이 만들고, 이후 널리 적용되면서 비로소 근대골프의 모습이 갖춰지기 시작했다. 처음에는 22홀이던 세인트앤드루스 올드코스가 1764년 최초로 18홀 골프코스로 자리잡으면서 현대 골프코스의 기준이 됐다.

골프의 발상지로 알려진 세인트앤드루스 올드코스

세인트앤드루스 올드코스를 방문한 우제봉 대구CC 명예회장과 친구들.
좌측 첫 번째가 우기정 회장의 선친인 우제봉 명예회장이다.

이처럼 세인트앤드루스 올드코스와 R&A를 중심으로 골프가 체계화되고 확산되면서 골프는 세계인의 스포츠로 자리 잡아 나갔다. 그래서 스코틀랜드 사람들은 스코틀랜드를 '골프의 본고장(The home of Golf)'이라고 부르며 자랑스러워한다고 한다. 이후 골프는 영국을 중심으로 더욱 발전해 나갔다. 20세기 이전까지만 해도 골프의 종주국이자 중심지는 영국이었다. 규칙은 물론 장비의 발달도 영국을 중심으로 이루어졌다. 골프가 활발해지자 골프채나 골프공을 전문적으로 만드는 사람이 나타났으며, 이들은 골프 기술도 뛰어났으므로 실기 교습에 종사해 프로페셔널로서 인정받았다.

4 골프, 지구촌에 자리잡다

영국에서 단순한 놀이가 아닌 스포츠로 틀을 갖춰가며 자리를 잡아가던 골프는 유럽 각국으로 전파되고, 19세기 후반 이민자들에 의해 신대륙에서도 자리를 잡기 시작했다. 1873년 캐나다에 로열몬트리올골프클럽이 창설됐으며, 미국에는 이보다 10여년 늦은 1887년에 미국 최초의 클럽과 코스를 자랑하는 폭스버그골프클럽이 발족됐다.

골프는 미국에 전수되면서 번성의 기반을 마련했다. 미국 상륙 10년 만에 미국 전역에 1000여 곳의 골프클럽이 생겨나고 널리 즐기는 스포츠이자 문화로 확고하게 자리를 잡았다. 이때를 기점으로 골프는 미국에서 종주국 영국을 능가하는 스포츠로 저변을 폭발적으로 확대해 나갔다.

1894년에 USGA가 창립됐고, 다음해인 1895년에는 제1회 아마추어 선수권대회가 개최됐으며, '전미오픈(US OPEN)선수권대회'도 탄생했다. 이때부터 영국오픈과 전영아마추어선수권, 전미오픈과 전미아마추어선수권이 4대 메이저대회로 이름을 날리며 영국과 미국의 골프 대결이 골프를 더욱 확산시키는 계기로 작용했다. 참고로 오늘날에는 디오픈(영국오픈)·US오픈·마스터즈·PGA챔피언십이 세계 남자골프 4대 메이저대회로 인정받고 있다.

유럽에서 시작된 골프가 대서양을 건너 미국으로, 다시 태평양을 넘어 아시아로 전파되기 시작한다. 이에 따라 골프는 세계적인 스포츠로 자리 잡게 된 것이다.

미국을 중심으로 지구촌 스포츠가 되다

영국에 비해 미국의 골프 역사는 한참 늦은 편이다. 오히려 캐나다보다도 늦었다. 그러나 미국의 골프는 20세기부터 영국을 능가하기 시작했다. 제1차 세계대전으로 영국의 국력이 쇠락하면서 골프도 침체되기 시작했다. 게다가 제2차 세계대전 후의 호경기 덕분에 미국의 골프가 비약적으로 발전하면서 골프인구와 골프장 수에서 영국을 능가하게 된 것이다.

20세기 미국 골프의 발전은 곧 현대골프의 발전이라 할 만큼 큰 영향을 끼쳤다. 특히 골프 장비의 발전에 있어 미국이 현대골프에 끼친 영향력은 절대적이었다. 골프 장비의 역사에서 가장 의미 있는 발명 중 하나로 꼽히는 하스켈 볼(Haskell Ball)이 1898년 미국에서 만들어졌다.

골프공뿐만 아니라 골프장 운영에 기여한 페어웨이 관개 시스템이 1925년 미국 텍사스에서 처음 만들어졌다. 1932년에는 미국의 유명 프로골퍼 진 사라젠(Gene Sarazen)이 최초의 샌드웨지(Sand Wedge)를 만들기도 했다. 테일러메이드 등 명품 골프채 제조회사가 등장했고, 수백 년간 나무 재질로 만들던 우드를 금속 재질로 대체한 것도 미국이었다. 이처럼 오늘날까지 쓰이는 수많은 장비와 물건들이 미국에서 발명되거나 개선됐다.

미국은 장비뿐만 아니라 골프규칙이나 제도에도 막대한 영향을 끼쳤다. 세계 최초로 국가적으로 통일된 핸디캡 지수를 도입한 것도 미국이었다. 그전에도 핸디캡 시스템이 있었지만 1911년 미국에서 처음 국가적으로 인정하는 통일된 핸디캡 지수를 도입함으로써 오늘날까지 이어지는 핸디캡 시스템을 완성했던 것이다.

이밖에도 미국이 현대골프에 미친 영향은 이루 헤아릴 수 없을 정도이다. 1947년에는 미국 최초의 골프 잡지이며 세계 최고의 골프 잡지로 꼽히는 '골프 월드'가 창간됐고, TV에 메이저 골프대회를 본격적으로 방영하기 시작했다. 아놀드 파머(Arnold Palmer)와 잭 니클라우스(Jack Nicklaus), 그리고 타이거 우즈(Tiger Woods) 같은 골프계의 슈퍼스타도 미국에서 배출됐다.

20세기 이후 현대골프 역사에서 기억할 만한 순간은 대부분 미국에서 일어났다. 그야말로 현대골프의 중심지는 미국이었고, 지금까지 그 위상은 변함없이 이어져 오고 있다.

전 세계인을 사로잡다

19세기까지만 해도 영국에서만 유행하던 골프는 19세기 후반부터 미국을 비롯해 유럽 각국은 물론 일본과 한국을 비롯한 아시아 국가 등 세계 곳곳으로 퍼져나갔고, 지금은 전 세계적인 스포츠가 됐다.

골프는 1900년 프랑스 파리에서 열린 제2회 올림픽에 정식종목으로 채택될 정도로 세계적 스포츠 반열에 올랐다. 그러나 1904년 미국 세인트루이스에서 열린 제3회 올림픽을 끝으로 올림픽에서 자취를 감췄다.

여러 복잡한 이유로 올림픽 종목에서 빠졌던 골프는 112년만인 2016년 브라질 리우데자네이루에서 열린 제31회 하계올림픽에서 다시 부활했다. 그 사이 올림픽은 지구촌 최대의 축제로 발전했고, 골프 역시 세계화를 이루면서 미국과 유럽 등 선진국뿐만 아니라 한국과 일본·중국 등 아시아 국가에서도 인기를 끌고 있었기 때문이다. 리우데자네이루 올림픽에서는 남녀 각각 개인전을 치러 남자부에서는 영국의 저스틴 로즈가, 여자부에서는 우리나라의 박인비가 금메달을 차지했다.

전 세계에는 206개국에 3만 8,081곳의 골프코스가 있다고 한다. R&A가 2021년 12월에 발표한 '세계의 골프(Golf Around the World, GAW) 2021'의 기록이다. 그 중 북중미는 1만 9,160곳으로 전체 골프장의 절반을 보유하고 있다. 유럽도 8,888곳, 중동과 아시아는 6,323곳으로 17%를 차지한다. 전 세계 골프인구는 6,660만 명으로 역대 최대치를 기록했다. 북아메리카는 3,060만 명, 아시아는 2,330만 명이었다.

한국의 골프인구는 세계적으로도 두드러진 증가세를 보이고 있다. 미국·일본·영국·캐나다·호주·독일·프랑스에 이서 세계 8위의 골프코스를 보유하고 있다. GAW에 따르면 한국에는 811개 코스가 있고, 홀수로는 9348개라고 기록돼 있다. 골프장으로 따지면 447곳이 있다.

한국골프장경영협회에 따르면 2021년 국내에서 운영 중인 6홀 이상 골프장은 505곳에 이르렀다. 국방부가 운영하는 체력단련장과 미군기지 내 골프장은 포함하지 않은 수치였다. 총 홀 수는 9,930개이고, 18홀로 환산하면 551.6곳의 골프장이 있는 셈이다. 이 중 회원제는 157곳이었고, 대중제는 348곳이다. 한편 2021년 전국 505개 골프장의 내장객은 5,056만여 명이었다. 2019년 4,000만 명을 돌파했고, 불과 2년 만인 2021년에 5,000만 명을 돌파할 정도로 비약적으로 증가했다.

5 골프에는 어떤 정신이 담겨 있나

골프는 신사의 스포츠라 불린다. 다른 어떤 종목보다도 에티켓이 강조되는 스포츠다. 골프 에티켓은 일반 예절과는 다르다. 스포츠 규칙에서 첫머리에 에티켓을 기술한 것은 골프가 유일하다. 영국에서 신사 아닌 일반 서민들까지 골프를 즐기게 되면서 야외에 나와 들떠 예의나 몸가짐, 행실 등이 문란해질 수 있는 것을 방지하기 위한 것이었다.

안정성·신속성, 그리고 오락성에도 그 까닭이 있었다. 클럽 페이스를 떠나 날아가는 골프공은 무서운 흉기다. 또 빠른 플레이가 요구되고, 남에게 불쾌감도 주지 않아야 하며, 남에 대한 알뜰한 배려 아래 상대에게 최고의 좋은 환경을 보장하자는 것이 골프 에티켓의 배경이라 할 수 있다.

"법률은 악인이 존재한다는 전제아래 만들어졌지만 골프규칙은 고의로 부정을 범하는 자가 없다는 전제아래 만들어졌다"는 말까지 있다. 속이는 사람이 없다는 것을 전제로 플레이되기 때문에 골프는 신사의 게임이다. 물론 속이는 것은 무척 쉽다. 그러나 속였을 경우 가장 심하게 경멸받는 스포츠가 골프이다.

"골프는 문자로 쓰인 규칙조문에 의해서가 아니라 그 뒤에 있는 정신을 위해 플레이돼야 한다. 그 정신이야말로 골프의 생명이자 지주이다."

'골프규칙의 아버지'로 일컬어지는 미국의 '조지프 오 다이'가 한 말이다.

경기규칙과 에티켓을 익혀야

골프에는 당연하게도 플레이를 위한 규칙이 있다. 이는 R&A가 13조로 된 골프규칙을 최초로 성문화한 것이 개정·발전된 것이다. 골프규칙은 '1부 에티켓, 2부 용어, 3부 플레이 규칙'으로 돼 있다. 지금은 골프규칙을 R&A와 USGA가 공동으로 세계 각국의 의견을 모아 4년마다 개정해 세계 공통으로 적용하고 있다.

골프규칙의 에티켓 조항은 부당한 행동을 할 경우 플레이어를 경기에서 실격시킬 수 있고, 페널티도 부과할 수 있도록 돼 있다. 골프에서 에티켓은 권장 사항이 아닌 의무 사항이라고 할 수 있다. 기량이 떨어져 골퍼의 플레이 수준이 떨어지는 건 비난받지 않지만 비매너의 플레이는 용서받을 수 없다. 한국 최초의 프로골퍼인 연덕춘은 일제강점기 골프에 대해 다음과 같이 말했다.

"1943년 군자리코스가 폐쇄될 때까지 소속 프로로 활동했다. 당시 골퍼는 신사 중의 신사로 무릎까지 내려오는 바지에 스타킹, 와이셔츠 상의를 반드시 입어야 했다. 에티켓을 모르면 바로 퇴장시킬 정도로 엄격했다."

골프 에티켓은 일반 사회 예절과는 다르다. 몰라서 에티켓을 못 지키는 경우도 있기 때문에 골프를 배울 때는 최소한의 경기규칙과 에티켓을 배워야 한다. 티칭 프로나 골프 선험자는 골프 후학에게 기량 전수와 함께 골프 에티켓을 가르쳐야 한다.

모든 골퍼는 USGA와 R&A가 협의해 정한 골프규칙의 적용을 받는다. 골프규칙의 대원칙은 '코스는 있는 그대로', '골프공은 놓인 그대로 플레이 한다'는 것이다. 이 대원칙의 예외는 룰에 의해 따로 정하고 있다. 더불어 골퍼의 행동 기준을 정하고 있는데 이것이 바로 에티켓의 기본이다.

'모든 플레이어는 골프의 정신에 따라 플레이한다'라고 대원칙을 정했으며, 세부 행동 기준을 아래와 같이 정하고 있다.

> - 성실하게 행동: 규칙을 따르고 모든 페널티를 적용해야 하며 어떠한 상황에서도 정직하게 플레이 한다.
> - 타인 배려: 신속한 속도로 플레이하고 타인의 안전을 살피며 다른 플레이어의 플레이에 방해가 되지 않도록 한다.
> - 코스 보호: 디봇을 제자리에 갖다 놓고 벙커를 정리하고 골프공 자국을 수리하며 코스에 불필요한 손상을 입히지 않도록 한다. 위의 사항을 지키지 않는 경우 위원회는 플레이어를 실격시킬 수 있으며 페널티도 부과할 수 있다.

이러한 행동기준(에티켓)은 지키지 않으면 불이익을 가하는 강제 사항이다. 이는 다른 모든 스포츠 종목과 차이가 있다. 다른 어떤 종목도 정직과 신속한 플레이, 다른 플레이어에 대한 배려, 경기장의 보호를 강제하지 않는다. 그래서 골프는 신사의 스포츠이고 에티켓의 스포츠라 할 수 있다.

앞서 말한 '성실하게 행동'을 준수하기 위해서는 규칙을 제대로 알아야 한다. 최소한 페널티 적용의 룰을 알아야 한다는 것이다. 많은 골퍼가 OB의 경우 2타의 페널티를 받는 것으로 알고 있다. 규칙상으로는 1페널티이지만 2타의 손해를 보는데도 말이다.

'타인 배려'를 준수하기 위해서는 최소한의 실력을 배양해야 한다. 어느 정도의 실력을 갖춰야 신속한 플레이를 할 수 있으며, 타인을 배려할 수 있다. 지연 플레이는 동반자의 시간을 뺏는 최악의 비매너 플레이이기 때문이다.

'코스 보호'의 준수 또한 간과해서는 안 된다. 티잉 그라운드를 포함한 코스에서 연습 스윙을 하면서 과도한 디봇을 만든다든지 플레이 후 벙커 정리를 하지 않는다든지 그린을 손상하는 행동은 하지 말아야 한다.

이러한 3개 항 이외의 에티켓은 일반적인 사회규범을 생각하면 된다. '자신에게는 엄격하게 동반자에게는 관대하게'가 에티켓의 기본이다. 그러나 관대함이 규칙을 위반하는 일이면 곤란하다. 룰에도 없는 멀리건을 남발하거나, 과도한 컨시드를 부여하고, 습관적인 골프공 이동을 허락하는 것은 배려가 아니라 골프 정신을 망각하는 일이라는 것을 명심해야 한다. 동반자의 이해도 구하지 않는 자발적인 멀리건과 컨시드, 골프공의 이동도 마찬가지다.

'어떻게 살 것인가'라는 화두를 닮았다

대부분의 스포츠 경기에는 심판이 있지만 골프에는 심판이 없다. 이런 골프를 '신사의 스포츠'라거나 '매너 스포츠'라고 부른다. 경기 중 심판이 없는 골프는 자신의 양심이 곧 심판이 되는 유일한 스포츠이기 때문이다.

아마추어골퍼는 동반자나 캐디와 점수를 상의하고 기록한다. 프로골퍼는 스코어 카드를 제출할 때 반드시 선수와 마커의 어테스트(Attest, 최종 서명), 즉 경기 후 상대방의 스코어 카드가 틀린 점이 없는지 확인한 후 사인을 받는다. 주최 측이 모든 것을 선수에게 맡기고 책임까지 부여한다는 것이다.

만약 한 사람이라도 사인을 하지 않았거나, 잘못 적용한 것이 적발되면 경고가 아닌 경기 자체를 실격 처리한다. 따라서 골프는 페어플레이 정신으로 부정행위를 하지 않는다는 서로 간의 신뢰와 약속 이행이 무엇보다 크게 요구된다. 이는 골프룰 북(규정집) 제1장에도 명시돼 있다.

> • 규칙- 에티켓(게임의 기본 정신): 골프는 대부분 심판원의 감독 없이 플레이된다. 골프 게임은 다른 플레이어들을 배려하고 규칙을 준수하는 사람의 성실성 여하에 달려 있다. 예의를 지키며 스포츠맨십을 발휘해야 한다. 이것이 골프 게임의 기본 정신이다.

기본 정신을 모르면 골프는 단순한 게임으로 전락한다. 하지만 골프는 인생은 무엇이며 어떻게 살 것인가 하는 철학적 화두와도 닮았다. 골프의 성인(聖人)으로 불리는 바비 존스(Bobby Jones)의 일화는 골프 정신을 그대로 보여 준다.

1925년 열린 US오픈 마지막 라운드에서 존스는 1타 차로 선두를 유지하고 있었다. 우승을 코앞에 두고 어드레스(Address)를 하는 사이 골프공이 움직였다. 자신 외에 아무도 본 사람이 없었지만 경기위원회에 자진 신고하며 벌타 1점을 추가한 스코어 카드를 제출했다. 결국 이 실점으로 우승컵을 상대방에게 넘겨주었다. 바비 존스의 친구이자 기자인 O.B 킬러는 그날의 경기를 다음과 같이 기록했다.

> "나는 그가 우승하는 것보다 벌타를 스스로 부가한 것을 더욱 더 자랑스럽게 여긴다. 그 한 타가 없었더라면 연장전 없이 그의 우승으로 끝났을 것이다. 이번 대회에서 우승하는 것보다 더 멋있는 것이 바로 존스의 자진 신고였다."

킬러의 기사가 나간 후 모두가 바비 존스를 칭송했다. 그러자 그는 골프 정신과 자신의 신념을 담아 이렇게 답했다.

"나는 당연한 일을 했을 뿐이다. 규칙대로 경기한 사람을 칭찬하는 것은 은행에서 강도짓을 하지 않았다고 칭찬하는 것과 마찬가지이다."

USGA는 1955년부터 매년 '골프 정신과 골프에 대한 존중 구현'의 의미를 담아 '바비 존스상'을 시상하고 있다. 2020년에는 박세리가 한국인 최초로 이 상을 받았다.

어디에도 심판이 없다는 것은 모든 곳에 심판이 존재한다는 의미나 마찬가지다. 양심이 죽지 않는 한 심판은 언제나 골퍼와 함께 한다. 이러한 삶의 통찰을 깨닫는 골퍼만이 골프가 주는 참 기쁨을 누릴 수 있는 것은 아닐까? 나는 인간의 삶도 다를 바가 없다고 생각한다.

세상을 보는 창이다

자연히 세상을 바라볼 때 나도 모르게 골프의 에티켓·매너·룰 등을 통해 세상을 바라보는 것을 문득문득 느낄 때가 있다. 우리 사회에 봇물 터지듯 쏟아져 나오는 각종 문제들은 그 원인과 배경에 대해 여러 해석이 있을 수 있겠지만 나는 골프라는 프리즘으로 이런 문제들을 투영하게 된다. 그리하여 골프에서 나타나는 문제의 양상이나 원인은 사회 문제의 그것과 매우 비슷하다는 것을 알게 된다.

골프를 치는 사람이라면 아마 동반자의 무례한 행동에 눈살을 찌푸린 경험이 적어도 한두 번씩은 있을 것이다. 다음은 인터넷 사이트에서 골프 마니아들을 대상으로 '골프장 꼴불견'을 설문한 결과라고 한다. 혹시 자신이 이 중에 속하지는 않는지 체크해 보는 것은 어떨까?

1위: 룰을 무시하며 자기 기분대로 필드를 누비는 단순무식형 골퍼

2위: 무리한 내기를 요구하며 동반자들을 불편하게 하는 골퍼

3위: 캐디만보면 치근덕거리는 '작업 골퍼'

4위: 좋은 게 좋은 거라며 "일파만파"를 외치는 골퍼

5위: 끊임없이 전화하며 라운드 분위기를 산만하게 만드는 골퍼

6위: 때와 장소를 가리지 않는 흡연하는 골퍼

7위: 동반자들의 스윙을 꼼꼼히 체크하며 지적하는 골퍼

8위: 컨시드나 멀리건을 스스로 챙기는 골퍼

9위: 계산할 때 사라지는 얌체 골퍼

10위: 외국 골프장 룰을 고집하며 로컬 룰을 무시하는 골퍼

유형은 다양하지만 크게 두 가지로 정리할 수 있다. 규칙을 준수하지 않는 유형과 에티켓이 부족한 유형이 그것이다. 만약 '직장 꼴불견', '재계 꼴불견', '정치인 꼴불견' 등을 조사해도 결과는 비슷할 것이다. 규칙과 에티켓을 무시하며 자기 생각대로 행하는 정치인·기업가·직장인이 적지 않기 때문이다. 골프에서 규칙과 에티켓을 지키지 않으면 경기를 망치듯이 사회도 마찬가지다. 불화와 반목이 불거지고, 비리가 터지고, 사고가 나기 마련이다.

흔히 골프는 인생의 축소판이라고 한다. 또한 골프는 사회를 보는 거울이기도 하다. 나는 이러한 골프와 사회의 유사성을 오래 전부터 주목해 왔다. 그러면서 한 가지 깨달은 것은 골프에는 교육적 기능이 있어 골프가 사회 문제를 해결하는데 밑거름이 될 수 있다는 사실이다. 이것은 스포츠의 순기능이다. 내 자신이 직접 경험했을 뿐만 아니라 수십 년간 다른 사람들의 경험을 통해 보고 들은 바이다.

규칙과 에티켓 준수의 정신

심판이 없는 스포츠가 있다. 선수들이 규칙을 지키는지 감시할 존재가 없으면 경기가 엉망이 되지 않을까 하는 걱정은 마시라. 오늘도 수많은 사람들이 전 세계 곳곳에서 필드를 돌며 심판 없이도 경기를 즐기고 있으니 바로 골프다. 경기 전반을 관장하는 경기위원이 있긴 하지만 규칙의 준수 여부를 경기자의 양심에 맡기는 것이 골프의 특징이다.

축구·야구·테니스 등 대부분의 스포츠 종목은 얼마나 점수를 많이 땄느냐에 따라 승부가 갈린다. 이때 득점을 공인하는 권한은 전적으로 심판에게 속해 있다. 하지만 골프는 다르다. 각자 스스로 자신의 스코어 카드를 기록해야 한다. 골프에서 심판은 자신의 양심이다. 경기자 스스로 심판이 돼야 하기 때문에 그 결과는 천차만별로 나타날 수 있다. 실수로 그랬든 일부러 그랬든 한 순간의 행동으로 얼마든지 '신사의 스포츠'와 가장 '비열한 스포츠' 사이를 오갈 수 있는 것이 골프다.

한 마디로 골프는 매너와 규칙에 대한 경기자의 의식 수준에 따라 전적으로 영향을 받는 스포츠라고 할 수 있다. 공 하나 마음대로 건드리지 못하는 골프에서 경기자가 규칙을 준수하려는 의지와 양심을 포기하려는 순간 스포츠로서 골프의 존재 의의는 사라지고 만다. 경기 규칙을 철저히 준수해야 자신은 물론 동반자까지 즐겁게 골프를 즐길 수 있다.

사실 어느 스포츠에서나 규칙을 지키는 것은 기본 중에 기본일 것이다. 하지만 골프에서 규칙을 지키는 것은 특히 중요하다. 34개 조의 경기 규칙이 총괄적으로 포함하고 있지만 사람이 하는 경기이고, 거기에는 생각지도 못하는 사례들이 많이 생기므로 현재는 대한골프협회가 500페이지 가까운 룰과 사례에 대한 판례집을 발간해 놓고 있다. 경기자가 규칙을 외면하고 자기 마음대로 하려고 하는 순간부터 골프는 정정당당한 경쟁을 통해 실력을 겨루는 스포츠가 아니라 홀컵에 공을 넣기만 하면 그만인 단순한 게임이 될 뿐이기 때문이다.

골프규칙집을 펼치자마자 또 다른 특징을 발견할 수 있다. 골프는 에티켓에 관한 규정이 규칙집의 제1장으로 나오는 유일한 스포츠다. 제장은 서론으로 시작해 게임의 기본 정신, 안전, 다른 플레이어에 대한 배려, 경기 속도, 코스의 선행권, 코스의 보호 등의 본론으로 이어진다. 결론에 가서는 에티켓 위반 때의 벌칙이 적시돼 있다. 여기서 잠깐 서론과 게임의 기본 정신을 살펴보고자 한다.

공통적으로 예의·절제·배려 등을 강조하고 있음을 알 수 있다. 골프는 개인 스포츠가 아닌 다른 사람과 한 조가 돼 18홀을 돌아야 하는 단체 스포츠이고, 필드에 나가면 으레 앞 조와 뒤 조가 있기 마련이다. 때문에 다른 사람에 대한 예의와 배려심이 부족하면 문제가 일어날 수가 있다. 또 샷 하나하나가 곧바로 스코어로 이어지므로 고도의 집중력을 요구되기 때문에 절제하는 마음과 태도가 더없이 중요하다. 에티켓이 규칙집의 제1장에 언급돼 있는 중요한 이유다.

- **〈서론〉**
  본 장은 골프 게임을 할 때 지켜야 할 예의(禮儀)에 관한 지침을 규정한다. 모든 플레이어가 이를 준수한다면 게임에서 최대한의 즐거움을 얻을 수 있을 것이다. 가장 중요한 원칙은 코스에서 향상 다른 플레이어를 배려(配慮)하는 일이다.

- **〈게임의 기본 정신(The Spirit of the Games)〉**
  골프는 대부분 심판원의 감독 없이 플레이 된다. 골프 게임은 다른 플레이어들을 배려하고 규칙을 준수하는 사람의 성실성 여하에 달려 있다. 그리고 모든 플레이어는 경기하는 방법에 관계없이 언제나 절제된 태도로 행동하고 예의를 지키며 스포츠맨십을 발휘해야 한다. 이것이 골프 게임의 기본 정신이다.

만약 에티켓을 계속해서 지키지 않을 경우 엄중한 벌을 감수해야 한다. '에티켓 장'의 결론을 보면 '에티켓 위반 플레이어에게 경기 실격 처분을 내릴 수 있다'고 나와 있다. 심지어 징계가 풀릴 때까지 경기 참가를 계속 금지 당할 수도 있다. 지난해에는 윤이나라는 대형 여자신인이 골프규칙을 어겨 3년 출전정지의 중징계를 받기도 했다.

골프 황제 타이거 우즈라 해도 규칙을 어기면 페널티를 받아야 한다. 2005년 PGA투어 와코비아챔피언십 4라운드에서 그는 티샷이 임시 담장 옆에 멈추자 그 담장을 무너뜨리고 샷을 해 2벌타를 받은 적이 있다. '움직일 수 없는 장애물'인 임시 담장을 치울 게 아니라 공을 드롭한 뒤 치는 것이 규칙이다.

무엇이든 기본이 가장 중요하다. 골프에 입문하면 복장을 갖추는 법부터 시작해서 타수 계산하는 방식까지 수많은 '규칙'들을 '교육'받는 과정을 거치게 된다. 좋은 골퍼가 되려면 멋진 스윙을 익히는 것보다 기본적인 규칙과 매너들을 숙지하는 것부터 시작해야 할 것이다.

사회생활이나 인생살이 역시 마찬가지라고 생각한다. 건강한 사회구성원이 되려면 사회화와 교육이 필수적이다. 사회화와 교육이란 다름 아닌 우리 사회에서 통용되는 여러 가지 규칙들을 배우고 익히는 것 아니겠는가.

덕육과 체육을 동시에

교육(教育)은 한자의 구성에서 알 수 있듯이 '매로 가르치고 기른다'는 의미를 가지고 있다. 매로 가르치듯 강제성을 가지고 가르쳐야 할 것은 앞서 말한 규칙과 에티켓일 것이다. 길러야 할 것은 지(智)·덕(德)·체(體)다. 이는 17세기 영국 철학자 존 로크가 주창한 전인교육(全人教育)에서 나온 것이다. 사실은 '지덕체'가 아니라 '체덕지' 순이었다. 그는 교육 중 체육을 가장 먼저 꼽으며 '건강한 신체에 건전한 정신이 깃든다'는 유명한 말을 남기기도 했다.

교육학자들은 물론 많은 이들이 지적하듯 현재 우리나라 교육의 문제점 중 하나는 '지육(智育)'에 지나치게 치우쳐 있고, 상대적으로 '덕육(德育)'과 '체육(體育)'에는 소홀하다는 점일 것이다. 현재의 교육 풍토를 바꾸는 것이 근본적인 해결 방안이겠으나 현실적으로 단기간에 이뤄지기는 힘들 것이다. 그 차선책으로 가장 적합하다고 생각하는 것이 바로 골프다. 예의와 에티켓을 무엇보다 중시하는 골프는 덕육과 체육을 동시에 기를 수 있는 둘도 없는 스포츠라고 본다.

지난해에 무려 5,000여만 명이 골프장을 찾았다. 그 중 지속적으로 골프를 즐기는 마니아층은 600만 명 정도로 추산되고 있다. 아마 모르긴 몰라도 사회 지도층 인사 대부분이 그 중에 속한다고 봐야 할 것이다.

골프를 치러 오는 이유야 각자 다르겠지만 골프를 치는 동안만이라도 덕육과 체육을 기르도록 힘써 보는 것은 어떨까? 골프 특유의 규칙 준수 정신과 배려·예의·절제 등의 가치가 사회지도층의 의식 속에 스며든다면 우리 사회가 지금보다는 더 투명해지고 밝아지고 아름다워지지 않겠는가. 나아가 우리 국민 다수가 골프를 즐기며 골프의 훌륭한 가치들을 익히고 실천해 나간다면 우리 사회의 행복지수는 자연히 올라갈 것이다.

젊은 시절 골프로부터 한 수 크게 배운 이래 골프는 늘 내게 가르침을 주는 평생의 동반자요 진정한 친구였다. 이 좋은 친구를 주변에 소개시켜 줄 때마다 뿌듯하고 행복하다. 내가 느낀 행복을 그들에게도 전해 줄 수 있기 때문이다. 참다운 인간교육을 돕는 골프, 골프의 대중화는 우리 사회에 행복 바이러스를 퍼뜨리고 사회의 격을 높이는 매개체가 될 것으로 굳게 믿는다.

제2장

한국골프의
시작과 발전

골프는 언제 우리나라에 들어왔을까 ········· 062

최초의 상업적 골프장, 효창원코스 ········· 066

경성골프구락부 결성, 청량리코스를 건설하다 ······· 071

지방으로 퍼져나간 골프 열기 ········· 075

최초의 국제규격 골프장 군자리코스 탄생 ········ 079

골프장을 누빈 한국인 골퍼들 ········· 083

군자리코스 재복구와 서울CC 탄생 ········· 088

늘어나는 골프장, 골프문화가 자리잡다 ········ 095

골프문화 확산과 잇따른 골프 단체 발족 ········ 102

골프의 저변 확대, 늘어나는 골프대회 ········· 106

골프 발전과 확산에 기여한 박정희 대통령 ········ 113

어린이대공원으로 바뀐 군자리코스 ········· 121

1 골프는 언제 우리나라에 들어왔을까

19세기까지 골프의 중심지는 영국이었고, 이후 미국이 새로운 중심지가 돼 지금에 이르고 있다. 한국도 지금 골프 황금기를 누리고 있다. 그렇다면 골프는 언제 한국에 들어와 번창하게 됐을까?

세계 각국에서 찾아볼 수 있는 골프와 비슷한 형태의 '막대로 공을 치는 놀이'는 한국에도 있었다. 말을 타고 달리며 막대로 공을 치는 '격구', 그리고 말을 타지 않고 보행하며 즐기는 '격방(擊棒)'이 대표적이다. 특히 조선 세종시대에는 걸어 다니면서 하는 보행격구가 유행했다고 한다.

하지만 격구나 격방에서 현대 골프의 연원을 찾아보기는 힘들다. 지금 우리가 즐기고 있는 골프는 영국에서 정립돼 영국인들에 의해 전 세계로 전파됐고, 세계적으로 유행하고 있는 스포츠다.

영국인들이 세관 구내에 만든 원산골프장

강화도조약(1876년 고종 13년)의 체결로 부산·인천·원산항이 잇따라 개항됐다. 이에 따라 조선정부가 관세 징수 업무를 청나라에 위촉하자 영국인들을 불러들여 관세 업무를 관장하도록 했다. 세 사람만 모여도 골프를 한다던 영국인들이 원산세관 구내에 골프장을 건설한 것으로 알려져 있다.

1900년 이전의 일이라고 하니 1901년에 최초로 골프장을 건설했다는 일본보다 1년 이상을 앞섰다고 할 수 있다. 안타깝게도 원산골프장에 대한 역사 기록이나 문헌은 별로 없다. 다만 세관 근처에 살던 사람들의 입을 통해 6홀 코스의 골프장이 있었다는 이야기가 구전돼 왔다.

영국인들이 원산 유목산 중턱에 만든 6홀 골프장은 그야말로 간이코스라고 할 수 있다. 영국인 세관원들이 무료한 시간을 즐기기 위해 만든 골프코스였다. 어떻든 이 땅에 골프 형태의 스포츠가 처음 도입된 것은 부인할 수 없는 사실이다. 이 골프장은 얼마 뒤 영국인들이 한국을 떠나면서 사라지고 말았다고 한다.

그로부터 21년이 흐른 뒤 지금의 효창공원 자리에 또 하나의 골프장이 들어섰다. 조선철도국이 운영하던 조선호텔의 투숙객을 위한 서비스와 관광객 유치 차원에서 9홀짜리 효창원코스를 건설해 1921년 6월에 개장했다.

원산(元山)이냐, 효창원(孝昌園)이냐?

그동안 골프계에서는 1900년에 만들어졌다는 원산골프장을 한국골프의 효시로 볼 것이냐, 아니면 1921년 개장한 효창원코스를 효시로 삼을 것이냐를 두고 논란이 있어왔다.

"한국 최초의 골프코스는 1897년부터 1900년 사이에 원산 세관 구내에서 영국인이 만든 코스"라는 일본인 다카하다의 주장(1940년 일본의 '월간 골프' 기고)을 무시하기 힘들기 때문이었다.

대한골프협회가 1985년에 편찬한 〈한국골프사〉에서 소위 '다카하다의 구전(口傳)'에 근거한다면서 원산골프장을 한국골프의 기원으로 보아야 한다고 주장하고 있다. 대한골프협회는 2001년에 〈한국골프 100년〉

을 발간하면서 또 다시 "한국 최초의 골프코스는 영국인에 의해 1900년 원산세관 구내에서 시작됐다고 1940년 11월 일본에서 발행된 〈조선골프소사〉에서 다카하다는 진술하고 있다"라는 내용을 실었다.

그러나 한국 최초의 골프기자로 알려진 최영정은 "이에 대한 증거가 없으며 다카하다의 주장이 일관되지 않다"고 했다. 〈한국골프의 탄생〉을 쓴 스포츠 사학자 손환 교수는 "실제 영국인들이 골프를 했다 하더라도 우리 국민과 상관이 없기 때문에 이를 한국골프의 시작으로 인정해서는 안 된다"고 말했다. 1921년 개장한 효창원코스를 한국골프의 효시로 봐야 한다는 것이다. 따라서 2000년이 아니라 2021년이 한국골프 100주년이라는 것이었다.

어느 것을 효시로 삼아야 할지 내가 판단할 일은 아니다. 대신 한국 최초의 골프기자이자 〈조선일보〉 체육부장이었던 최영정(2021년 별세)의 '새로 가려야 할 한국골프의 發祥'이란 글을 참조해 볼 필요가 있다는 것이 내 의견이다.

> "대한골프협회가 2001년에 한국골프의 역사를 정리한 책자를 발간하면서 처음에는 '한국골프 100년사(史)'로 명명했다가 한국골프 역사의 최초 사료(史料)의 불확실성을 고려해 '한국골프 100년'으로 명칭을 바꿨다."

2001년 연말 대한골프협회에서 발간한 〈한국골프 100년〉의 편찬후기에서 인용한 구절이다. 한국골프가 과연 100년을 맞이한 것인가를 놓고 고민한 흔적이 엿보이는 대목이다. 사(史)자를 빼고 '100년'으로 한 것이다. '100년'이든 '100년史'이든 문제는 여전히 남는다.

그렇지만 지금은 효창원코스를 한국골프의 효시라고 보는 견해가 우세하다. 비록 일본인들의 주도로 외국인이 설계해 만들어졌지만 시기와 장소, 그리고 기록이 존재하고 무엇보다도 한국인 골퍼들에게도 개방된 골프장이란 점에서다.

2 최초의 상업적 골프장 효창원코스

"효창원코스는 남대문에서 자동차로 3~4분 거리의 요지였다. 조선왕조의 능묘가 있었던 자리답게 봉산(封山)이나 태봉산(胎封山)이 아름다웠다. 검은 초록빛이 풍기는 수목 속에 상당한 슬로프 홀도 몇 개 있었다. 야지(野芝)로 뒤덮인 페어웨이를 밟으며 라운드하는 색다른 풍취여서 플레이어 특히 외국인들에게 인기가 높았다. 서울에 골프장이란 효창원코스 말고는 따로 없었으니 그들에게는 선택의 여지가 없었다. 효창원코스는 우거진 삼림 코스로서 만주로 가는 중간 기착지 서울을 드나드는 골퍼들 사이에는 큰 화제 거리였다. 당시 효창원코스의 골프는 단연 사치스러운 한량들의 놀이가 됐다."

(<골프저널> 2016년 7월 7일자 '관광과 한국골프'에서)

호텔 부대시설로 건설

한반도에 만들어진 최초의 골프장이라 할 수 있는 원산골프장이 영국인들이 자신들만 즐기기 위해 만든 코스라면, 효창원코스는 한국골프 역사에 큰 의미를 지니고 있다고 할 수 있다. 비록 일본인들이 만들었지만 최초의 상업적 골프코스였으며, 일부 친일인사들이 일본인들 틈에서 골프를 즐기면서 이 땅에 골프문화의 씨앗을 뿌렸기 때문이다.

효창원코스는 골프를 좋아하는 동호인들의 친목이나 클럽 활동을 위해서라기보다는 호텔 경영을 위해 호텔 투숙객에 대한 서비스, 투숙객 유치 등 관광 진흥에 주안점을 둔 영리 차원의 골프장이었다. 조선철도국이 직영하던 조선호텔에서 투숙객을 위해 만들었기 때문이었다.

효창원코스를 만든 핵심 인물은 조선철도국 이사이던 일본인 안도 유사부로(安藤又三郎)다. 만주에 있던 만철(남만주철도주식회사) 본사에 출장을 갔다가 만철이 만든 호시가우라골프장(중국 다롄 소재)을 보고 경성에도 골프장을 만들겠다는 생각을 했다. 이때가 1917년이었다.

안도가 경성(서울)에 골프장을 만들겠다고 생각한 것은 호시가우라골프장이 만철이 경영하는 호텔의 부대시설이란 것을 알았기 때문이었다. 중국과 만주로 일제의 대륙 진출이 활발해지면서 일본인들의 만주 출장이 잦았다. 이들은 도쿄에서 출발해 만주와 중국까지의 지루한 철도여행 중간 기착지인 서울에서 1~2박을 하기 마련이었다. 숙박 호텔은 서울에서 시설이 가장 좋은 조선호텔이었다. 조선호텔이 투숙객을 위한 위락시설로 골프장을 만들기로 할 만한 이유가 충분했다.

안도는 서울 근교를 돌아다니며 골프코스 부지를 물색한 끝에 숭례문 밖에 있던 효창원을 점찍었다. 효창원은 조선 23대 정조의 맏아들인 문효세자의 묘역이었다. 면적은 24만여㎡(5만 7,000평)이어서 겨우 6~9홀 규모를 만들 수 있는 땅이었다. 1894년부터 조선의 국권을 침탈한 일제가 청나라와 전쟁에 대비해 군부대 숙영지와 훈련장으로 쓰고 있었다. 숲이 울창하게 우거져 있어 골프코스를 만들기에 안성맞춤이었.

일본 아마추어골프선수권 챔피언이었던 러시아계 영국인 던트(Dannt)에게 골프장의 설계를 맡겼다. 던트가 만든 코스 설계도를 바탕으로 공사는 조선철도국 공무과가 맡았다. 1919년 착공해 2년 후인 1921

년 6월 완공했다. 9홀을 만드는데 2년이나 걸린 난공사였고, 공사비는 그때 돈으로 6000엔이 들었다고 한다. 하지만 경비 조달이 어려워 처음엔 6개 홀만 개장했다가 나중에 9홀로 증설했다. 그러나 코스 유지와 관리에 애로가 많아 7개 홀만 사용했던 것으로 알려져 있다.

경성 상류계급의 스포츠로 부상한 골프

효창원코스는 하루 1엔, 1개월 5엔, 1년 25엔의 회비제로 운영했다. 쉽게 구하기 어려운 골프공은 조선호텔이 일괄 구입해 주문자에게 배포했다. 골프공 하프세트도 안 되는 골프공 4개짜리 1세트를 하루 5엔씩을 받고 빌려주었다. 당시 사용하던 골프공은 미국의 하스켈이 발명한 하스켈 공이었을 것으로 짐작되고 있다.

골프공은 17세기까지는 회양목으로 만든 나무공을 사용했다. 18세기 들어 동물가죽에 새의 깃털을 넣어 만든 페더리 공을 사용했으나 대량생산이 힘들어 가격이 비쌌고 내구성이 약했다. 이를 보완한 구타페르카 공이 19세기에 만들어졌으나 내구성이 떨어지기는 마찬가지였다. 이를 보완해 미국의 하스켈이라는 아마추어골퍼가 1898년 가느다란 고무밴드를 촘촘히 감은 하스켈 공을 발명함으로써 고무공 시대를 열었다. 이 고무공은 이전의 골프공에 비해 탄력이 매우 높고 비거리가 증가됐다. 이후 20세기 중반에 들어오며 발라타 공이 등장해 1990년대 말까지 대량생산됐으나 내구성이 좋고 비거리가 우수한 현재의 우레탄 커버 공이 출현하며 자취를 감췄다.

골프채도 지금과 사뭇 달랐다. 지금 금속재인 우드는 그야말로 나무로 만들어진 우드였으며, 아이언은 헤드는 금속재였으나 샤프트는 나무로 만들어졌다.

효창원코스를 찾는 경성 거주 일본인 골퍼 수는 시즌 중 일요일에 70명 정도였다. 총독부 고급관리와 은행간부 등이 골퍼의 대부분이었다. 이들은 효창원코스에 나오면 한 라운드로 끝내지 않고 새벽부터 일몰까지 마음껏 골프를 즐겼다고 한다.

하지만 골프장 경영은 적자로 허덕였다. 골프에 대한 인식도 부족했고, 내장객이 적어 코스 유지비도 나오지 않을 정도였다. 결국 발기인 안도가 나서서 총독부·체신국·도청·군간부, 그리고 은행과 민간인들에게 회원 가입을 권유하기도 했다.

골프코스 운영도 뒤죽박죽이었다. 설계자 던트가 돌아가고 나자 골프를 아는 사람이 전혀 없었다. 빈약한 토목공사로 인한 황폐한 홀과 잔디가 벗겨져 황색이 된 그린 등 코스관리도 부실했지만 경기관리도 엉망이었다. 회원들도 다를 바 없었다. 퍼팅은 무사도 정신에 위배된다고 생각해서 그린에 올라가면 그냥 골프공을 집어 다음 홀로 갔다고 한다.

복장도 엉망진창이었다고 한다. 최영정은 〈코스에 자취를 남긴 사람들〉이란 저서에서 당시 상황을 이렇게 기술하고 있다.

> "날이 더울 땐 배가리개만 한 채 필드로 나오는 사람도 많았다. 일본인 골퍼 중에는 민족의상인 하카마 옷에 다비라는 버선을 신고 머리에는 띠를 두른 장사치 같은 차림으로 '에잇!' 하는 기합소리와 함께 클럽을 휘두르는 등 무매너 플레이를 하는가 하면…"

그러다 개장 다음해인 1922년에 아리요시가 총독부 서열 2위 정무총감으로 취임하면서 사정이 달라졌다. 아리요시 정무총감이 효창원코스를 돌아보고 조선철도국에게 수리공사를 지시했다. 아리요시는 일찌감치 골프를 배워 골프에 애정이 많았다. 일요일이면 아침부터 저녁까지 효창원코스에서 골프를 즐겼다고 한다.

일부 친일 한국인도 이곳에서 골프를 즐기기 시작했다. 친일파 이완용의 아들로서 역시 친일파였던 이항구 남작이 효창원코스에서 골프를 쳤다는 기록을 당시 신문에서 찾을 수 있다. 일제강점기 경성의 상류계급사회에는 유일한 스포츠인 골프를 모르는 자는 신사의 자격 중 가장 큰 한 가지 조건을 빠뜨린 것으로 평가될 만큼 골프는 인기가 있었다. 반면 남산 일대의 여러 일류 요정은 파리가 날렸다는 소문이 파다했다.

3. 경성골프구락부 결성, 청량리코스를 건설하다

　효창원코스는 당시 서울시내 중심지라 할 수 있는 남대문에서 자동차로 3~4분 거리의 도심에 자리 잡고 있었다. 골퍼 대부분이 풋내기 실력이어서 골프공이 골프장 밖으로 날아가기 일쑤였다. 골프에 대한 사람들의 인식이나 감정이 나빴던 때라 골프공에 맞은 사람이 항의를 하면서 시비가 일기도 했다.

　개장 2년 만에 골프장이 협소하고 또 지형이 변화가 심하다는 불만이 터지면서 골프장을 옮기자는 주장이 나오기 시작했다. 거기에다 효창원코스가 들어선 국유지가 1924년에 공원용지로 편입되면서 개장 3년 만에 이전이 불가피해졌다.

최초의 골프클럽 경성골프구락부 탄생

　효창원코스 이전은 조선총독부 아리요시 총감과 오쯔카 내무국장 등이 추진했다. 더 넓은 새 부지를 구해 본격적으로 코스를 건설하기로 이야기가 무르익어 갔다. 회원 증가와 기술 향상 등으로 인해 더 넓은 땅에 국제적인 골프코스를 건설해야 한다는 여론과 함께 새로 마련한 이전 부지 역시 조선왕조의 능림인 의릉(懿陵)이었다. 의릉은 조선 제20대 왕이었던 경종과 계비 선의왕후의 무덤이 있던 곳이었다.

골프장 이전을 위해 효창원코스를 이용하던 일본인들이 경성골프구락부를 설립했다. 서울의 옛 지명인 '경성'과 클럽의 일본식 한자어인 '구락부'를 더해 이름을 지었다. 골프장 이전과 건설에 조선총독부가 개입하지 않고 민간이 추진하고 있다는 명분을 만들기 위한 의도가 숨어 있었다. 골프칼럼리스트인 조상우 호서대 교수는 다음과 같이 적고 있다.

"이전 장소가 효창원과 같은 조선 왕조의 능림이었다는 점은 분명 불순한 의도가 숨어 있다고 봐야 한다. 우리 민족의 전통과 역사를 부정하고 짓밟기 위해 왕릉터에 골프장 부지를 무상으로 임대받아 건설한 것이라 볼 수 있다. 그래서인지 골프장 이전을 청량리 인근 주민들은 강하게 반대했고, 당시 신문들 역시 백성의 생활을 위협하는 배부른 양반들의 놀이터라 비난하는 등 골프에 대한 인식이 매우 부정적이었던 것으로 보인다."(<대전일보> 2014년 2월 14일자)

경성골프구락부 창립총회가 1924년 3월 조선호텔에서 열렸다. 초대 임원은 효창원코스를 만들었던 안도를 비롯해 조선은행과 동양척식 등 금융기관의 이사, 총독부 고위간부, 경성전기 사장, 이왕직차관 시노다 등이 있었다. 시노다는 나중에 경성제국대학 총장을 역임한 지식인 골퍼로서 나중에 군자리코스 건설에도 기여한 인물이다. 경성골프구락부의 회원은 80여 명에 달했다고 하며, 친일 거물이던 이항구 남작이 유일한 한국인 회원이었다고 한다.

청량리코스를 건설하기 위해 '경성골프구락부'를 결성한 것은 한국골프사에 많은 의미를 지니고 있다. 골프장은 물론 모임을 통칭하는 단어로 쓰인 경성골프구락부는 지방에 골프장이 건설되는데 주도적인 역할을 했다.

회원들의 주도로 1924년부터 원산·대구·평양·부산에 골프장이 만들어졌다.

경성골프구락부 주도로 만들어진 골프장에는 경성골프구락부 청량리코스, 경성골프구락부 군자리코스와 같은 지명이 붙었다. 경성골프구락부는 일본의 프로골퍼들을 초청해 시범 경기를 갖거나 한국 최초의 골프대회인 '전조선골프선수권대회'를 개최하기도 했다.

골프문화를 본격 꽃피운 청량리코스

경성골프구락부가 청량리코스를 건설한 곳은 청량리 근처 의릉을 중심으로 천장산 자락을 끼고 있는 능원지역이었다. 당시 지역 명칭은 석곶리(石串里)였고, 지금의 한국예술종합학교 석관동캠퍼스 일대로 알려져 있다.

설계는 1917년 일본오픈 우승자인 이노우에가 맡았다. 공사 자금으로 경성철도국이 마지못해 낸 2만 엔에 경성골프구락부 멤버들이 낸 2만 엔 등 4만 엔이 조달됐지만 공사가 진행되면서 턱없이 부족해 완벽하게 시공되지 못했다. 그런에 고려잔디를 깔려던 계획을 버리고 그냥 야지를 깔 수밖에 없었던 것도 공사비가 모자라서였다.

효창원코스가 문을 닫고 1924년 12월 회원들의 새로운 희망 속에 개장한 청량리코스는 면적이 협소해 16홀로 만들어졌다. 그래서 '변칙' 18홀 시스템으로 운영할 수밖에 없었다. 1번 홀에서 시작해 16번 홀을 마친 후 다시 1번과 2번 홀을 중복 사용한 것이었다. 그럼에도 한국 최초로 인코스와 아웃코스를 둔 파70 골프장으로 운영됐다.

청량리코스가 개장하자 총독부의 고위간부나 관리들이 주말이면 떼지어 찾아와 골프를 즐겼다. 청량리코스는 교통이 매우 나빠 경성골프구락부는 자동차 회사와 계약을 맺고 동대문에서 골프장까지 셔틀버스를 운행했다. 거기에다 코스 상태도 그다지 좋지 않있다. 당시 한일은행

(1930년 호서은행과 합병하면서 동일은행으로 명칭이 바뀜)에 근무하면서 이곳에서 골프를 쳤던 윤호병은 코스 상황을 이렇게 증언했다.

> "좁고 짧은 코스였다. 그래서 우드로 치기가 어려웠고 아이언을 주로 써야하는 코스였다. 거기에 그린은 샌드그린이어서 모래 위에서 퍼트를 해야 하는 불편이 따랐다. 그보다 서울 도심에서 너무 먼 곳에 있어 한번 가기가 매우 힘들었다."

골프코스는 아쉬움이 있었으나 경관은 뛰어났던 모양이었다. "북한산 취악(翠岳)을 뒤로 불암산, 수락산, 그리고 도봉산 등의 기봉을 낙송 나뭇가지 사이로 보는 경관은 웅대무비했다. 소나무로 뒤덮인 코스 곳곳에 이름 모를 들꽃이 계절마다 빛을 달리하며 피어나서 정적 속의 진외경(塵外境)이었다"는 묘사가 있을 정도였다. 고국을 떠나 식민지에서 근무하던 일본인 골퍼들은 주말이면 이 '진외경'에서의 골프에 취해 무료함을 달랬는지도 모른다.

청량리코스 시절부터 일반 한국인 골퍼가 필드에 하나둘 등장하기 시작했다. 한국인 최초의 일반인 골퍼로 알려진 윤호병과 함께 한일은행에 근무했던 민대식·임긍순·김한규 등도 청량리코스에서 골프를 즐기기 시작했다. 한국인 골퍼 중에서 일찍이 외국인에게서 골프를 배운 세브란스병원 약품담당 박용균의 실력이 가장 앞섰다고 한다.

한일은행에서 이름을 바꾼 동일은행 간부로 근무했던 윤호병은 광복 후 재무부장관을 지내기도 했다. 특히 1953년 11월 서울컨트리클럽이 창설될 때 18인 발기인 중의 한 사람이기도 했다. 그가 한국인 최초의 골퍼였다는 기록이 많으나 박용균이 최초라는 기록도 더러 보인다.

4 지방으로 퍼져나간 골프 열기

효창원코스는 서울을 찾는 관광객을 위해 만들었지만 서울 거주 상류층 일본인들에게도 인기를 끌었다. 수요가 늘어나자 한반도에서의 골프장 건설도 줄을 이었다. 1924년에는 원산 송도원골프장이 문을 열었고, 그로부터 한 달 뒤에는 대구에도 골프장이 만들어졌다. 몇 달 뒤에는 경성골프구락부의 청량리코스도 문을 열었다. 1924년에만 한반도에 세 곳의 골프장이 문을 연 것이다. 골프장이 늘어나면서 골퍼도 자연스럽게 늘어났다. 일본인들 사이에 한국인 골퍼도 끼어 샷을 날리곤 했다.

한편 선교사들이 만든 구미포·원산·지리산의 휴양촌에도 골프코스가 만들어져 선교사와 그 가족들이 골프를 즐겼다는 기록도 있다.

원산송도원골프장

원산항은 외국 선박의 왕래가 빈번해 외국인 거주가 늘어났다. 거기에다 한반도의 명소로 꼽히는 송도원과 명사십리 해수욕장이 있었기에 여름이면 일본인과 한국인뿐만 아니라 외국인 선교사에 이르기까지 많은 사람이 해수욕을 즐겼다.

1924년 7월, 이런 송도원해수욕장에 일본인들이 9홀짜리 골프코스를 만들었다. 모래 그린이어서 골프공을 그린에 올리면 그린 옆에 놓아둔 고

무래로 골프공 자국과 발자국을 지우면서 라운드 했다고 전해지고 있다. 송도원골프장의 회원들은 주로 일본인들이었지만 이상옥·임영식·홍승식·신태금·이응률·김만수 같은 한국인 골퍼들도 있었다. 특히 원산도립병원 의사이던 임영식은 클럽대항경기에 원산대표로 출전한 원산 유일의 한국인 싱글 골퍼였다.

대구골프장

대구는 영남의 중심부에 위치해 있으며, 상공업 도시로 이름난 곳이었다. 이런 대구에 1923년 대구골프구락부가 조직됐으며, 1924년 8월 31일 수성면 대명동에 9홀짜리 골프코스가 조성됐다. 구락부에는 경북도청 관리들과 은행원, 철도원, 그리고 한일 상공인들이 가입했다. 조선총독부 정무총감으로 있던 아리요시의 지시로 건설된 대구골프장은 효창원코스의 장점을 참고해 코스를 설계했고, 4개월이란 짧은 시간 동안 완성한 것으로 알려져 있다. 9홀을 두 번 도는 더블티 시스템의 파69 코스로 운영됐다고 한다.

비파산 기슭에 들어선 대구골프장은 일제강점기 일본군 80연대가 주둔하던 서쪽 지역으로, 지금은 미군부대가 자리하고 있다. 1960년대에 미군부대 내에 9홀짜리 골프코스가 만들어졌는데 일제강점기의 대구골프장 자리가 아닌가 하는 것이 나의 생각이다.

평양골프장

일제강점기 평양은 역사적·군사적·경제적으로도 번영한 도시이자 한반도 북부지역의 중심지였다. 평양에 골프장이 개장한 것은 1928년 10월 28일이었다. 평양역에서 자동차로 15분 거리에 있었으며, 9홀 규모였다.

평양골프장은 당시 평양부윤이던 마쓰이(松井)가 계획했고, 철도 관계자들이 주축이 돼 만들었다. 마쓰이는 1924년 대구부윤으로 있을 당시에도 대구골프장을 만드는 데 큰 역할을 했다.

평양골프장은 회원제로 운영됐다. 골프장 건설에 관여한 철도 관계자들이 많아서인지 사무실은 평양철도호텔에 뒀다. 1931년 당시 회원은 68명으로 대부분 일본인이었고, 한국인은 김풍진·김용수·김영건 등이 있었다. 평야지대에 지어진 평양코스는 교통이 좋아 손님들의 발길이 끊이지 않았다고 한다.

부산골프장

부산은 일본을 오가는 항구도시이자 상공업이 발달한 도시였지만 골프구락부는 가장 늦게 조직됐다. 부산은행을 중심으로 구락부가 만들어졌다. 부산은행 임원을 중심으로 부산 유지 70여 명이 출자해 당시 동래군 남면 수영천 부근에 9홀짜리 골프코스를 만들었다. 1932년 2월 8일의 일이었다. 동일한 티박스와 그린을 사용해 9홀을 두 번 라운드하는 방식으로 18홀로 운영했다.

부산골프장은 큰 변화를 겪는다. 일본 육군이 대륙 침략을 위해 인근 주민들을 강제로 동원해 비행장을 건설한 것이다. 태평양전쟁 때는 일본군의 후방 비행장으로 사용하기도 했다. 광복 후에는 수영비행장으로 명칭을 변경해 군사 비행장과 민간 비행장으로 사용되다가 지금은 신도시인 '센텀시티'가 됐다.

선교사들이 만든 3곳의 골프코스

구한말 조선에는 전수교와 기독교 선교를 위해 미국·영국·캐나다 등 여러 나라에서 선교사들이 파송됐다. 1920년 무렵 조선에서 활동하던 선교사들은 276명에 이르렀다. 선교사들은 이 땅에 정착하는 과정에서 지친 심신과 풍토병으로부터 심신을 보호하기 위해 황해도 구미포, 원산 갈마반도, 지리산 노고단, 금강산 온정리 등에 휴양시설을 만들며 부대시설로 골프장을 지어 운영했다고 전해지고 있다.

구미포 휴양지는 해수욕장 너머 절벽 위에 별장만 있었지만 언더우드 목사가 1913~1915년경 골프장을 비롯한 정구장·야구장·산책로를 만들었다고 한다. 선교사들은 바닷가 근처에 골프장을 만들어 스코틀랜드의 링크스 골프장을 연상하며 향수를 달랬을 것이다.

캐나다 장로회가 파견한 선교사들이 원산 명사십리 해수욕장이 있던 곳에 외인촌을 형성했다. 이들은 별장이 늘어나 외국인들의 왕래가 잦아들자 골프장을 비롯한 테니스장과 야구장을 만들었다고 한다. 외인촌에 골프장이 만들어진 것은 1925년 7월로 알려져 있다.

한국에 거주하던 선교사들은 남부지역의 전남 지리산 노고단에도 휴양지를 만들었다. 휴양촌에는 9홀 골프장이 있었다고 한다. 노고단골프장은 만능 스포츠맨으로 불리던 레이놀즈 선교사가 한국인 인부들을 고용해 1929년에 만들었다.

선교사들이 만든 이들 골프장은 중일전쟁에 따라 조선이 전시체제로 혼란스러운 정국을 맞이하고 1940년부터 조선의 모든 선교사가 추방되기 시작하며 사라졌다.

5 최초의 국제규격 골프장 군자리코스 탄생

경성골프구락부는 청량리코스에서 골프를 즐기던 멤버들의 기량이 날로 향상되면서 좁고 짧은 청량리코스에 점차 만족하지 못했다. 그들은 더 넓은 터에 긴 홀을 가진 뛰어난 코스를 욕심내기 시작한 것이다. 〈중앙일보〉 성호준 기자의 글을 보자.

"골퍼들의 기쁨은 오래가지 않았다. 코스가 너무 좁고 짧았다. 부지 10만 평은 요즘 9홀밖에 짓지 못하는 크기다. 홀 수는 16개였고 다시 1·2번 홀을 돌아 18홀을 채우는 것이었는데 다 합쳐도 전장이 3942야드에 불과했다. 파5 홀의 전장이 300야드 안팎이었다. 20세기 초반 코스 전장이 지금보다는 짧았다곤 해도 너무 심했다. 1924년 개장한 대구코스의 파5 홀의 전장이 500야드 정도였던 것을 감안하면 조선 제일 경성클럽의 자존심이 상했을 것이다. 경성클럽의 첫 한국인 회원인 윤호병(재무부장관 역임)은 '좁고 짧아 우드를 칠 홀이 없었다'고 기억했다. 솜씨는 부족한데도 골프채만은 턱없이 값비싼 것을 쓰며 우쭐대고 골프장에 불평이나 큰소리치기를 좋아하는 멤버는 예나 지금이나 어디에든 있기 마련이었다. 청량리코스 멤버들의 목소리가 높아지면서 코스 이전 문제가 진지하게 논의되기에 이른 때가 1927년 가을이었다고 한다."(<중앙선데이> 2009년 2월 1일자 '옛날 골프 이야기㉔ 영친왕과 군자리코스'에서)

한국 최초의 정규 18홀

새로운 골프코스를 건설할 부지를 물색하던 경성골프구락부가 주목한 곳은 군자리에 있던 유릉(裕陵) 자리였다. 영친왕의 이복형이었던 순종의 부인 순명황후의 능이 있던 곳이었다. 1926년 4월 25일 순종이 승하하자 황후의 능을 천장함으로써 능자리로 남아 있었다.

99만㎡(약 30만 평)에 달하던 유릉 터를 골프장 부지로 점찍은 사람은 조선왕가의 재산을 관리하던 이왕직차관 시노다였다. 시노다는 경성골프구락부의 초대 감사를 지내며 청량리코스 건설과정에서 이왕직차관으로서 골프장 부지사용에 적극적으로 협조하기도 했다.

시노다가 신코스 건설 계획과 유릉 땅 사용을 간청하자 일본에서 골프를 경험했던 영친왕은 바로 승낙했다. 뿐만 아니라 건설비 2만 엔과 향후 3년간 매년 5,000엔씩의 보조금도 하사하겠다고 약속했다. 예상 건설비 6만 엔 중에서 영친왕이 3만 5,000엔을 부담하게 된 것이다. 이런 점에서 영친왕이야말로 한국골프 발전의 공로자라 할 수 있다.

공사는 1929년 1월 시작됐다. 코스 내의 수목벌채를 마치고 레이아웃에 따라 홀의 형태를 갖추는 한편, 잔디심기 등을 장마 전까지 끝내고 가을 이전에 준공하기로 하고 공사를 착착 진행했다. 남쪽 18만 평의 경사면에 18홀 7,000야드 규모로 골프코스를 만들었다.

조성 공사가 순조롭게 진척돼 가을쯤 거의 완성됐다. 경성골프구락부의 이사가 고려잔디를 일본에서 가져와서 그린을 잔디그린으로 하자고 강력히 주장했다. 이에 멤버들도 동의해 개장이 다음 해인 1930년으로 연

기돼 6월 22일에 오픈했다. 전장 6,045야드에 파69(34·35)의 본격적인 18홀 코스였다. 이로써 한국 최초로 18홀의 정규코스가 탄생한 것이다.

군자리코스는 참으로 멋진 코스였던 모양이다. 당시 잡지에 '군자리 예찬'이 심심찮게 실리곤 했다고 한다.

한편 청량리코스는 군자리코스 개장을 앞두고 있던 1929년 6월 22일 폐장됐다. 경성골프구락부는 군자리코스 개장을 기념해 그동안 청량리코스에서 열어오던 전조선골프대회를 군자리코스에서 이어 열었다.

한편 경성골프구락부는 1937년 9월 23일에 조선골프연맹 결성을 주도했다. 1924년 경성골프구락부 발족 후 원산·대구·평양·부산에 잇따라 골프구락부가 만들어지자 구락부 간의 연락과 발전을 위해서였다. 조선골프연맹은 발족하던 1937년부터 '전조선아마추어골프선수권대회'를 개

1930년 개장 당시 군자리코스 제원

홀	파	길이(야드)	홀	파	길이(야드)
1	4	385	10	4	305
2	4	360	11	3	155
3	3	190	12	4	410
4	4	370	13	4	405
5	4	415	14	3	190
6	4	425	15	3	155
7	3	140	16	5	540
8	4	360	17	5	450
9	4	370	18	4	420
전반계	34	3015	후반계	35	3,030
합계				69	6,045

최하는 등 골프 확산을 위해 힘썼다.

이렇게 한반도 최초의 국제적 정규코스가 경성골프구락부란 이름 아래 1930년에 군자리에 완공돼 한국골프의 '메카'가 됐다. 군자리코스 개장은 일본인 중심에서 점차 한국인들도 활발하게 참여하는 골프문화의 시발점이 됐다. 아픈 과거지만 우리가 골프 선진국 대열에 오르는 초석이므로 다시 되새겨봐야 할 역사라 할 수 있다.

코스 조성에 도움 준 영친왕

한국골프 역사에 있어 첫손에 꼽을 수 있는 공로자로는 대한제국의 마지막 왕위를 계승한 영친왕을 꼽는다. 고종의 7남으로 태어나 1907년 11월 황태자로 책봉됐지만 그해 12월 10세의 나이에 이토 히로부미의 손에 이끌려 유학이라는 명분으로 일본으로 떠났다. 볼모와 진배없는 신세였다.

영친왕은 일본 육군사관학교와 육군대학을 졸업하며 일본군 장교가 됐다. 일본 왕족인 이방자 여사와 결혼해 일본에서 볼모로 살면서 골프를 익혔다. 망국의 한을 부인 이방자 여사와의 골프로 풀었다고 전해진다. 이방자 여사는 공식적으로 '한국 최초의 여자골퍼'이기도 하다. 영친왕은 1927년에 1년간 유럽여행을 하며 싱가포르·파리·스위스·영국·벨기에·네덜란드·이탈리아에서 골프 경기를 즐겼고, 골프장을 시찰하거나 골프 레슨을 받았으며, 골프공 제조 공장을 방문하기도 했다.

앞서 이야기했듯이 군자리코스는 영친왕의 선물이라 할 수 있다. 유릉에 골프장을 건설하게 해 달라던 이왕직차관의 청원을 영친왕이 거절했다면 군자리코스는 탄생지도 못했을 것이다. 군자리코스가 개장하자 일본에 거주하던 영친왕은 고국 땅을 밟을 때마다 자신이 하사한 땅에 들어선 군자리코스를 찾았다고 한다.

6 골프장을 누빈 한국인 골퍼들

1921년 만들어진 효창원코스는 일본인들의 전유물이나 다름없었다. 그 틈에서 일제에 부하뇌동하거나 기업을 하는 일부 한국인이 골프를 경험했다. 청량리코스로 옮겨간 뒤에는 한국인 골퍼들의 이름이 기록에 등장하기 시작했다.

골프 칼럼리스트 정노천의 글에서 그 단면을 엿볼 수 있다.

> "청량리코스 당시 한국인 플레이어 중 일찍이 외국인에게서 골프를 배운 세브란스병원 약품담당 박용균의 솜씨가 가장 좋은 것으로 알려졌다. 첫 한국인 골퍼로 지목되는 윤호병과 함께 동일은행에 근무한 민대식·임긍순·김한규·한상룡·박용철 등이 있다. 솜씨는 애버리지 골퍼 수준 정도였다고 한다. 당시 정식멤버가 되려면 일본인 멤버의 추천을 받아야 했다."(<골프저널> 2017년 4월 3일자)

효창원코스가 한국골프의 새로운 장을 열었다면 1924년에 개장한 청량리코스는 한국인 골퍼가 본격 활동하기 시작한 기념비적인 코스라고 할 수 있다. 외국에서 골프를 배운 사람도 있었지만 이들이 한국인 골프의 선구자였던 셈이다.

숫자도 기량도 점차 늘어난 한국인 골퍼

1930년 군자리코스가 개장하면서 한국인 골퍼의 수가 점차 늘어나기 시작했다. 군자리코스는 한국인 골퍼들이 본격적으로 라운드하고, 각종 대회에 참가한 의미 있는 곳이었다.

1938년 1월 잡지 〈삼천리〉에는 경성골프구락부에는 보통회원이 416명이나 있는데 이중 한국인은 43명이라며 명단을 소개하기도 했다. 앞에서 언급한 박용균과 윤호병을 비롯해 김연수·박두병·박홍식·이항구·유일한·장병량 등도 멤버였다. 친일 관료도 있었지만 당시 이름 있던 부호나 기업인과 은행간부들이었다. 이들은 일본인들로부터 수모와 차별을 받으면서도 실력을 닦아 각종 대회에서 점차 일본인 골퍼들을 앞질렀다.

그 중에서 장병량의 기량이 뛰어났다고 한다. 신의주의 부잣집 아들로 태어난 장병량은 경성골프구락부 멤버 중 한국인으론 유일하게 핸디캡 3의 솜씨를 자랑했다. 장병량은 1936년 군자리코스에서 열린 경성골프구락부선수권대회에서 한국인 골퍼로는 처음으로 챔피언이 됐다. 1937년과 1938년 대회에서도 계속 우승해 3연패를 차지했다. 그러나 1937년에 조선골프연맹 주최로 열린 제1회 전조선아마추어골프선수권대회에서는 일본인 골퍼에게 밀려 준우승에 머물고만 아쉬움도 맛봤다.

"제1회 전조선아마추어골프선수권대회는 36홀 스트로크플레이로 예선전을 치르고 상위 16명이 매치플레이로 우승자를 가려내는 경기 방식이었다. 예선 통과 16명 즉 16강 중에 조선인 선수가 5명이나 들어갔다. 군자리코스가 자랑하는 제1의 실력자 장병량과 강호 김종선, 노련파 박용균, 오한영 및 만주의 안동코스에서 칼을 갈았던 임영식 등이다. 치열한 열전 끝에 대구 코스의 오바시가 결승에서 경성골프구락부의 장병량을 눌러 제1회 전조선아마추어골프 챔피언이 됐다.''(<골프저널> 2016년 8월 4일자 '이 땅에서 펼쳐진 골프대회를 논하다①'에서)

장병량의 아쉬움은 서정식과 김홍조가 풀어주었다. 대구 출신의 서정식은 1939년에 열린 제3회 대회에서 장병량을 물리치고 우승을 차지했으며, 1940년의 제4회 대회에서는 약관 23세의 김홍조가 전년도 우승자인 서정식을 물리치고 챔피언에 올랐다. 김홍조는 그해 경성골프구락부 챔피언에도 올라 2관왕의 위업을 달성했다.

1930년에 군자리코스 개장한 이후 1943년 폐장 때까지 각종 대회에서 전반기는 일본인이 득세했으나 후반기는 한국인 선수들이 우승을 휩쓸었다. 일제강점기에 한국인 선수들이 일본인 선수를 물리치고 골프대회를 계속 석권한 것은 한국골프사에 길이 남을 만한 쾌거라 할 수 있다.

한편 김홍조는 광복 이후에도 아마추어 강자로 이름을 떨쳤다. 광복 이후 최초의 골프대회였던 한국아마추어선수권대회의 제1회 대회(1954년)에서는 준우승, 제2회 대회(1955년)에서는 우승을 차지해 이승만 대통령을 기쁘게 하기도 했다. 1968년 한국프로골프협회 창설에 참여해 초대 전무이사를 역임했을 뿐만 아니라 그해 3월에는 한국 최초의 골프전문지인 <골프다이제스트>를 창간하기도 했다. 그분은 나에 대한 각별한 사랑으로 자신이 발간하던 <골프다이제스트> 사무실 한 켠을 내가 만든 대학골프연맹의 사무실로 이용할 수 있도록 배려해주기도 했다.

일본을 정복한 한국 최초 프로골퍼 연덕춘

아마추어골퍼들의 활약이 이어지던 기운데 한국인 프로골퍼의 탄생이 예고되고 있었다. 그 주인공은 군자리코스 주변에 살던 소년 연덕춘(延德春, 1916~2004)이었다. 연덕춘은 16살이던 1932년 군자리코스의 캐디마스터실 보조로 일하면서 골프와 인연을 맺었다. 남들의 플레이를 어깨 너머로 보며 골프에 흥미를 느끼기 시작했고, 이를 눈여겨 본 일본인 프로로부터 아이언을 선물 받고 밤새 연습을 하며 프로골퍼의 꿈을 키웠다. 불과 1년 만에 이븐파를 칠 정도로 기량이 일취월장했다고 한다.

그의 잠재력을 높이 산 주위 골퍼들이 프로골퍼가 되라고 제안하자 1934년 일본 유학길에 올랐다. 밤낮을 가리지 않는 연습과 함께 천부적인 재능을 발휘하며 일본 유학 1년도 되지 않은 1935년 일본 프로 자격을 획득했다. 한국인 최초의 프로골퍼가 탄생한 것이다.

경성골프구락부로 돌아온 그는 티칭프로를 하며 일본대회 우승을 목표로 연습에 매진했고, 1941년에 일본오픈 우승의 꿈을 이루게 된다. 나이 25세 때였다. 연덕춘의 우승은 일본에서도 연일 화제가 됐다. 당시 식민지 조선에서 온 무명선수가 일본의 유능한 프로골퍼를 제치고 일본 최고 권위의 프로대회에서 우승컵을 들어 올렸기 때문이었다. 당시 내선일체를 외치던 조선총독부가 대대적인 카퍼레이드를 해주기도 했다.

연덕춘의 우승은 한국인들에게도 쾌거였다. 불과 5년 전에는 손기정이 베를린올림픽 마라톤에서 금메달을 목에 건 사건도 있었기에, 연덕춘의 일본오픈 우승은 일제강점기에서 한국인의 위상을 또 다시 크게 알린 사건이었다.

1941년 일본오픈 우승 이후 태평양전쟁이 터지면서 골프대회도 중단되고, 골프장이 폐쇄되면서 연덕춘은 기량을 발휘할 수 있는 기회를 잃고 말았고, 결국 42세이던 1958년 현역에서 은퇴했다.

연덕춘은 프로선수에 머무르지 않았다. 후배 양성에 팔을 걷어붙이면서 신봉식·심종현·최재형·박명출 등을 프로골퍼로 키웠다. 김학영·김성윤·이일안·한장상·홍덕산·배용산·이동출·조암길 등 초창기 프로골퍼들도 그의 지도를 받았다. 특히 한장상은 1972년 스승의 뒤를 이어 일본오픈에서 우승했으며, 다음해인 1973년에는 일본오픈 우승자 자격으로 세계 최고 권위의 대회이자 PGA투어 메이저대회인 마스터스에 한국인으로는 처음으로 출전하기도 했다.

이후 한국골프는 세계무대에서 괄목할만한 성과를 거뒀다. 남자는 PGA투어 8승의 최경주를 비롯해 양용은·배상문·노승열, 최근에도 활약하고 있는 김시우·임성재·강성훈·이경훈·김주형 등이 PGA투어에서 20승 이상을 거뒀다. 여자선수들의 활약은 기록으로 다 언급하지 못할 정도다. 구옥희를 시작으로 25승의 박세리를 비롯해 김미현(8승)·신지애(11승)·최나연(9승)·박인비(21승)·김세영(11승)·박성현(8승)·고진영(14승) 등이 LPGA투어에서 200승 이상을 거뒀다. 그야말로 경이적인 활약이었다.

이들의 몸속에 암울했던 일제강점기 일본인들의 온갖 차별을 이겨내고 일본오픈을 제패했던 연덕춘의 골프 DNA가 흐르고 있다면 지나친 말일까?

연덕춘은 한국인 최초의 코스 설계자이기도 하다. 1950년 이승만 대통령의 지시로 군자리코스를 복구할 때 직접 코스 설계를 맡기도 했다. 이후 한양CC를 시작으로 제주·인천국제·동래·수원·오라·태광·여주·양주 등 10곳이 넘는 골프장을 설계했다. 대구CC를 설계하고 만들 때에도 선친과 많은 의견을 교환하기도 했다.

나는 연덕춘 프로와는 인연이 있다. 그의 아들인 연영린은 경희대를 다니면서 아마추어골퍼로 활약했고, 나와 같이 대학골프연맹을 창설해 부회장으로서 연맹을 이끌기도 했다.

7 군자리코스 재복구와 서울CC 탄생

　태평양전쟁은 일제강점기에 있던 한국의 골프코스를 모두 문 닫게 했다. 모든 골프코스가 전쟁 시설물로 징발 당해 폐쇄된 것이다. 우선 대구·평양·부산·원산송도원 골프장이 징발돼 식량 증산을 위한 농경지나, 전쟁을 위한 글라이더 연습장이나 신병훈련장, 비행장으로 바뀌었다. 1941년의 일이었다.

　1943년에는 군자리코스마저 군사시설로 징발되면서 코스의 아름드리 소나무들이 잘리고 뿌리까지 뽑혔다. 근로봉사대와 학생들을 동원해 군용기용 연료의 원료로 송진을 따기 위해서였다. 몇몇 페어웨이는 글라이더 이착륙연습장으로 쓰이고 나머지는 식량 증산을 위해 농경지로 개간돼 인근 농민들에게 소작으로 분배됐다. 농민들은 골프코스의 잔디를 걷어내고 논밭으로 만들어 농사를 지었다.

　군자리코스가 농경지로 변한 2년 뒤 태평양전쟁이 끝나고 광복을 맞았다. 그러나 국토의 양분과 좌우익의 이념 충돌과 같은 무질서한 사회 혼란 속에서 누구도 골프장 복구라는 말을 꺼낼 수 없었다. 결국 1949년까지 7년 동안 골프코스 하나 없는 골프 암흑기를 맞았다.

"군자리코스 복구하라" 이승만 대통령의 엄명

1949년 11월, 이 땅에 골프 부활의 길이 보였다. '군자리코스복구위원회'가 탄생한 것이다. 이는 이승만 대통령의 강력한 의지에 따른 것이었다. 복구위원회의 위원장은 총무처장이던 전규홍이었다. 실무는 대한상공회의소 회장이던 전용순이 맡았고, 사무실도 대한상공회의소 안에 두었다.

이에 앞서 대한민국 정부 수립 1주년이던 1949년 8월 15일 광복절 기념식에서 이승만 대통령은 내빈으로 참석한 미군 수뇌부들에게 인사차 "요즘 어떻게 지내느냐?"고 물었다. "한국에는 골프장이 없어서 주말이면 군용기를 이용해 일본으로 건너간다"라는 대답이 돌아왔다. 그 말을 들은 이승만 대통령은 미군 수뇌부들이 자리를 비운 상황에서 북한군이 침략해 오면 어쩌나 하는 불안감에 사로잡혔다. 그래서 함께 자리한 전규홍 총무처장에게 골프코스를 만들라고 엄명을 내렸다. 유사시를 대비해 미군들을 이 땅에 잡아놓기 위한 의도였다. 스포츠 진흥이나 관광 진흥의 목적이 아니라 단연코 국가 방비 의도에서였다.

대통령의 지시를 받은 전규홍 총무처장은 골프를 잘 아는 김동준 합동통신사 사장과 함께 여러 곳의 골프코스 후보지를 물색했다. 폐허가 된 군자리코스도 몇 번 둘러보았지만 확정짓지 못하고 연덕춘 프로에게 상의했다. 연덕춘 프로가 "군자리 옛 코스 자리가 가장 좋다"고 하자 전규홍 총무처장은 이승만 대통령에게 군자리코스를 복구하겠다고 보고하고 결재를 얻어냈다.

이승만 대통령은 전규홍 총무처장의 안내를 받아 옛 군자리코스를 직접 시찰했는데 조금은 실망한 눈치였다고 한다. 골프장 윤곽은 조금도 남아 있지 않고 잡초가 우거진 황량한 논밭만 펼쳐져 있었기 때문이었다.

하지만 골프하러 주말이면 일본으로 가는 주한미군이나 외교사절들을 잡아두기 위해 군자리코스 재건 작업이 급진전되기 시작했다. 따지고 보면 이승만 대통령은 영친왕과 함께 한국골프의 발전을 이끈 '한국골프의 대부(代父)'라 할 수 있다.

그런데 문제가 생겼다. 광복 후에도 계속 농사를 짓고 있던 소작농들은 골프장 건설에 크게 반발했기 때문이었다. 전규홍 총무처장은 소작농 대표에게 "땅을 내주면 생활 보장을 해 주겠다"고 약속하며 가까스로 동의를 얻어냈다.

코스 설계는 연덕춘 프로가 맡았다. 일제강점기 군자리코스에서 캐디도 했고, 많은 라운드를 했던 그는 예전의 플레이 경험과 감각을 되살려 눈짐작으로 레이아웃을 잡아나갔다. 정부의 도움으로 토공 작업에 미군의 장비까지 동원됐다. '함께 골프장을 만들어, 함께 플레이 하자'는 설득이 먹혀들어간 덕분이었다.

이승만 대통령이 몇 차례 현장시찰을 하는 등 격려에 힘입어 공사는 순조롭게 진척돼 1950년 5월 일단 마무리됐다. 6·25전쟁이 발발하기 바로 한 달 전이었다.

1950년 5월 10일 전규홍 총무처장을 비롯해 전용순 대한상공회의소 회장, 윤호병 상업은행장, 미국대사관과 유엔 ECA(미경제협조처) 관계자 등이 참석해 개장식을 열었다. 개장식이 끝난 뒤에는 시구식과 한미 양측 골퍼들의 시범경기도 있었다.

그러나 복구공사 1년 만에 마무리된 군자리코스는 잔디는커녕 러프도 없고, 벙커도 제대로 된 것이 없어 마치 중동의 사막 골프장을 방불케 하는 맨땅 골프코스였다. 그런데도 현장을 찾아 격려하는 이승만 대통령은 마냥 흐뭇하기만 했다. 개장 이후 군자리코스를 찾은 골퍼들도 맨땅

위에서의 플레이에도 감격해 했고, 점차 코스 조건에 익숙해졌다. 따지고 보면 8년 만의 플레이였으니 골프 해갈의 기쁨은 말로 헤아릴 길이 없었을 것이다.

그러나 재개장 한 달 뒤인 1950년 6월 25일 6·25전쟁이 터지면서 군자리코스에서 골퍼들의 모습이 사라졌다. 재개장 8년 만에 군자리코스는 다시 문을 닫았다. 한국골프는 다시 암흑기에 들어갔다.

군자리코스 재복구를 위한 기지개

6·25전쟁이 소강상태로 접어들고 휴전회담이 한창 진행되고 있던 1953년 봄 한국골프계는 다시 기지개를 켜기 시작했다. 우선 급한 것은 전쟁으로 황폐화된 군자리코스를 복구하는 일이었다. 피난길에 올랐다가 1951년 2월에 서울을 재탈환한 뒤 살펴본 군자리코스는 다시 엉망이 돼 있었다. 북한군이 점령한 4개월 동안에 복구 이전보다 더 철저하고 악랄하게 파헤쳐지고 메워져 완전 황무지로 변해 있었다.

이승만 대통령은 군자리코스 재복구에 강한 의지를 갖고 있었다. 이를 위해 복심으로 통하던 이순용 외자청장을 앞장세웠다. 제1차 공사 그러니까 6·25전쟁 전인 1949년에 시작해 1950년 5월에 끝낸 공사는 이승만 대통령과 전규홍 총무처장 등 정부 측의 주도로 이루어진 케이스였다. 그러나 1953년에 시작된 제2차 공사는 민간 주도라고 하지만 이승만 대통령의 적극적인 후원이 있었다는 점에서는 정부 주도나 마찬가지였다. 국민의 눈총도 있고, 야당이나 신문의 비난도 예상돼 이순용을 대신 내세운 것뿐이었다.

이순용 외자청장은 군자리코스 재복구를 위해 1953년 3월에 '창설동의자' 모임을 만들었다. 김진형 한국은행 총재와 김동준 합동통신 사장이 뜻을 모았다. 그런 다음 각계각층의 인사를 규합했다.

이들 세 사람 외에도 강성태(재무부차관), 김동준(합동통신사장), 김유택(한국은행 총재), 김진형(한국은행 부총재), 김태선(내무부장관), 백두진(국무총리), 손원일(해군총참모장), 윤호병(상업은행장), 이기붕(전 국방부장관), 임문환(국회의원), 임송본(국회의원), 장기영(조선일보 사장), 전용순(서울상공회의소 회장), 조정환(외무부차관), 조주영(국회의원), 최순주(재무부장관), 한홍(외자구매처 차장) 등 18인이 '창설동의자'에 참여했다. 정·관계 주요 인물을 망라한 화려한 진용이었다. 민간 주도 형태를 띠고 있음을 보여주고자 했으나 창설동의자 18인의 대부분은 당시 정관계 인사였다. 이들은 대부분 골프와는 무관한 사람들이었다. 골프장 건설을 위한 '얼굴마담'이나 다름없었다.

이승만 대통령은 주한미군이나 외교사절이 한국을 식민지화한 일본에 가서 골프를 한다는 것은 결코 있을 수 없는 일이라며 정부 지원을 아끼지 않았다.

골프 발전의 산실 서울컨트리클럽 창설

휴전협정이 체결된 직후인 1953년 8월 15일에야 이승만 정부는 서울로 환도했다. 전후 복구가 끝나지 않은 때이긴 했지만 '서울컨트리구락부(서울CC)'를 창립하려는 움직임은 한층 바빠졌다. 급한 대로 11월 11일에 '창설동의자'들 주축으로 서울CC 발기인 대회가 창립총회를 겸해 외자청 장실에서 열렸다.

서울CC의 최우선 과제인 골프장 재건은 단지 국민 건강을 위한 스포츠 시설만이 아니라 국익과 안보를 위한 외교의 무대이자 외화를 벌 수 있는 관광산업적인 측면이 부각됐다. 그러나 골프장의 건설은 국가적인 사업이기는 했지만, 국가 예산에 의한 것이 아니고 민간사업으로 추진될 것이라는 점을 분명히 했다.

창립총회에서는 20명의 초대 임원진을 선출했다. '창설 동의자' 18인에다 실무자 2명을 보탠 집행부 구성이었다. 정관계 11명, 은행계 6명, 상공회의소 2명과 군부 1명이었다. 이들 중 골프를 하는, 즉 골프 경험자는 겨우 5명뿐이었다.

서울CC 발족과 함께 골프장 건설이 속도를 더해 갔다. 골프장 완공시기를 다음해 6월경으로 계획했기 때문에 빠른 복구를 위해 골프장을 공동 사용하는 조건으로 미8군으로부터 정지작업에 필요한 중장비와 잔디씨, 코스용 기자재 등을 지원받았다. 또 한국군에 지원을 부탁해서 불도저와 여러 장비를 지원받기도 했다.

이순용 이사장의 극성으로 군자리코스 재건은 신속히 추진돼 8개월 만에 전장 6,750야드, 파72의 골프코스를 완성했다. 두 번째의 재복구였다. 1954년 7월 11일에 공식 개장식을 가짐으로써 한국골프의 새로운 장(章)이 열렸다.

한편 서울컨트리구락부는 이후 서울컨트리클럽으로 개명했고, 1966년 한국골프협회가 설립되기 전까지 골프장과 골프 커뮤니티 운영, 선수 육성 등 여러 업적을 남기며 한국골프 발전에 크게 기여했다. 한국아마추어골프선수권대회, 한국오픈, 한국프로골프선수권대회, 골프장대항팀 선수권대회 등 각종 대회를 주관하면서 수많은 프로선수를 육성시키는 등 꿈나무 육성과 골프의 보급화에 앞장선 것이다. 또 한국골프협회와 한국프로골프협회를 창립해 분리시키면서 한국골프의 발전에 주도적인 역할 수행하기도 했다.

1960년대 중반 이후부터는 서울CC와 한양CC의 멤버들이 전국 각지에 30여 곳의 골프장을 건설하면서 본격적으로 국내에 골프를 확장 보급하는 계기가 됐고, 한국골프의 위상이 전 세계로 이어지는데 선도적인 역할을 했다.

골프 부활의 일등공신 이승만 대통령

"아이젠하워라는 대통령이 없었다면 미국 골프가 오늘만큼 융성·번창해 인기 높은 스포츠로 올라설 수 없었을 것이다"

PGA투어에서 통산 54회나 우승했고, 11연승이라는 대기록도 세우는 등 1930~40년대 골프 발전을 이끌었던 미국의 바이런 넬슨(Byron Nelson)이 한 말이다. 실제로 아이젠하워 미국 대통령이 미국 골프의 융성에 기여한 공로는 지대했다. 미국 역대 대통령들은 대개 골프를 좋아했다. 그 중 몇몇은 '광(狂)', '중독자'의 뜻인 '애딕트(Addict)' 또는 '너트(Nut)'로 불릴 만큼 골프에 깊숙이 빠졌었다. 클린턴이나 부시 대통령도 골프 애딕트들이지만 아이젠하워는 그들보다 더한 '골프광'이었다.

우리의 역대 통치자 즉, 왕이나 대통령 중 아이젠하워와 같은 애딕트나 너트성 골프광은 없다. 그럼에도 태평양전쟁과 6·25전쟁 등 거듭된 전란으로 황폐해진 군자리코스의 복구를 강행한 이승만 대통령의 공로는 크게 평가받아 마땅하다.

1954년 한국아마추어골프선수권대회가 군자리의 서울CC에서 처음 열렸을 때 이승만 대통령이 직접 나와 참관했다. 미국인 메츠카에게 김홍조가 우승을 빼앗기자 못내 섭섭해 했다고 한다. 다음해 1955년에도 참석해 전년에 분패한 김홍조가 우승하자 직접 시상하기도 했다. 그러면서 대회명을 대통령배 아마추어골프선수권대회로 바꾸도록 지시했다. 이 대회는 1970년대 중반까지 대통령배 대회로 이어졌다.

8 늘어나는 골프장, 골프문화가 자리잡다

1960년대 중반만 해도 전국의 골프장은 불과 세 곳에 불과했다. 그러나 경제 발전에 힘입어 골프 인구가 늘어나자 기업들이 골프장 건설과 운영에 관심을 가지면서 골프장 건설이 활기를 띠게 된다.

1954년 서울CC 개장을 시작으로 1956년에 부산CC가 개장한 이후 1964년에 한국 최초의 민간 자본으로 설립된 한양CC가 개장했다. 이후 골프장 건설이 더욱 활기를 띠어 대구CC가 개장하던 1972년까지 골프장이 18곳(미8군골프장 포함)으로 늘어났다.

1960년대에 제주(1966)·태릉(1966)·뉴코리아(1966)·관악(1967)·안양(1968)이 잇따라 개장했으며, 1970년부터 1972년까지 3년 사이에는 용인(1970)·부평(1970)·오산(1970)·유성(1970)·동래(1971)·산성(1971)·남서울(1971)·팔봉(1972)·대구(1972)가 개장했다.

이처럼 1960년대까지는 골프를 할 줄 아는 사람들이 많이 모인 서울과 부산 같은 대도시 주변에 골프코스가 건설됐으며, 1970년대에 들어와서야 수도권을 벗어나 전국적으로 확산되기에 이르렀다. 1980년대에는 고속도로 주변지역에 많이 들어섰으며, 1990년대 이후에는 골프의 대중화로 대도시뿐만 아니라 중소도시 근처에도 많이 들어섰다.

1960년대 말까지 골프장 8곳 개장

서울CC가 발족돼 군자리코스를 재복구하는 것을 지켜본 부산의 상공인들이 돈을 모아 1955년 1월 31일 부산컨트리구락부(부산CC)를 설립했다. 이들은 일제강점기에 있던 수영천변의 골프장을 복구하려 했지만 비행장으로 사용되고 있어 여의치 않자 해운대 달맞이고개 아래에 있던 황실 소유의 토지를 빌려 골프장 건설을 추진했다.

1956년 10월 24일 개장한 부산CC의 해운대코스는 처음에는 9홀 규모였다. 해운대가 내려다보이는 바닷가 산기슭의 달맞이고개 주변이었다. 이 코스는 10년 뒤인 1965년 10월에 연덕춘과 임영식에 의해 9홀이 증설돼 18홀 정규코스가 됐다. 하지만 부산의 도시 개발과 함께 주택지구로 편입되자 1971년 7월 금정구 노포동에 18홀을 조성해 이전했다.

1964년 9월 28일에는 경기도 고양시 원당에 18홀 코스의 한양CC가 개장했다. 앞서 개장한 서울CC의 군자리코스나 부산CC의 해운대코스가 지금은 사라지고 없어 국내에서 현존하는 코스 중에 가장 오래된 코스가 됐다. 한양CC는 부동산 재벌이던 삼호그룹의 조봉구 회장이 서삼릉 인근 20만 평을 정부에서 사들여 연덕춘과 안중희에게 설계를 맡겨 조성했다. 개인이 대주주가 돼 골프장을 만든 최초의 사례였다. 일본에서 유행하던 예탁금제를 한국에 처음으로 도입했으며, 이후 우리나라 회원제 골프장의 운영과 소유 형태로 자리 잡았다.

한양CC는 1970년 9월 27일 동코스 18홀을 추가로 개장해 36홀 골프장으로 변모했다. 1972년 11월에는 서울CC가 이곳으로 이전해 서울한양CC로 이름을 바꾸고 '한 지붕 두 가족' 체제로 운영되고 있다.

국내에서 네 번째로 들어선 골프장은 1966년 6월 20일 제주도 한라산 중턱에 세워진 제주CC다. 박정희 대통령이 제안에 따라 부산의 기업인이던 대선발효 박경구 사장이 한라산 중턱 500m 고지에 18홀 규모로 건설했다. 그러나 내장객이 적어 18년을 휴장했다가 1980년대 들어 관광객이 늘어나자 코스 개보수를 거쳐 1986년 4월에 다시 문을 열었다.

다섯 번째 골프장은 서울시 노원구 공릉동(태릉)에 조성된 군골프장인 태릉CC다. 육군사관학교가 있던 이곳에 현역·예비역 장교들의 체력단련장으로 9홀 코스를 1966년 11월 5일에 개장했다가 1970년 10월 9홀을 증설해 18홀 코스가 됐다. 한국 최초의 프로골퍼이자 일본오픈에서 우승한 연덕춘 프로가 설계했다.

여섯 번째 골프장은 경기도 고양시에 위치한 뉴코리아CC다. 이 골프장은 나와도 인연이 깊다. 사업을 하던 선친이 서울CC에서 신록회란 이름으로 골프를 같이 하던 단사천·김종호·이동찬·최주호 등과 공동으로 출자해 18홀 골프코스를 건설하고 1966년 11월 27일 개장했다. 뉴코리아CC 건설과 운영 경험을 바탕으로 선친은 나중에 대구CC를, 이동찬 코오롱 회장은 1993년에 우정힐스CC를 만들었다.

일곱 번째로 조성된 골프장은 지금의 서울대학교 자리에 있었던 관악CC다. 방림방직 서순은 사장이 안중희에게 설계를 맡겨 1967년 8월 26일 개장했다. 그러나 박정희 대통령의 서울대학교 이전 지시에 따라 이곳이 이전 부지로 지정되자 경기도 화성군 동탄면 오산리에 새로운 18홀 골프코스를 건설하고 1971년 11월 자리를 옮겼다. 2001년 신안그룹에 인수되면서 리베라CC로 명칭을 변경해 오늘에 이르고 있다.

여덟 번째 골프장은 1968년 6월 16일 개장한, 삼성그룹 최초의 골프장이자 국내 대기업 최초의 골프장인 안양CC다. 고급 회원제 골프코스의 시발점인 안양CC는 골프 애호가였던 삼성그룹 창업자 이병철 회장이 일본인 미야자와 조헤이를 초빙해 만들었다.

이병철 회장이 각별한 애정을 쏟아 부어 가꾼 끝에 "더 이상 아름다울 수 없다"는 극찬을 받을 만큼 국내 최고의 명문 골프코스로 자리매김했다. 이병철 회장은 골프장 안에 잔디환경연구소를 세우고 안양중지를 특허 내 보급할 정도로 골프산업 자체에도 애착을 가졌다.

1970~1972년 3년간 10곳 추가 개장

1968년 안양CC 개장 이후 한동안 뜸하던 골프장 신규 개장은 1970년부터 1972년까지 3년 사이에 10곳이 개장할 정도로 붐을 이뤘다. 골프장 건설과 운영이 기업인들 사이에서 유행처럼 번져간 것도 있었지만 정부의 적극적인 지원이 뒷받침됐다고도 할 수 있다.

안양CC에 이어 아홉 번째이자 1970년대 첫 골프장은 1970년 6월 28일 경기도 용인시 처인구 양지면에 18홀로 개장한 용인CC다. 1982년 9홀을 증설하고 스키장과 콘도를 갖춤으로써 사계절 종합 레저타운으로 변모했다. 무림제지가 인수하면서 1984년 12월 양지CC로 명칭을 변경해 오늘에 이르고 있다.

열 번째 골프장은 1970년 8월 6일 인천광역시 북구 경서동 해안가 폐염전 부지에 18홀로 건설된 부평시사이드CC다. 골프장은 해변이라는 자연적 조건을 잘 살리고, 여기에 인조강변까지 곁들여 한국에서는 유일한 해변코스를 자랑했으나 주변이 간척되면서 지금은 도심지에 자리잡은 골프장으로 변모했다. 1985년 1월 인천국제CC로 명칭이 바뀌었다.

열한 번째 골프장은 1970년 10월 3일 용인군 남사면 북리에 18홀로 개장한 오산CC다. 국제규격의 재미있는 설계가 특징이었던 오산CC는 1990년 10월 한원CC로 이름을 바꿨으며, 1992년 2월에 9홀을 증설해 27홀 골프장으로 거듭났다.

골프장 건설 현황(1954~1972) *1972년 10월 기준 18홀 정규코스

순서	개장당시 명칭	개장 시기	개장 홀수	위치	참고사항
1	서울CC	1954.07	18	서울 성동구	최초 18홀 코스. 1972년 11월 폐장, 현 어린이대공원 자리
2	부산CC	1956.10	9	부산 해운대구	1965년 10월 18홀로 확장, 1971년 7월 금정구 노포동으로 이전. 기존 부지는 택지로 개발
3	한양CC	1964.09	18	경기 고양시	1970년 6월 36홀로 증설. 1972년 11월 서울CC와 한 지붕 두 가족 살림살이 시작
4	제주CC	1966.06	18	제주 제주시	박정희 대통령 제안으로 민간업자가 건설, 내장객 적어 방치되다 1985년 4월 재개장
5	태릉CC	1966.11	9	서울 노원구	육군사관학교 구내에 개장한 군골프장. 1970년 10월 18홀로 증설
6	뉴코리아	1966.11	18	경기 고양시	우제봉 대구CC 명예회장 등 5명의 기업인들이 공동 출자로 건설
7	관악CC	1967.08	18	서울 관악구	관악코스를 서울대 이전부지로 제공하고 1971년 11월 경기 화성군 동탄에 18홀로 재개장. 1979년 18홀 증설. 현 리베라CC
8	안양CC	1968.06	18	경기 군포시	삼성그룹 최초의 골프장. 고급 회원제 골프장의 시발점. 한국형 잔디 개발과 보급
9	용인CC	1970.06	18	경기 용인시	1979년 9월 27홀로 증설. 현 양지파인CC
10	부평시 사이드CC	1970.08	18	인천 서구	1985년 1월 인천국제CC로 개칭
11	오산CC	1970.10	18	경기 용인시	1990년 10월 한원CC로 개칭, 1992년 2월 9홀 증설로 27홀 골프장으로 변모
12	동래CC	1971.09	18	부산 금정구	1978년 삼성에서 인수, 현 동래베네스트GC
13	산성CC	1971.10	18	경기 하남시	1986년 4월 동서울CC로 재개장. 2002년 12월 캐슬렉스로 개장, 현 캐슬렉스서울CC
14	남서울	1971.10	18	경기 성남시	대한골프협회 회장을 지낸 허정구가 건설
15	대구CC	1972.10	18	경북 경산시	뉴코리아CC 공동 설립자였던 우제봉이 대구·경북지역 골프문화 발전을 위해 건설. 1991년 9홀 증설, 현 27홀 규모
	유성CC	1970.09	9	대전 유성구	박정희 대통령의 제안으로 건설, 부도로 운영 중단됐다 1976년 9월 18홀로 정식 개장
	팔봉CC	1972.07	9	전북 익산시	1983년 10월 18홀로 증설. 2004년 4월 상떼힐익산으로 개칭, 현 익산CC

열두 번째로 개장한 골프장은 세계무대를 주름잡았던 여성 골퍼 박세리를 키워낸 골프장으로 널리 알려진 유성CC다. 박정희 대통령의 권유로 지역 기업인이던 유봉선이 충남 임업시험장을 매입해 1970년 11월에 9홀 코스로 개장했으나 모기업의 부도로 경매에 나오자 한국스레이트 계열 유성관광 강민구가 인수해 1976년 9월 19일 18홀로 정식 개장했다.

열세 번째로 개장한 골프장은 연덕춘 프로가 설계해 1971년 9월 26일 부산시 동래구 선동에 개장한 18홀 규모의 동래CC다. 매혹적인 고려지 페어웨이와 무성한 해송 사이로 펼쳐진 코스와 주변 경관이 아름다웠으나 경영이 어려워지자 1978년 7월 삼성물산에서 인수해 동래베네스트GC로 이름을 바꿨다.

열네 번째로 개장한 골프장은 1971년 10월 20일 개장한 18홀 규모의 산성CC다. 경기도 하남시의 남한산성 자락에 자리잡은 이 골프장은 명칭과 주인이 여러 번 바뀌는 풍상을 겪었다. 1986년 4월 동서울CC로 재개장했으며, 2002년 12월 사조산업이 인수해 캐슬렉스로 변경했다가 지금은 캐슬렉스서울CC가 됐다.

열다섯 번째로 개장한 골프장은 1971년 10월 24일에 경기도 성남시 백현동에 18홀 규모로 개장한 남서울CC다. 당시 한국프로골프협회 회장이던 허정구 삼양통상 회장이 건설을 주도했고, 일본의 명망 있는 설계가 이노우에 세이치가 디자인했다. 1985년 제4회 매경오픈이 열렸고, 이후 40여 년간 이 대회의 홈 코스 역할을 하고 있다.

열여섯 번째로 개장한 골프장은 1972년 7월 전북 익산시에 개장한 9홀 규모의 팔봉CC다. 전라도지역 첫 골프장으로, 전북지역 기업인들이 지역 관광개발사업으로 건설했다. 1983년 10월 8일 18홀로 확장했으며, 상떼힐익산CC로 명칭을 바꾸어 오늘에 이르고 있다.

열일곱 번째로 개장한 골프장은 선친이 건설해 1972년 10월에 18홀 정규코스로 개장한 우리 대구CC다. 9홀로 개장한 유성CC와 팔봉CC를 제외하면 18홀 정규코스로는 열다섯 번째 골프장이다.

그 사이 미8군에서도 골프장을 만들어 운영했다. 미군이 주둔하던 지금의 용산가족공원 자리에 들어선 미8군골프장은 처음에는 9홀 규모였으나 18홀로 확장됐다. 이 골프장은 1959년 5월에 문을 연 이후 1991년까지 33년 동안 운영됐다. 미8군골프장은 남한산성 아래 성남CC를 건설해 이전했으나 지금은 폐쇄됐다.

9 골프 문화 확산과 잇따른 골프 단체 발족

한국에 골프장이 생기고 골프 문화가 꽃을 피우기 시작했지만 이를 관장할 골프단체가 1960년대 중반까지도 없었다. 그러다 보니 외국의 골프단체들이 '한국골프협회 귀중'으로 보내온 갖가지 공문은 모두 서울CC로 전달됐다고 한다.

외국 골프단체들이 한국에 골프협회가 있는 줄 알고 보내온 보낸 우편물에 '골프'라고 적혀 있으면 우체국에서는 무조건 서울CC로 배달했던 것이다. 그러다보니 외국 골프단체의 공문이 요청하는 일을 서울CC가 처리해 주어야만 했다.

그러자 서울CC는 한국골프를 총괄할 한국골프협회(KGA) 설립을 추진했다. 그동안 서울CC가 대행해 온 골프협회 역할을 제대로 된 조직을 만들어 이관하자는 것이었다. 그러나 서울CC와 부산CC 2곳의 골프장만으로는 협회 결성이 여의치 않았다. 협회 운영을 위한 재정 확보도 큰 문제로 대두됐다.

서울CC가 150만 환, 부산CC가 100만 환을 협회 창립기금으로 내기로 하는 한편, 그동안 골프의 대외 업무를 맡았던 홍진기 서울CC 이사(당시 법무부차관)에게 협회 조직의 준비 작업을 맡겼으나 '진짜' 협회 조직은 지연되고 있었다. 그러던 중 1960년에 일어난 4·19혁명으로 홍진기가 옥고를 치루면서 그나마 명맥을 이어온 협회 기능이 중단되고 말았다.

골프 전문지인 〈골프저널〉 2016년 12월 29일자에 실린 '우리나라 골프협회의 유래' 내용을 참고해 1960~70년대 골프관련 단체들의 설립 내용을 정리해 본다.

대한골프협회 전신인 한국골프협회 발족(1965)

골프협회 발족은 1964년에 한양CC가 개장하면서 수면 위로 떠오른다. 1965년 9월 서울·부산·한양의 3개 골프클럽 체제가 구성되고, 한국의 골프선수들이 국제무대로 진출하는 일이 생겨나면서 행정적인 일을 맡아 처리할 단체의 필요성이 더욱 대두되자 이러한 업무를 관장하고 있던 서울CC가 앞장서서 한국골프협회를 조직하기에 이른 것이다.

한국의 제1호 골프단체가 탄생하면서 한국골프의 대행기관으로 재정적 부담에 시달려야 했던 서울CC 등은 무거운 짐을 덜어 홀가분해질 수 있었지만 협회가 정착하기까지 지원을 아끼지 않았다. 한국골프협회의 운영이 본궤도에 오를 때까지 월드컵골프 등 해외 대회에 파견할 선수의 여비와 합숙비 등의 비용을 지원했다. 한편 한국골프협회는 1985년 6월 대한골프협회(KGA)로 명칭을 바꿨으며, 1987년 2월에는 대한체육회에 가맹했다.

한국프로골프협회 탄생(1968)

1965년 한국골프협회 발족을 주도해 '분가시킨 서울CC가 1968년에는 한국프로골프협회(KPGA) 결성에 앞장섰다. 당시 중앙정보부장이면서 서울CC 회원이던 김형욱이 이를 주도했다. 서울CC의 헤드프로로 있던 박명출과 홍덕산의 부탁을 받아들여 골프를 좋아하는 재계인사 21명으로부터 2000여만 원을 거둬 프로들에게 주었다. 당시 2000만 원이면 서울 근교에 9홀 골프코스 쯤 만들 수 있는 큰돈이었다. 이 돈을 밑천으로 한국프로골프협회가 1968년 11월 설립된 것이다.

연덕춘은 이에 앞서 1963년에 프로골퍼들의 친목단체 성격을 띤 '프로골프회'를 만들었다. 이 모임의 회칙에는 프로골퍼 자격을 인정하는 절차와 프로골퍼가 지켜야 할 덕목 등이 들어 있었다. 사실상 한국프로골프협회의 첫걸음이라 할 수 있었다. 프로골프회는 이후 골프협회 설립을 위한 다각적인 노력을 기울여 한국골프협회 창립을 이끌어냈다.

연덕춘과 박명출 등 12명으로 구성된 프로골프협회를 만든 김형욱은 서울CC 이사이던 허정구를 초대 이사장으로 앉히고 기금 갹출자들을 이사로, 그리고 본인은 고문 자리에 앉았다.

김형욱은 프로의 해외원정 때 편의를 적극적으로 봐주기도 해 '프로의 은인'으로 추앙받기도 했다. 그러다 1973년 미국으로 망명해 반(反) 박정희 운동을 하다 1979년 프랑스에서 실종됐다. 골프칼럼리스트 정노천은 김형욱을 "한국의 골프사에 영욕의 획을 긋고 유명을 달리한 골프광"으로 평가하고 있다.

한국골프장업협회 발족(1974)

1974년에는 골프장 사업주들의 모임인 한국골프장업협회(KGBA, 현 한국골프장경영협회)가 발족했다. 골프장 사업의 건전한 발전을 도모함과 동시에 골프를 통한 국민의 건강 증진과 레저 스포츠 발전에 기여하기 위해서였다. 17개 회원사로 출범한 협회의 초대 회장은 프로골프협회 이사장을 지냈던 허정구가 맡았다.

나도 2007년부터 2기(제14대와 제15대) 6년 동안 회장을 맡아 협회 발전에 미력이나마 힘을 보탠 것을 영광스럽게 생각하고 있다.

2002년 11월부터 한국골프장경영협회로 명칭이 변경돼 오늘에 이르고 있다.

한국여자프로골프협회 결성(1988)

한국여자프로골프협회(KLPGA)는 한국프로골프협회가 탄생한 지 20년 뒤에야 정식으로 발족했다. 1978년 한국프로골프협회 내의 여자프로부로 시작했다가 1988년 2월에 독립한 것이었다.

강춘자·한명현·구옥희·안종현 4명의 창립멤버로 출범하면서 한장상 프로를 초대회장으로 추대해 첫걸음을 떼며 우리나라 여자프로골프의 제도적인 장치와 골프 발전의 틀을 마련해 나갔다. 비록 그 출발은 미미했으나 세계 여자골프를 휩쓰는 코리아군단의 총본산으로서 골프 대중화와 우리나라 여자골프의 세계화를 이끌고 있다.

10 골프의 저변 확대, 늘어나는 골프대회

한국 최초의 전국 규모 골프대회는 1924년에 결성된 경성골프구락부가 청량리코스를 개장한 후 개최한 '전조선(全朝鮮)골프대회'이다. 기록에 따라 제1회 대회가 1925년에 개최됐다고도 하고, 1928년이라는 기록도 있다. 어쨌거나 1925년 〈조선일보〉와 1926년 〈동아일보〉에 실린 '골프대회 개최' 기사를 주목할 필요가 있다.

"경성꼴푸구락부에서는 25일 오전 10시부터 청량리꼴푸장에서 꼴푸대회 거행"(〈조선일보〉 1925년 10월 26일자)

"10월 3일 경성클럽 주최 하에 조선꼴프대회를 겸하야 조선꼴프선수권대회를 청량리에서 개최하기로 되엿다는데 참가자는 원산·대구·경성서 약 70명에 달하리라 하며, 선수권대회로서는 조선 최초로 이왕전하(李王殿下)께서 사계장려(斯界獎勵)의 하념(下念)으로 우승컵을 하사하기로 되여 목하 미술품 제작소에서 제작 중이라더라."
(〈동아일보〉 1926년 9월 14일자)

조선골프선수권대회는 언제 중단됐는지 정확히 알 수는 없지만 군자리코스가 개장한 뒤에도 계속 열렸던 것으로 알려져 있다. 그리고 1937년부터는 조선골프연맹이 전조선아마추어골프선수권대회를 개최하기도 했다. 그러나 태평양전쟁이 발발하면서 군자리코스 등 골프장들이 폐쇄됨에 따라 골프대회도 자취를 감추고 말았다.

광복 이후 혼란한 정국으로 인해 골프는 공백기를 면할 수가 없었으나 온갖 역경 속에서 군자리코스를 복구한 서울CC는 신인 골퍼 발굴과 육성을 서둘렀으며, 1954년 제1회 한국아마추어골프선수권대회를 개최했다. 이는 한국골프가 한 단계 성장하는 계기가 됐다.

이후 서울CC의 군자리코스를 터전 삼아 국내 공식대회의 역사가 펼쳐졌다. 골프 토너먼트의 활성화는 골프 인구의 저변 확대, 선수 양성은 물론, 골프 기량 향상 및 해외 진출에 기여하는 바가 컸다. 1950~70년대에 지금까지 이어지고 있는 유서 깊은 아마추어대회와 프로대회가 생겨나면서 골프 활성화에 기여했다.

〈골프저널〉 2016년 8월 4일자와 9월 1일자에 실린 '이 땅에서 펼쳐진 골프대회를 논하다'의 내용을 참고해 1950~70년대 창설된 주요 골프대회를 정리하고자 한다.

한국아마추어골프선수권대회(1954)

서울CC 개장 직후인 1954년 10월 군자리코스에서 제1회 한국아마추어골프선수권대회가 열렸다. 광복 이후 최초의 골프대회였다. 첫 대회에는 한국선수 13명과 외국인 선수 3명이 참가했는데 이승만 대통령이 직접 대회를 참관하고 우승자를 시상했을 정도로 관심이 지대했다. 이 대회를 향후 '대통령배'라고 부르게 된 것도 이런 배경이 깔려 있다. 이후 매년 '대통령배'가 앞에 붙었으나 '사회 특수층이 즐기는 골프에 대통령배 이름을 붙이는 건 위화감을 준다'는 당시 정권의 판단에 따라 1976년 제23회 대회부터 첫 이름으로 되돌아갔다.

한국아마추어골프선수권대회는 제1회부터 제15회(1968) 대회까지 서울CC에서 경기를 가졌으며, 그 후에는 각지에 골프장이 증설됨에 따라 코스를 옮겨 다니며 치렀다. 이 대회는 매년 개최돼 경기내용이 충실해지고 한국아마골프계의 역량이 커지면서 미국·일본·대만 등지의 외국인 선수들도 출전했다. 이 대회는 2003년 제50회 대회부터 대한골프협회장을 지낸 '허정구' 삼양통상 창업자의 이름을 앞에 붙이면서 남서울CC에서 계속 개최되고 있다. 2023년에는 제69회 대회를 맞게 되는데 9월에 열릴 예정이다.

한국프로골프선수권대회(1958)

대한민국 최초의 프로골프경기는 서울CC에서 1958년 6월 12일부터 4일간 개최한 한국프로골프선수권대회다. 서울CC 탄생과 함께 외국처럼 프로골퍼 양성이 필요하다고 생각한 서울CC 이순용 이사장 주도로 만들어졌다.

프로 선수라고는 연덕춘·신봉식·박명출 정도만 있는 상황이어서 선수를 양성하기 위해 창설한 대회였다. 연덕춘 등의 프로골퍼 3명에다 프로골퍼를 꿈꾸던 양성자 14명 등 17명이 참가해 연덕춘 프로가 초대 챔피언에 올랐다. 선수 육성을 위해 만든 대회였기 때문에 초창기에는 대회 성적에 따라 프로골퍼 자격을 주기도 했다. 한국프로골프협회 출범 전까지 이 대회를 통해 12명의 프로골퍼가 탄생했는데 이들은 한국프로골프협회 창립회원이 됐다.

이 대회에 이어 그해 9월에 만들어진 한국오픈골프선수권대회를 운영할 골프협회가 발족되지 않아 초반에는 이 두 대회를 서울CC가 주최했다. 이후 1968년에 한국프로골프협회가 탄행하면서 이를 주관하게 된다. 이 대회는 이후 지속적으로 개최되면서 대한민국 역대 최고의 프로대회로 자리매김했다. KPGA선수권대회로 명칭이 바뀌어 오늘날까지 이어져오고 있다. 2023년 6월에는 제66회 대회가 경남 양산의 에이원CC에서 열릴 예정이다.

한국오픈골프선수권대회(1958)

서울CC는 한국골프의 중흥을 위해서는 프로와 아마추어가 함께 참가할 수 있는 오픈골프선수권대회가 필요하다며 1958년 9월 11일 제1회 한국오픈골프선수권대회를 군자리코스에서 개최했다. 첫 대회는 국내 선수를 비롯해 미국과 자유중국 등 3개국 선수들만 참가할 정도로 조촐하게 출발했지만, 1965년 창립된 한국골프협회가 주관하면서 점차 각국의 정상급 골퍼들이 참여하는 국제 규모의 대회로 발전했다.

1970년부터는 아시아 골프서킷경기와 병행해 열리게 됨에 따라 대회 명칭을 한국오픈골프선수권 겸 아시아골프서킷대회로 변경했다. 1982년부터는 〈매일경제신문〉에서 제정한 매경오픈골프선수권대회와 아시아골프서킷대회를 겸하게 됨에 따라 한국오픈골프선수권대회가 독립경기로 되돌아왔으며, 한국골프의 르네상스를 이룩한 전통의 내셔널 타이틀 대회로 자리매김하고 있다. 지금은 한국오픈이란 명칭으로 매년 충남 천안에 있는 우정힐스CC에서 열리고 있다. 2023년 6월에는 제65회 대회가 열릴 예정이다.

전국골프장대항팀선수권대회(1968)

한국골프협회 출범 3년 뒤인 1968년 '제1회 한국골프협회장배경기'가 열렸다. 한국골프협회에 회원으로 가입한 골프장들의 상호친선과 우의를 돈독히 하기 위해 만든 대회였다. 단체상과 개인상으로 구분해 시상하는 이 대회는 해마다 회원 골프장을 순회하며 경기를 개최하고 있어, 각 골프장의 시설과 코스 소개는 물론, 상호 정보교환에도 이바지했다. 서울CC에서 제1회 대회에는 서울·부산·한양·뉴코리아·관악·안양·태릉 등 7개 골프클럽에서 63명의 선수들이 출전해 태릉CC가 단체전 우승을 차지했다.

우리 대구CC는 개장 다음해인 1973년부터 한해도 빠지지 않고 참가해 1981년에 단체전 첫 우승을 차지했으며, 이후 1993년과 1994년, 그리고 2006년에도 우승함으로써 4회 우승의 위업을 이뤘다.

'전국골프장대항팀선수권대회'로 이름을 바꿔 전국 규모의 골프 축제로 명성을 이어왔다. 2019년 5월에는 오라CC에서 제52회 대회가 열렸으며, 2020년 10월에 마우나오션CC에서 제53회가 열릴 예정이었으나 코로나19로 취소됐다. 이후 2022년까지 3년 동안 대회가 열리지 않아 아쉬움을 샀다.

한국시니어골프선수권대회(1972)

1972년 10월에는 제1회 한국시니어골프선수권대회가 열렸다. 뉴코리아CC에서 열린 제1회 대회에는 만 55세 이상의 아마추어 노장 골퍼 15명이 겨우 참가할 정도였으나 해를 거듭할수록 대회 참가인원이 늘어났다. 1979년 열린 제8회 대회에는 참가자가 50여 명으로 증가했다. 한국시니어골프선수권대회는 세계시니어골프연맹의 규칙에 준한, 협회회원 클럽의 추천을 받은 남자로서 만 55세 이상의 아마추어골퍼들에게만 참가자격이 주어진다.

2000년대 들어 개최장소를 확보하지 못해 개최에 어려움을 겪고 있다는 것을 알게 된 나는 대회의 활성화를 위해 대구CC를 개최장소로 계속 제공하면서 후원하기로 했다. 이에 따라 2011년 제40회 대회부터 매년 대구CC에서 열리고 있다. 코로나19로 인해 2020년과 2021년에는 대회를 열지 못했으나 2022년에 제49회 대회를 개최했고, 2023년 8월에는 제50회 대회를 열 계획이다.

한국여자아마추어골프선수권대회(1976)

최초의 여자골프대회인 한국여자아마추어골프선수권대회가 열린 것은 1976년이다. 광복 후 최초의 남자골프대회인 한국아마추어골프선수권대회보다 22년이나 늦은 것이었다. 프로와 아마가 함께 겨루는 여자오픈선수권대회는 1987년에야 열렸다. 그리고 여자프로선수권은 1990년에야 KLPGA 단독 주최로 열렸다.

이처럼 여자대회가 남자대회보다 한창 늦게 열린 것은 오랫동안 골프가 남성 중심, 남성 위주로 운영돼 왔음을 말해 준다. 여자대회가 남자대회에 비해 늦은 현상은 한국 뿐만은 아니었다. 영국이나 미국도 마찬가지였다. US오픈이 1895년에 시작된 것에 비해 US여자오픈이 열린 것은 1946년이었다.

한국여자아마추어골프선수권대회는 2003년부터 골프발전에 기여한 강민구 유성CC 회장의 이름을 붙여 유성CC에서 계속 개최되고 있다. 2023년 6월에는 제47회 대회가 열린다.

오란씨골프선수권대회(1976)

1970년대 중반에 접어들며 신설 골프장이 증가하고 경제가 성장곡선을 그리면서 골프도 본격적인 궤도에 오르게 된다. 외국처럼 기업들이 대회 스폰서로 나서 골프 경기를 개최하기 시작했고, 골프장이 스폰서를 받아 여는 대회도 생겨났다.

첫 대회는 동아식품이 1976년 10월 관악CC에서 개최한 '오란씨골프선수권대회'였다. 민간 기업이 골프대회에 스폰서로 참여한 첫 사례였다. 동아제약이 생산하던 오란씨(오란C)라는 이름의 제품명을 대회 명칭으로 사용함으로써 국내 최초로 골프를 마케팅과 접목한 것이었다.

'오란씨골프선수권대회'를 계기로 한국골프는 급속한 성장과 확산의 길로 들어섰으며, 이후 매경오픈·신한동해오픈·SK텔레콤오픈 등 유명 기업들이 타이틀 스폰서로 참여한 대회가 줄지어 창설됐다. 그러나 프로골프 활성화의 기폭제 역할을 했던 오란씨골프선수권대회는 1987년을 끝으로 막을 내렸다.

11 골프 발전과 확산에 기여한 박정희 대통령

1961년 5·16으로 정권을 잡은 박정희 대통령은 초기엔 골프에 부정적이었다. 〈동아일보〉 1961년 7월 4일자에는 "그는 미군이나 다른 유엔군 장교들과 골프를 한 번도 치지 않은 한국군 장교이다"라고 소개했을 정도였다. 그러다 보니 5·16의 주체 세력들 역시 골프에 대해 좋지 않은 선입견을 갖고 있었다고 한다. 심지어는 "백해무익한 골프장을 갈아엎어 논밭으로 만들어 식량증산에 힘쓰자"고 주장하는 목소리도 있었다. 군인의 성격상 골프장에서 유유자적하는 정객들이나 경제인들의 모습이 눈꼴 사나왔던 모양이다. 당시 국가재건최고회의 의장이던 박정희 대통령의 생각도 별반 다르지 않았다.

이런 박정희 대통령의 부정적 골프관을 바꾼 사람은 골프 마니아로 유명하며 처조카이기도 했던 김종필 당시 중앙정보부장이었다. 김종필은 박정희 대통령에게 골프채를 선물하면서 골프 입문을 권유했다고 한다. 김종필 전 국무총리의 골프 사랑도 아주 남달랐다. 박정희 대통령이 공직자 골프 금지령을 내리자 아무도 토를 달지 못했지만 그가 나서서 철회시키기도 했다.

또 해외 나들이 때마다 골프채를 구입해 와 쿠데타 세력의 군인들에게 나눠주고 골프에 입문하게 만들었다. 차츰 그들도 골프에 맛을 느끼기 시작하면서 한국골프계는 군사쿠데타로 맥이 끊길 뻔한 위기에서 다시 살아나게 된 것이다. 한국골프 발전에 김종필의 기여도가 상당했음을 미루어 짐작할 수 있다.

골프에 부정적이었다 애호가이자 전도사로

골프에 부정적이었던 박정희 대통령이 골프채를 잡은 것은 1962년 5월로 알려져 있다. 국가재건최고회의 의장으로 있을 때 군복무 중이던 한장상 프로에게 골프를 배웠다고 한다. 차츰 골프에 빠져들어 대통령이 된 뒤에는 청와대 뒷뜰에 간이 골프연습장을 만들어 놓고 골프 실력을 연마하기도 했다고 한다.

> "골프 열기가 박정희 대통령에게도 파급되고 있다. 박대통령은 골프가 서민적이지 못하다는 이유로 금기처럼 생각했었고, 5·16 당시에도 미군 장성들 사이에서 골프를 치지 않는 장성으로 통했다. 민정 후에는 '국민소득이 200달러가 되지 않으면 골프를 치지 않겠다'고 버티어 왔다는데 '국민소득을 올리려면 우선 건강해야 한다'는 주위의 끈덕진 설득에 드디어 골프채를 잡았다는 것. 그후 국회의원들이 밤에 술 먹는 것보다 훨씬 좋다며 골프를 치라고 할 정도로 골프 애호가가 됐다고."(<조선일보> 1965년 10월 24일자)

박정희 대통령이 언제 골프에 입문, 소위 머리를 얹었는지는 설이 갈린다. 혹자는 1964년 가을 서울CC에서 경호실장 박종규와 첫 라운드를 했다고 한다. 당시 박정희 대통령의 골프장 나들이는 신문에 보도되기도 했다. 그러나 이 내용은 신문기사에서 찾을 수 없다. 비공식적으로 라운드

했을 수도 있다. 이보다 나중에 박 대통령이 나의 선친이 만들고 사장으로 있던 뉴코리아CC를 일과 전인 새벽에 방문해 골프를 친 일이 자주 있었는데 이것도 신문에 보도되지 않기도 했으니까.

어쨌거나 언론에서 찾을 수 있는 박정희 대통령의 골프 라운드 기록은 1966년 4월 19일, 정식 개장을 앞두고 있던 제주CC에서의 라운드가 아닐까 한다.

> "제주도를 시찰 중인 박 대통령은 19일 오전 제주컨트리클럽에서 골프를 치는 등 한가한 시간을 보냈다. 군재직시 골프 못 치는 장성이었던 박 대통령은 취임 후 건강을 염려해 운동을 권하는 측근의 청에 못 이겨 청와대 뒤뜰에 조그만 골프연습장을 만들어놓고 틈틈이 연습하다 이날 처음으로 많은 사람들 앞에서 골프채를 잡고 선(?)을 보였던 것."(<동아일보> 1966년 4월 20일자)

박정희 대통령은 두 달 뒤인 6월 20일 열린 제주CC 개장식에 참석하기도 했다. 우리나라 대통령으로서는 최초의 일이었다. 이후 박정희 대통령은 간간히 서울CC와 한양CC에 들러 골프를 즐겼다는 것을 신문기사를 통해 확인할 수 있다. 1966년 11월 5일에는 자신이 건설을 지시해 개장한 군 골프장인 태릉CC의 개장식에서 시타를 하고 9홀을 라운드하기도 했다. 이후 1966년 말 개장한 태릉CC와 뉴코리아CC에서도 골프를 즐기기도 했다.

박정희 대통령은 이처럼 1966년부터 골프를 본격 시작해 '경제 5개년 계획' 수립 이후 해외 순방이 잦아지면서 골프의 중요성에 눈을 뜨기 시작했다. 골프관도 긍정적으로 변화됐고, 국내를 방문하는 외국 사절들과 필드 외교를 적극적으로 활용해 나가기 시작했다. 박정희 대통령은 한국 대통령 중 필드를 누빈 첫 대통령으로 기록돼 있다.

골프 문화 확산과 골프장 건설 지원

박 대통령은 국정에서 머리가 아프면 자주 뒷문으로 빠져나가 고양지역의 골프장, 한양CC와 뉴코리아CC를 자주 찾았다. 9홀 라운드를 마치고 측근들과 막걸리를 마시며 스트레스를 풀었다고 한다. 푸른 페어웨이를 걷는 게 좋다던 골프 예찬론자였던 것이다.

하지만 일정 선을 그어놓고 골프에 너무 가깝게 다가서지도 또 너무 멀리 떨어져 있지도 않을 정도로 골프를 즐겼다. 박 대통령은 정규 라운드 즉, 18홀을 다 플레이하는 일이 드물고, 라운드 후 동반자들과 막걸리를 마시는 뒤풀이를 더 즐기는 스타일이었던 것으로 전해진다.

박 대통령은 정치 각료라면 누구나 골프를 배워야 한다고 강조했고, 군 장교에게까지도 골프를 배우도록 권장했다. 민복기 전 대법원장의 증언(〈매일경제신문〉 1985년 6월 11일자 '나의 골프이력')에 따르면 "골프를 하면서 시야를 넓히라"는 의미에서 1968년 대법관 전원에게 골프채를 선물하기도 했다.

이 같은 박 대통령의 골프에 대한 관심으로 인해 재임기간 동안 20여 곳에 달하는 골프장이 개장했고, 골프대회 또한 많이 생겨났다. 1964년 한양CC를 시작으로 1969년까지 6년 동안 6곳의 골프장이 개장했으며, 1970년에서 1972년 대구CC가 개장하기까지 3년 사이에만 10곳 가까운 골프장이 속속 개장했다.

박정희 대통령과 골프에 얽힌 이야기를 하자면 우리 대구CC를 비롯해 군골프장인 태릉CC와 제주CC·유성CC 등 지방 골프장의 건설을 장려하고 지원했다는 것이다. 우리 대구CC는 박정희 대통령의 권유와 지원이 없었다면 탄생하지 못했을지도 모른다. 그 이야기는 뒤에 하기로 하고 나머지 세 곳 골프장의 건설에 박정희 대통령이 관여한 이야기를 해 볼까 한다.

- 제주CC(1966년 6월 개장)

5·16 이후 박정희 대통령은 제주개발에 각별했다. 한라산을 관통하는 도로를 만들었고, 경관이 수려한 한라산 중턱에 골프장 건설을 지시하기도 했다. 1962년 한라산을 관통하며 제주와 서귀포를 연결하는 5·16도로 개통식에서였다.

박대통령의 제안에 따라 부산에 있던 대선발효(사장 박경구)가 2년간의 역사(役事) 끝에 한라산 중턱 500m 고지에 18홀 코스를 조성했다. 앞서 언급했듯이 박정희 대통령은 개장 두 달 전 제주도를 순시하던 중에 이곳에서 머리를 얹은 것으로 알려져 있다. 개장식에 참석해 테이프를 끊었다고도 한다. 한국골프사상 대통령이 직접 개장행사에 참석한 것은 처음이었다.

제주CC는 수도권 밖에 지은 최초의 골프장이자, 우리나라 네 번째 골프장이었다. 그러나 제주도까지 가는 골퍼가 많지 않아 운영에 어려움을 겪었고, 결국은 오늘에 이르기까지 수많은 부침의 역사를 겪어야 했다.

- 태릉CC(1966년 11월)

박정희 대통령은 공릉동 육군사관학교 구내에 사관생도와 현역 및 예비역 장교들을 위한 골프장 건설을 지시했다. 대통령의 지시가 떨어지자 교련장을 관리하던 장교들은 서울CC 신태화 전무와 연덕춘 프로를 찾아가 자문을 요청했고, 급한 대로 9홀 코스를 임시로 개장했다. 한국에서 다섯 번째 골프장이었다.

1966년 11월 5일 열린 태릉CC 개장식에 참석한 박정희 대통령은 정래혁 육사교장으로부터 명예회원증을 받았고 기념 시타를 했다. 개장식이 끝난 후에는 김형욱 중앙정보부장, 김성은 국방부장관, 엄민영 내무부장관과 한 조로 라운드를 했다.

1970년 9홀을 증설해 정규 18홀이 된 태릉골프장은 한국골프 초창기 한국오픈 겸 아시아서키트 대회 4회, 대통령배 아마 골프선수권대회 3회 등 많은 공식 경기대회를 개최하며 한국골프 발전에 기여했다. 태릉CC로 시작된 군 골프장(체력단련장)은 현재 전국에 33곳이나 된다.

- 유성CC(1970년 11월 9홀로 개장, 1976년 18홀로 확장)

박정희 대통령은 1968년 휴양차 유성온천을 찾았을 때 충남지사에게 "유성은 국내 굴지의 온천에 계룡산이 있으니 국제적인 휴양지가 되려면 골프장도 있어야 한다"고 말했다. 이에 따라 당시 충남 최고 실업가이던 한국특수금속 유봉선 사장이 엉겁결에 골프장 건설을 떠안아 충남임업시험장 부지를 불하받은 다음 골프장을 조성했다. 그러나 골퍼가 적어 경영난을 겪다 4년 만에 경매로 넘어갔고, 이를 강민구 유성관광 대표가 1976년에 인수해 코스를 확장한 다음 재개장해 오늘에 이르고 있다.

허리에 수건 차는 원조는 박정희 대통령

한여름에 골프를 칠 때 흐르는 땀을 닦기 위해 옆구리에 수건 차는 골퍼들이 있다. 이것이 지금은 아무렇지도 않은 모습이지만 그 유행의 시발점은 50여 년쯤 전으로 알려져 있다. 이 이야기는 내가 직접 경험하고 본 것은 아니고 선친으로부터 들은 것이다.

선친은 한여름 라운드 때 허리에 수건을 차는 것의 원조는 박정희 대통령이라는 것이었다. 나도 그렇게 믿고 있다. 선친이 내게 들려준 이야기에 따르면, 어느 날 박정희 대통령이 뉴코리아CC에 와서 같이 골프를 치게 됐다고 한다. 그런데 골프복으로 갈아입고 나온 대통령이 허리띠에 하얀 수건을 차고 있더라는 것이었다. 그래서 동반자들이 "그걸 왜 찼습니까?"하고 물으니 "땀 닦으려고 찼지"하고 대수롭지 않게 대답하더라는 것이었다.

골프가 끝나고 난 다음에 막걸리 한 잔 하면서도 "산에 운동하러 왔는데 이 봐라 땀이 나면 뭐로 닦아야 할 거 아냐. 논이나 밭에 일하러 갈 때 수건을 갖고 가 땀을 닦는 것과 뭐가 달라"라고 말씀하시더라는 것이었다. 그만큼 소탈한 분이었다. 사실 골프공 닦고 땀 닦으려고 챙긴 수건이니 이상할 것은 없었다. 당시에도 골프가 사치성이다 뭐다 세간의 말들이 많았는데, 박정희 대통령은 그저 자신의 몸에서 흐르는 땀을 닦으려고 수건을 허리춤에 찬 것뿐이라는 것이었다.

그런데 얼마 후부터 골프장에 이상한 풍경이 생기기 시작했다고 한다. 허리춤에 수건을 차고 나오는 사람이 하나둘씩 늘어나더라는 것이다. 대통령이 수건을 차고 나갔다는 것이 소문 나자 그 다음에는 장관이 차고 나오고, 장관이 차고 나가자 국장이 차고 나오고, 과장도 차고 나왔다. 대통령이 왜 차고 나갔는지도 모르고 공무원들 사이에 유행을 한 것이었다고 한다. 그러자 민간인들도 차고 나오니 유행이 된 것이었다.

사람 사는 세상에서 이루어지는 일들을 보면 무슨 특별한 연유로 인해 무엇이 만들어지는 경우도 있지만 아주 평범한 일이 사회성을 지니는 경우도 많다. 대통령이 골프가 사치스런 스포츠란 눈총을 받고 있을 때

일상적인 농사일이나 체육활동에서처럼 땀 닦는 수건을 찼다는 것은 한편으로 보면 고도의 제스처일 수도 있고, 그냥 평범한 일상생활일 수도 있다. 하여튼 모습이 사람들을 통해 확산돼 아직까지 우리 주변에서 발견할 수 있다는 것은 재미있는 일이다.

그런 넌센스도 세상의 한 모습이지 않을까? 그런 의미에서 박정희 대통령의 허리춤 수건 이야기를 사람들에게 들려주고 싶었다.

12 어린이대공원으로 바뀐 군자리코스

서울 광진구 능동에 있는 어린이대공원과 서울 관악구 신림동에 있는 서울대학교 캠퍼스의 공통점은 무엇일까? 쉽게 답할 수 있는 사람은 많지 않을 것이다. 그 답은 옛 골프장 자리에 들어서 있다는 것이다. 다시 말해 그 전에는 골프장이었다는 것이다. 어린이대공원은 광복 이후 최초의 골프장이었던 서울CC 군자리코스에 들어섰고, 서울대학교 관악캠퍼스는 관악CC라는 골프장이 있던 자리에 들어선 것이다.

지금 한국에는 540여 곳의 골프장이 있다고 한다. 50년 전에 우리 대구CC가 개장할 무렵에는 전국 골프장이 20곳이 채 되지 않았으니 50년 사이에 30배 가까이 늘어난 셈이다. 이처럼 많은 골프장이 생겨났으니 이런 저런 이유로 사라진 골프장도 적지 않다. 앞서 언급한 두 곳 외에도 사라진 골프장이 더 있다.

서울CC, '어른의 낙원'에서 '어린이 낙원'으로

이승만 대통령의 의지로 1954년 재개장된 서울CC, 다시 말해 군자리코스에서 직접 라운드를 즐긴 최초의 대통령은 박정희 대통령이었다. 늦게 배웠지만 골프사랑이 남달랐던 박정희 대통령은 평소 군인들에게 "여가 시간에 골프를 하라"고 권할 정도로 골프를 좋아하게 됐고 '골프 전도사' 역할도 했다.

제2장. 한국골프의 시작과 발전

그러나 아이러니하게도 골프 애호가로 알려진 박정희 대통령의 손에 의해 군자리코스의 역사가 막을 내리게 된다. 박정희 대통령이 1970년 12월 군자리코스에 어린이공원을 만들라고 지시했기 때문이었다. '차세대 주역인 어린이들이 마음껏 뛰어놀 수 있는 꿈동산을 만든다'는 게 명분이었다. 일설에는 평소 어린이공원 설립을 꿈꿨던 육영수 여사가 군자리코스를 미리 점찍어 두고 박정희 대통령을 졸라 성사시켰다는 이야기도 있다.

박정희 대통령은 군자리코스에서 여러 번 라운드를 즐겼다고 한다. 개장 당시만 해도 서울의 외곽이었으나 도시 개발로 골프장 주변에 건축물이나 여러 가지 시설들이 들어서면서 대통령의 경호가 쉽지 않아졌다며 경호실에서 문제 제기를 했다는 설이 나돌기도 했다.

당시 서울 도심에는 아이들이 마음 놓고 뛰놀 수 있는 공원이 없었다. 이런 상황이 맞물리면서 어린이 5만 명을 수용할 수 있는 놀이터로 교통이 좋은 군자리코스가 적격지로 결정된 것이었다. 울창한 수림과 골프코스로 잘 다듬어져 있는 잔디 상태 등은 공원 부지로도 안성맞춤이었다.

한국 근대 골프장의 대명사였던 군자리코스는 1970년 12월 4일 어린이대공원으로 개조하라는 박정희 대통령의 지시를 받아 폐장을 준비해야 했다. 그리고 1972년 경기도 고양에 있는 한양CC를 인수함으로써 이전이 본격화됐다. 1972년 10월 31일 40여 년간 폐허와 복구, 다시 폐허와 재복구 등 파란을 겪었던 군자리코스는 골프 동호인들이 착잡한 심정으로 지켜보는 가운데 티잉 그라운드의 티 마커와 그린의 깃대를 뽑아내야 했다.

결국 군자리코스는 1954년 서울CC로 복구된 이후 18년 만에 완전히 역사에서 사라졌다. 이후 1972년 어린이대공원에 자리를 내준 서울CC는 경기도 고양으로 이전한 뒤 한양CC와 합병하게 된다. 다음 해인 1973년 5월 5일 어린이날에 맞춰 개장한 어린이대공원에는 옛날 골프코스의 흔적과 클럽하우스 등이 남아 있어 이곳이 골프장이었음을 쉽게 알 수 있게 해 준다.

관악CC, 서울대 관악캠퍼스로 변모

관악CC는 1967년 8월 한국 일곱 번째 골프장으로 개장했다. 방림방적이 건설한 이 골프장은 워낙 악산(岳山)에 만든 탓에 개장하던 해 장마로 코스 일부가 붕괴되고 토사가 흘러내리는 등 진통을 겪었다. 거기에다 그해 말 종로구 동숭동에 있던 서울대학교 졸업식에 참석했던 박정희 대통령이 귀빈실 하나 제대로 갖추지 못한 노후한 시설의 개선을 지시하자 정부는 관악CC로의 서울대학교 이전을 결정했다.

관악CC는 곧바로 경기도 화성군 동탄에 새로운 골프장을 건설하고 900여명의 회원들과 함께 1971년 11월 이전했다. 1979년에는 18홀을 증설해 한양CC에 이어 두 번째 36홀 골프장으로 거듭났다. 이전 후에도 관악CC라는 이름을 살려 신관악CC라 불렀지만 2001년 신안그룹에 인수되면서 리베라CC로 명칭을 변경했다.

지금도 서울대학교에는 옛 골프장 흔적이 남아 있다고 한다. 골프장 클럽하우스는 현재 교수회관으로 쓰이다 지금은 동문 결혼식장으로 활용된다고 한다. 현재 폐쇄된 솔밭식당과 실외수영장 역시 골프장의 부속 건물이었다고 한다. 솔밭식당은 골프장 이용자들에 딸린 비서들과 운전기사들이 주로 이용하던 구내식당 건물이었으며, 실외수영장은 골프장 이용자 가족들을 위한 위락시설이었다.

다른 곳으로 이전해 재개장한 골프장도

서울CC와 관악CC 외에도 골프장이 폐쇄돼 자취를 감추거나 일부 흔적만 남아 추억만 깃들어 있는 곳들이 여럿 있다. 뚝섬골프장은 '서울숲'

조성공사로 2004년에 사라졌고, 난지도 쓰레기 매립지에 만들어졌던 난지골프장도 여론에 떠밀려 공원으로 바뀌었다.

부산 해운대 '달맞이고개' 전망 좋은 자리에 있던 부산CC의 해운대골프장은 이곳에서 골프를 즐긴 박정희 대통령의 "전망이 좋아 골프장보다는 고급 주택지로 개발하면 좋겠다"는 한마디에 날벼락을 맞았다. 부산CC는 부산시로부터 폐쇄 통첩을 받자 동래구 노포동 현재 자리에 골프장을 건설해 1971년 7월 옮겨 갔다. 골프장이 있던 자리에는 주공아파트가 들어섰다가 나중에 고층아파트 단지로 재건축돼 오늘에 이르고 있다.

경북지역의 명문이던 롯데스카이힐성주CC는 우여곡절 끝에 사드가 배치돼 군사지역으로 바뀌면서 사라지는 비운을 맞기도 했다. 2007년 6월 개장한 지 10년여 만에 골프장으로서의 역할 대신 국가안보기지로 탈바꿈한 케이스다.

1959년 5월 미8군 용산기지에 개장한 미8군골프장도 사라진 골프장의 하나다. 성남으로 이전하면서 그 자리에 용산가족공원이 만들어졌다. 미8군골프장은 남한산성 근처로 이전해 1993년 18홀 규모의 성남CC로 재개장했으나 미군이 용산기지를 평택으로 이전하면서 2018년 11월 운영이 종료됐다. 미군은 성남CC를 반환하는 대신 2019년 평택 캠프 험프리스에 성남CC 대체 코스를 개장했다.

1981년 송파구 장지동에 만들어진 군체력단련시설인 남성대CC도 위례신도시가 들어서면서 2012년 5월 경기도 여주로 이전됐다. 남성대CC의 대체 골프장은 동여주CC(전 여주 그랜드CC)였다.

1966년 11월 5일 서울 노원구 공릉동에 개장한 국방부의 태릉CC는 부지가 보존된 한국의 두 번째 코스다. 하지만 지난 문재인 정부에서 서울시 주택 개발부지로 거론되면서 존폐 기로에 놓여 있다.

제3장
말도 많고 탈도 많았던 한국골프

사치성 스포츠란 족쇄, 지금도 이어지는 중과세 ···· 128

아시안게임과 전국체전, 골프 대중화 촉진 ·········· 138

골프 대중화, 체시법 제정과 퍼블릭코스 병설 의무화 146

'캐디없는 골프장'은 가능할까 ················· 153

'골프 금지령', '해저드'에 빠진 골프산업 ·········· 158

내장객 급증에 따른 부킹 전쟁의 백태 ················ 163

박세리 신화, 외환위기 극복의 희망을 주다 ········ 167

한국의 여자골프는 왜 강할까 ················· 172

골프의 중흥, 국민 스포츠로 자리 잡다 ············· 180

골프산업에 영향 미친 대통령의 골프관 ············· 186

지는 해 '회원제', 뜨는 해 '대중제'로 전환 러시 ····· 194

코로나의 역설, 골프 전성시대를 맞다 ·············· 198

한국인, 그리고 골프 ································· 203

새로운 골프장 분류체계가 가져올 영향 ············· 211

1 사치성 스포츠란 족쇄, 지금도 이어지는 중과세

지금까지 보아오듯이 한국골프의 발전사는 우여곡절이 많았다. 현실적으로도 일반시민이나 사회에서 골프에 대한 인식과 평가는 사회 발전의 모습과 같이 한다고 해도 과언이 아니다.

하지만 2023년 오늘, 대한민국에서 골프는 600만 명에 달하는 골프인구와 600곳에 이르는 골프장, 30조 원에 이르는 경제 규모로 발전했다. 그럼에도 아직도 개별소비세와 사치성 오락장에나 매길 수 있는 재산세를 부과하는 등 위상에 걸맞지 않은 대우를 받고 있다.

광복 후 최초의 골프장이었던 서울CC 군자리코스가 어린이공원으로 변신하기 위해 문을 닫고 대구CC가 개장하던 1972년을 지나 골프에 대한 제약이 가해지기 시작했던 1973년부터 지금까지 지난 50년 동안 우리나라 골프는 어떤 난관을 만났으며, 이를 어떻게 극복하고 오늘에 이르게 됐는가?

제3장에서는 지난 50년 동안 '말도 많고 탈도 많았던' 우리나라 골프산업에 관해 내가 알고 있는 이야기를 해 보고자 한다.

골프 망국론이 목소리를 높이던 세상

1970년대 들어 골프장이 늘어나면서 대중화의 조짐을 보이고 있었지만 부정적인 시각도 높아지고 있었다. 골프는 일제강점기부터 부정적인 이미지가 강했다. 일본인이나 일제에 협력했던 부유한 친일파들이 즐기는 스포츠라는 생각에서였다.

이런 부정적인 이미지는 이후에도 오랫동안 지속됐다. 1960년대 후반부터 골프가 확산됐지만 한국에서는 골프가 '부정과 긍정 사이'에서 그 보폭을 넓혀가고 있었다. '부자놀음'으로 지탄받았으며, '골프 망국론'이 신문 지면에서 국민들의 시선을 끌고 있었다. 일부 국회의원은 "한 곳의 골프장만 남겨 두고 전국의 골프장을 모두 논밭으로 만들라"고 목소리를 높이기도 했다. 그런 한편으로는 건강에 좋은 여가활동이라며 옹호하는 사람들의 목소리도 조금씩 톤을 높이고 있었다.

1967년 8월 25일자 〈조선일보〉 칼럼에서는 "골프는 한국에서는 신흥귀족의 상징이요, 근대화의 구호와 함께 탄생한 최신형 놀음으로 유행하고 있다"고 정의했다. 이 외에도 골프에 대한 부정적 인식은 당시 언론 기사를 통해서도 충분히 엿볼 수 있다.

> "군소정당인 한독당은 '골프장의 생산화 투쟁'이라는 색다른 운동을 전개하고 있다. 서울의 약 3000명 골프 귀족을 위해 228만평의 귀중한 땅이 비생산적인 골프장으로 돼 있다고 지적하며 이 땅을 식량생산을 위한 농토나 대지로 전환시켜야 한다고 주장한다. 정부는 외교상 필요로 하는 1곳의 골프장만 남겨두고 나머지는 즉각 폐쇄시키라며 국민소득이 1000달러 이상이 됐을 때는 이를 해제해도 좋다고 일갈하기도 했다."(〈경향신문〉 1968년 11월 20일자)

어느 경제 각료가 재임 중 "골프하는 자들을 다 잡아들여야 나라꼴이 된다"고 극언한 일이 있던 시절이었다. 환경론자들은 골프는 좁은 땅덩어리의 한국 풍토에 전혀 맞지 않는 스포츠라며 '골프 망국론'을 외치고 있었다.

어느 국회의원은 "국제외교상 필요한 한두 개만 빼고 전국의 골프장을 폐쇄토록 건의할 생각이 없느냐"고 정부에 묻기도 했다. 어느 신문은 "골프장 건설은 식량 증산을 위한 토지 효율화에 역행할 뿐만 아니라 자연 파괴, 토지 투기 등을 조장하는 외에도 문화재 손상, 토지 범죄 등 반사회적 요인을 내포하고 있다"며 골프장 건설을 억제할 것을 촉구하기도 했다.

유류파동 여파로 골프장 경영 악화

1972년 대구와 익산에 골프장이 들어서면서 지방에서도 골프 붐이 일어나며 한국골프는 분위기가 달라지고 있었다. 이에 따라 서울에 편중됐던 골프 인구가 지방 중소도시에서도 늘어나면서 2만 명이 넘을 것으로 예상됐다. 당시 일본은 골프장 600곳, 골프인구 700만 명을 자랑하고 있었다.

그러나 제1차 유류파동이 일어나면서 골프 확산 분위기는 이내 사그라졌다. 1973년 11월 23일자 신문에는 "공공관서 차량과 자가용 운행 자숙 조처, 이럴 때 관용차를 끌고 골프장에 가는 파렴치한 맘보를 고쳐야 한다"는 기사가 실렸다. 유류파동 여파로 내장객은 급감했다. 전국 골프장 대표자들은 유류 절약 방안으로 △모든 골프장은 월 2회 이상 월요일에 휴장하고 △클럽버스를 운행해 회원들이 가능한 한 버스를 이용하도록 하며 △난방시설은 연탄으로 대체하도록 결정하고 11월 27일부터 실행에 들어갔다.

1974년이 되자 제1차 유류파동 대책으로 대통령 긴급조치 3호가 선포됐다. 골프장은 사치성 재산으로 규정돼 일반 세율의 최대 20배까지 중과됐다. 이에 따라 입장세의 대폭 인상이 불가피했다. 골프장은 입장세를 1,000원에서 3,000원으로 3배나 올렸다. 결국 골퍼들의 부담이 가중돼 내장객이 크게 줄어들 것으로 우려됐다. 당시 서울 근교에만 건설 중인 것 포함 18개 골프장이 있었다. 골프장은 종전 평균 200만 원의 재산세를 냈으나 중과세로 3,000만 원 이상 물게 돼 경영난에 부닥칠 것이 분명해졌다.

1974년에는 전국 주요 14개 골프장 내장객이 1973년 비해 30%나 줄어들면서 골프장들은 경영위기를 맞았다. 뉴코리아CC는 소속 프로 2명과 직원 30명을 무더기로 감원하기도 했고, 식당과 목욕탕의 문을 닫는 등 응급조치로 경비 절감에 들어가는 골프장도 있었다. 내장객에게 서비스를 못하는 대신 입장세와 캐디피만 받고 라운드를 하도록 해 주는 골프장도 생겨났다.

골프는 사치성 스포츠인가

개별소비세라는 조세 항목이 있다. 사치성 상품이나 서비스의 소비 행위에 대해 높은 세율로 과세하는 조세로 1977년 시행됐다. 당시 명칭은 특별소비세였으나 2008년 1월에 개별소비세로 변경됐다.

"소비자의 담세능력이 있다고 추정되는 특정한 물품의 소비사실(반출·판매), 특정한 장소에의 입장 또는 유흥행위 등 개별소비세법상에 과세대상으로 열거된 것에 대해 과세한다. 부가가치세의 역진직인 기능을 보완하고, 사치성 고가 물품이나 불요불급한 소비 행위에 대한 억제, 환경오염 방지 및 소득재분배를 목적으로 한다."(<시사경제용어사전>, 2017.11, 기획재정부)

경제사회적 여건에 따라 과세 대상 품목들이 바뀌기도 했다. 커피나 냉장고도 대상이었다가 제외되기도 했다. 2004년에 골프용품·모터보트·요트·수상스키용품·행글라이더 등 12개 품목의 특별소비세가 폐지됐다.

그러나 골프장에 대한 과세는 아직도 잔존하고 있다. 그동안 국내 골프 관련 단체들이 이의 폐지를 요청했으나 정부의 태도는 요지부동이다. 내가 회장으로 있을 때에도 그렇고 그 전에도 그 후에도 한국골프장경영협회는 과도한 세금으로 인한 경영의 어려움을 끊임없이 호소하며 이의 폐지를 요구해왔다. 그럼에도 대중 골프장에게는 개별소비세 감면 혜택을 주었지만 회원제 골프장에는 여전히 잔존하고 있다.

"한국골프장경영협회(회장 우기정)는 골프장에 부가되는 개별소비세 폐지를 위한 특별대책회의를 운영하고 서명 운동을 결의했다. 한국골프장경영협회는 24일 제주시 그랜드호텔에서 열린 2011년도 정기총회에서 △개별소비세 폐지 서명운동 △지진 피해를 입은 일본 구호운동 △소외계층을 지원하는 사랑의 골프공 사업 착수 등을 내용으로 정기총회를 열었다. 우기정 한국골프장경영협회장은 이날 '올해는 조세특례법이 폐지되는데다 고유가와 일본 재해 등으로 골프장 경영환경이 더욱 불안정해질 것으로 전망된다'며 '올해 초 의정부지법이 파주지역 회원제골프장의 위헌법률심판 제청신청을 받아들여 헌법재판소에 개별소비세 위헌제청을 한 데 대해 큰 기대를 하고 있다'고 밝혔다. 협회는 골프장에 개별소비세를 부과하는 것은 개인의 행복추구권에 위배된다고 판단, 개별소비세 폐지 특별대책회의를 운영할 계획이다. 이날 정기총회에는 전국 257개 회원사 골프장 중 171개 골프장 대표가 참가했다."(〈서울경제신문〉 2011년 3월 24일자)

골프장에 취득세와 재산세 등을 중과세하던 1970년대에는 골프가 일부 부유층의 전유물이었으므로 재산의 취득 및 보유를 억제하기 위해 취득세와 재산세를 중과세하는 것은 타당한 측면이 있었다. 그러나 국민소득 증가에 따른 생활수준의 향상과 생활 방식의 질적 변화, 골프장의 전국적인 분포와 증가, 전국체육대회를 비롯해 아시안게임과 올림픽의 정식 종목으로 채택될 만큼 대중화된 스포츠에 중과세하는 것은 시대적인 상황을 전혀 반영하지 못한 것이라고 할 수 있었다.

이밖에도 골프장 안의 원형보존 임야에 대한 종합부동산세의 종합합산과세에 따른 높은 세금 부담과 골프장 입장 행위에 대한 개별소비세 과세에 따른 골프장 이용객의 감소 등으로 인해 회원제 골프장은 최대의 경영위기를 겪고 있는 실정이다.

골프장 신설 억제로 공급 부족 극심

골프장 건설과 개장이 본격화된 1966년 이후 1972년 10월 우리나라 17번째 골프장인 대구CC가 개장하기까지 14곳의 골프장이 신규로 개장했다. 그러나 1973년부터 1979년까지 7년 동안 신규 개장한 골프장은 6곳에 불과했다. 이에 따라 1979년 말에는 골프장이 겨우 21곳으로 늘어났다. 그 사이 서울CC가 폐장했으며, 제주CC가 장기 휴장 상태에 있었

골프장 개장 현황(1973~1979)

개장 골프장	현재 명칭	위치	규모	개장
로얄	레이크우드	경기도 양주군 주내면 만송리 555	18홀	1973년 9월
수원	수원	경기도 용인군 기흥면 구갈리	18홀	1975년 5월
여주(IGM)	여주	경기도 여주군 여주읍 월송리 35	18홀	1975년 10월
도고	도고	충남 아산군 도고면 기곡리	18홀	1975년 10월
오라	오라	제주도 제주시 오라동	36홀	1979년 7월
보문	경주신라	경북 경주시 보문동	18홀	1979년 10월

다. 제주CC를 포함하면 전국의 골프장은 22곳이었다.

골프장 신규 개장이 대폭 줄어든 것은 정부의 골프장 정책이 바뀌었기 때문이다. 1973년에 들어서면서 정부는 '10월 유신'의 본격적인 추진에 따라 사치풍조 억제 정책의 일환으로 골프장 건설 허가를 엄격히 했다. 1973년 8월 22일 발표한 '골프장 건설 승인 절차와 기준'이 그것이었다. 〈매일경제신문〉 1973년 8월 22일자에 실린 '골프장 신설 규제' 내용에서 그 내용을 살펴볼 수 있다.

"정부는 골프장 건설 승인 절차 및 기준을 마련하고 최근의 무질서한 난립 현상을 철저히 규제하는 한편 외국인 소유를 금지하기로 했다. 22일 경제기획원이 관계부처와의 협의를 거쳐 마련한 골프장 건설 승인절차와 기준에 의하면 소유 및 경영자가 내국인이어야 하고, 국제시설 기준에 적합한 9홀 이상 9만평 이상의 시설을 갖추어야 하며, 타인자본이 총소요자금의 50%를 넘지 않도록 했다. 또 외화획득과 지역사회 개발에 기여할 수 있어야 하고, 주변 조경과 일정수준의 시설을 갖추도록 돼 있다.

정부는 이러한 기준 외에 필요불가결한 경우가 아니고는 새로운 골프장 건설을 최대한 억제한다는 기본방침아래 지금까지는 관계법에 의한 허가만으로 건설할 수 있었던 것을 앞으로는 경제장관회의 심의를 거쳐 교통부장관의 허가를 받도록 했으며, 골프장의 입지는 농경·원예·목초재배·공업단지 등의 용도를 감안한 토지이용계획에 맞춰 건설지역에 제한을 두도록 했다. 이밖에 회원은 18홀 기준으로 1200명을 초과하지 못하고, 외국인 회원은 양도와 상속을 금지하는 조건으로 입회시키되 총회원수의 30%를 넘지 못하도록 했다."

이후 골프장 건설 허가는 철저히 억제됐다. 1973년 11월 경기도 여주군 여주읍 월송리에 신설 중이던 IGM서울(현 여주CC)의 건설계획을 승인한 것이 승인 기준을 높인 후 첫 사례였다. 1974년 5월에는 '골프장건설 승인유치심의위원회'를 한국골프협회 내에 구성하고 서울국제개발(주)과 중앙개발흥업(주)의 골프장 건설 신청을 부결시키기도 했다.

1973년부터 1979년까지 개장한 6곳의 골프장은 대부분 1973년 이전에 허가받은 곳이었다. 그러다 보니 1979년 무렵에는 골프 인구 증가를 골프장이 따라가지 못해 심각한 골프장 부족 현상을 빚게 됐다. 〈매일경제신문〉 1979년 9월 21일자에 실린 '교통부 골프장 실태조사'란 타이틀의 기사 내용이 이를 증명하고 있다.

"교통부는 국내 19개 골프장의 시설과 운영실태를 조사하기로 했다. 최근 각 골프장이 규정보다 많은 회원을 모집해 부당이득을 취하고 있다는 정보에 따른 것이었다. 우리나라 골프인구는 매년 30%씩 늘어나고 있지만 골프장은 지난 7월 제주 오리CC가 새로 문을 열이

19개로 늘어났으나 수용능력이 크게 부족해 주말이면 500~1000만 원의 가입비를 낸 회원도 골프를 칠 수 없어 말썽을 빚어왔다."

골프장 건설에 숨통이 트인 것은 1980년대가 시작되면서였다. 골프장 건설이 다시 인가된 것이었다. 〈경향신문〉 1980년 3월 17일자에는 '대기업 참여 신규 신청 9건'이라는 기사가 실렸다.

"1974년 이후 신규 및 시설확장 허가가 일체 억제돼 온 골프장이 지난 10·26사태 전후 2개소가 신규허가를, 3개소가 시설확장 허가를 각각 받은 것으로 밝혀졌다. 또한 급격한 골프 인구 증가추세를 타고 대기업들이 골프장 건설에 대거 참여함에 따라 신규허가 신청 9건, 기존 시설 확장 신청 4건이 교통부에 접수돼 있는 것으로 알려졌다. 골프장 신규허가와 시설확장은 사치풍조 억제 등으로 지난 1970년대부터 억제돼 왔는데 이처럼 무더기로 허가가 내려진 것은 10년 만에 처음 있는 일이라고 골프업계도 놀라워하고 있다. 골프 인구는 지난해 10만 명을 돌파해 골프장 절대부족 현상까지 빚어져 1류 골프장 회원권의 프리미엄이 1000만 원을 호가해 투기대상으로 등장하자 대기업들이 골프장 건설에 대거 참여할 움직임을 보이고 있다."

골프 대중화로 가기 위한 성장기

1960년대가 사회적으로 경제적으로 골프를 받아들일 여력을 갖추지 못한 상황이었다면, 1970년대는 골프를 스포츠 그 자체로 받아들이는 분위기가 조성된 시기였다는 것이 골프 전문가들의 견해다. 골프 인구가 급증하고, 골프대회가 활발히 개최되면서 얼어붙었던 필드에 훈풍이 불기 시작했기 때문이다.

1970년대 말을 기준으로 보면 골프 인구가 크게 증가하는 등 '한국골프의 성장기'였다고 할 수 있다. 우리나라가 오늘날 '골프 강국'으로 성장할 토대가 마련되기 시작한 것이다.

〈매경이코노미〉 2006년 7월 12일자에 실린 '1979년 골프장엔 어떤 일이?'라는 글에서 당시의 상황을 알 수 있다.

"1970년 골프장 내장객은 24만 5000여 명이었으나, 1979년의 이용객은 40만 명으로 늘어났다. 골프 인구가 늘어나면서 '부킹 제도'가 처음으로 도입된 것도 이 시기였다. 1970년대 골프장 회원의 대부분은 기업인(50%)이었다. 이밖에 금융인(10%)이나 관료 및 국회의원(10%)도 골프를 즐겼으며, 군정 시대라는 특성상 군 장성(10%)들도 골프를 많이 접했다. 1970년대 골퍼의 평균 연령은 현재보다 10살 정도 높아 주로 50대 후반 60대들이 골프를 많이 접했으며, 20~30대 골퍼나 여성 골퍼를 골프장에서 발견하는 것은 극히 드문 일이었다. 당시 골프장에는 여성 라커룸이 거의 없었으며, 코스에도 여성용 티잉 그라운드를 제대로 갖춘 곳은 손에 꼽힐 정도였다.

골프를 즐기는 비용이 비싸기는 예나 지금이나 마찬가지였다. 1968년 안양CC 그린피는 주중이 500원(비회원 1500원), 주말이 1000원(비회원 3000원), 캐디피는 300원이었지만, 1979년에는 평일 4500원(비회원 1만 2000원), 주말 7000원(비회원 1만 7000원), 캐디피는 3500원으로 크게 올랐다. 특히 1977년부터 그린피에 특별 소비세가 붙으면서 비용뿐 아니라 인식 면에서도 골프는 '고급 스포츠'란 인식이 더 굳어지는 계기기 됐다."

2 아시안게임과 전국체전, 골프 대중화 촉진

1950년대에 겨우 싹을 틔운 한국골프는 1960년대와 70년대를 거치며 어린 묘목으로 자라났으나 엄동설한의 한파를 이겨내야 했다. 그러던 중 1980년대로 접어들면서 따뜻한 봄을 맞았다. 귀족 스포츠니, 골프장을 갈아엎어 논밭으로 만들어야 한다느니 하는 부정적 시각 일색이던 골프에 대한 인식이 바뀌기 시작했다. 사람들은 이때를 한국골프의 '요람기'로 평가하기도 한다.

그 훈풍의 시작은 아시안게임 종목에 골프가 포함되고, 이에 연관돼 대한골프협회가 대한체육회에 가입하면서 골프가 전국체전 종목으로 채택된 것에 힘입었다. 골프를 관광진흥산업으로 보기만 하다가 국민의 여가 생활을 돕는 스포츠로 인식하기 시작한 것이었다. 이에 따라 주니어 신인 골퍼의 수와 기량이 늘어나게 됐다. 1984년 제2회 주니어학생골프선수권대회에는 대학생을 포함해 100명 가까운 선수들이 참가해 대성황을 이뤘다.

아시안게임의 선택, 한국골프 성장의 신호탄

한국골프산업의 시작은 1960년대 초반이지만 실질적으로 골프 인구가 급격하게 늘어난 것은 1980년대부터였다. 1970년대의 잇따른 석유파동으로 주춤하던 골프 붐이 세계 경기의 회복과 함께 다시 기지개를 켠 것이었다. 그럼에도 골프에 대한 일반 국민의 정서는 긍정적이지 않았다. 여전히 상위층만이 즐기는 고급문화 정도로 받아들였다.

그러던 골프가 새로운 국면을 맞이한 결정적 계기는 1982년 인도에서 개최된 뉴델리 아시안게임이었다. 이 대회에서 골프가 정식 종목으로 채택됨에 따라 누구나 즐길 수 있는 진정한 '스포츠'로 자리매김하기 시작한 것이었다. 사실 골프가 아시아지역에 뿌리내리는 것이 순탄하지는 않았다. 일본에서도 무사도 정신에 위배된다는 부정적 인식을 벗어나기 힘들었고, 대만에서도 유희에 지나지 않는 골프로 시간을 헛되이 보낸다는 비판이 많았다. 그러던 골프가 아시아권에서 정식 스포츠로 인정받은 것이었다.

1982년 11월 19일부터 12월 4일까지 인도 뉴델리에서 열린 제9회 아시안게임에서 정식 종목이 된 골프는 한국을 비롯해 일본과 인도 등 10개국이 참가해 치열한 경합을 벌였다. 남자부만 열렸으며, 여자부는 8년 뒤인 1990년 베이징 아시안게임에서 치러졌다. 경기방식은 4인 1조의 단체전과 개인전으로 열렸으며, 아마추어골퍼만 출전할 수 있었다.

뉴델리 아시안게임을 앞두고 대한골프협회는 고민에 빠졌다. 국내 아마추어로만 국가대표팀을 꾸리면 메달권 진입이 어려워 보였기 때문이었다. 한국골프가 지금은 '세계 최강'이란 수식어를 달고 다니지만 당시는 아마추어 선수층이 두텁지 않아 대표선수 구성이 쉽지 않은 상황이었다.

1986년 서울아시안게임을 유치한 상황이라 뉴델리아시안게임에서 좋은 성적을 거둘 필요가 있었기에 대한골프협회는 고심 끝에 해외교포 중심으로 팀을 꾸렸다. 재일교포 김기섭은 일본아마추어골프선수권을 비롯해 한국과 일본의 여러 아마추어 대회를 석권해온 실력파였다. 재일교포 김주힌은 1982년 배경오픈에서 아마추어 신분으로 우승하면서 두각을 나타냈다. 재미교포 김병훈은 한국아마추어선수권에서 세 차례나 우승한 발군의 실력을 가진 선수였다. 이들과 함께 국내파로는 유일하게 김성호가 발탁됐다.

'해외파 대표팀'이 아시안게임에서 펼친 첫 활약은 적지 않은 성과를 거뒀다. 개인전에서는 메달 획득에 실패했지만, 단체전에서 개최국 인도에 이어 은메달을 따냈다. 이때 결성된 국가대표팀 원년 멤버들을 주축으로 4년 뒤 서울아시안게임에서 더 큰 열매를 맺었다.

86아시안게임에서 거둔 결실 금메달

뉴델리아시안게임에서 골프의 은메달 획득으로 한국골프는 대중화를 기대했다. 그러나 가만히 있으면 아무것도 이루어지지 않는다. 골프계 안팎으로 대중화에 대한 목소리가 높아졌고, 제도적·정책적 개선과 대중문화로의 인식 전환까지 난제들을 하나씩 풀어나가야 했다.

대한골프협회(당시는 한국골프협회)는 골프가 스포츠라는 점에 입각해 '골프장을 건전한 시설업체로 규정해 줄 것'과 '별장·카지노 등 사치성 업종으로서의 중과세를 스포츠 경기장으로서의 일반 세율로 전환해 줄 것'을 관계당국에 청원했다. 특히 일반 국민이 싼값으로 골프를 향유할 수 있는 대중 골프장(퍼블릭코스)을 정부나 시·도 차원에서 건설해 운영할 수 있도록 여론을 형성하고 물밑작업을 추진하는 데도 많은 노력을 기울였다.

1982년 2월에는 한국골프협회도 대한체육회 준가맹단체가 됨으로써 골프를 대중적인 문화이자 엘리트 스포츠로 공인받을 수 있었다. 협회는 한 발 더 나아가 국민들이 10대 때부터 골프에 친숙하고 매력을 충분히 느낄 수 있게 하고, 젊은 세대가 일상생활에서 편안하게 즐길 수 있는 방안을 모색했다.

　1984년 대학골프연맹이 창설되면서 실질적인 변화가 눈에 보이기 시작했다. 1968년 내가 친구들과 뜻을 모아 한국대학골프연맹을 창설한 지 16년만이었다. 각급 학교 입학과정에 골프특기자 제도를 부여하자 많은 청소년이 골프에 모여들었다. 이를 바탕으로 청소년 인재들이 우수한 골퍼로 대거 육성되면서 각종 대회에서 좋은 성적을 거둬 골프 문화가 국민의 관심을 받고 스포츠로서의 밝은 미래를 전망할 수 있도록 했다. 10대 청소년을 중심으로 뿌린 골프 대중화의 씨앗은 가깝게는 서울아시안게임과 1990년 북경아시안게임, 구옥희를 비롯한 여자선수들의 JLPGA투어 우승으로 꽃봉오리를 맺었으며, 박세리·김미현·최경주 등 글로벌 스타 골퍼의 등장으로 만개했다.

　1986년 열린 서울아시안게임은 한국골프의 새로운 이정표라 할 만했다. 그해 한국골프협회는 대한체육회에 정회원으로 가입하면서 대한골프협회로 명칭도 바꾸고, 대한체육회의 지원과 감독 아래 체계적인 골프 국가대표 육성에 중점을 두었다. 한양CC에서 열린 경기에서 일본과 필리핀 등 강팀들을 따돌리고 단체전 금메달을 목에 걸었다. 줄곧 선두를 달리다 아쉽게 역전 당했지만 뉴델리 멤버 김기섭은 개인전 은메달도 따냈다.

　단체전 우승의 주역이었던 김기섭은 일본에 아픈 아내를 두고 홀로 아시안게임에 참가해 47세의 나이에도 불구하고 단체전 금메달과 개인전 은메달을 획득하는 쾌거를 이뤄 감동과 안타까움을 동시에 자아냈다. 어찌됐든 김기섭은 그동안 변방으로 치부됐던 한국골프를 세계만방에 알리고, 한국골프의 역사에서 잊지 못할 한 획을 그었다. 이는 선수 한 명이 보여준 열정과 노력의 소산이기도 했지만, 한국골프가 차곡차곡 쌓아온 역량, 그리고 내중화를 향한 열망의 성과이기도 했다.

전국체전 채택으로 시·도 골프협회 발족

1986년은 한국골프 역사상 중요한 해임이 분명하다. 골프가 국제대회에서나 국내에서도 하나의 스포츠로서 정식적으로 인정받는 일이 일어났다. 대한체육회가 전국체전에서 골프를 시범 종목으로 채택한 것이었다. 대한골프협회가 대한체육회 준가맹단체에 소속된 후 꾸준히 골프를 전국체전 정식 종목으로 채택해 달라고 건의한 결과였다. 이에 따라 1986년 6월 서울에서 개최된 제67회 전국체전에서 골프가 시범 종목으로 채택됐으며, 1987년 10월 광주에서 열린 제68회 전국체전부터 정식 종목이 됐다.

이 과정에서 전국 시도 골프협회가 중추적인 역할을 했다. 이들은 골프가 전국체전에서 시범종목으로 채택되면서 하나둘 출범하기 시작했다. 1986년 1월부터 2월 사이에만 14개 시·도 중 11개의 지방 골프협회가 생겼다.

특히 경북골프협회는 나와 선친에게도 의미가 깊다. 지역 골프협회들이 빠른 속도로 설립되는 가운데 경상북도에서 먼저 우리 부자(父子)에게 협회 창립을 요청했다. 이에 대구·경북지역을 중심으로 골프를 활성화하고 골프 인구를 확대할 수 있는 또 다른 기회라는 생각에 경북골프협회 설립을 주도했다.

선친과 내가 협회를 맡다보니 대구CC가 자연스레 경북과 대구의 주니어를 위한 연습공간이 됐다. 체육 발전을 위한 체계적인 시스템을 만들어 지역의 주니어 선수들은 물론 일반 골퍼들의 골프 대중화라는 커다란 목표를 세우고 행복한 골프문화 발전에 앞장섰다. 나중에는 국가대표들의 훈련장으로도 한 몫을 하게 된다.

골프 붐 조성으로 대중화의 싹을 틔우다

1960년대부터 이어온 골프 붐이 1980년대에 이르러 스포츠계의 괄목할 만한 현상으로 자리 잡으며 대중이나 서민들의 보편적인 스포츠 문화로 인식되기 시작했다. 당연히 골프장 내장객의 증가, 골프장 증설, 그리고 골프용품의 수입 추세도 기하급수적으로 늘어났다. 국민 개인소득이 2000달러 선을 넘어서고 각 가정에 생활의 여유가 생기면서 골프에 대한 정서가 '귀족스포츠'에서 국민이 쉽게 접할 수 있는 '생활스포츠'로 서서히 바뀌어갔다.

1980년대 후반 서울아시안게임과 서울올림픽 등 양대 스포츠제전을 성공리에 마치면서 사회체육이 한층 더 확산됐고, 레저로서의 골프 바람이 걷잡을 수 없이 거세졌다. 덧붙여 1986년 정부가 대학입시 체육특기자로 골프 종목을 추가하자 학생들과 학부모들에게 단순한 취미 차원이 아닌 스포츠 입시교육의 한 갈래로 받아들여졌다.

이를 배경으로 1970년대 말 10만 명이었던 골프인구는 10년 만에 60만 명, 즉 6배 가까이 증가했다. 고무적인 것은 골프가 대중 스포츠로서 국민의 인식 속에 자리잡아가면서 골프산업의 양적 수치들도 함께 증가한다는 점이었다. 그중 하나인 골프장 내장객 또한 1980년 71만 명에서 1982년에는 110만 명에 육박했다. 누군가는 풍문으로만 듣던, 누군가는 꿈만 꾸었던 내장객 100만 명 시대가 한국골프계에도 도래한 것이었다. 1987년에는 220만 명에 달했다. 매해 내장객 증가율도 10% 아래로 떨어진 적이 없었으며, 많게는 34~37%에 이르렀다. 골프장 내장객이 늘어남에 따라 골프장 회원권의 가격도 집 한 채 값인 1억 원이나 할 만큼 천정부지로 치솟았다.

내인가(內認可)로 골프장 신설 지체

1980년대 초부터 업계의 노력과 시대적 변화에 맞물려 골프 인구는 급속도로 늘어났다. 그러나 늘어나는 골프 인구에 비해 골프장 증가가 뒤따르지 못해 부킹대란이 벌어지기도 했다.

골프장 인허가에는 농지법과 산림법, 환경영향평가 등 여러 부처에서 규정한 관련 법규를 통과해야 했다. 트럭 여러 대 분의 서류를 작성해야 할 정도라는 말이 나돌 정도였다. 그런데 '내인가'만 얻으면 착공→공사→준공까지 모든 공정이 원스톱으로 풀렸다.

하지만 골프장 내인가는 그야말로 하늘의 별따기 만큼이나 어려웠다. 고작해야 1년에 2~3건이 내인가를 통과해 허가됐을 정도였다. 그것도 관광진흥 지역에 한해 허가됐다. 그러다 보니 골프장 내인가는 어지간한 뒷배로는 어림도 없는 '황금알'을 얻는 일로 비유됐다. 소문으로만 나돌던 '내인가'는 전두환 대통령의 퇴임 후 사실로 밝혀지며 제5공화국의 대표적인 부정부패 사건 중 하나로 기록되기도 했다.

뒤이은 제6공화국 시절에 100여 건 이상이 인허가 된 것에 비해 제5공화국 시절에는 상대적으로 적은 20여 건에 불과해 수요와 공급의 불균형을 초래했던 것이다. 1979년 말 22곳이었던 골프장은 서울올림픽이 열리던 1988년에는 겨우 38곳으로 늘어날 정도였다. 특히 이 시기에는 지방으로 확산돼 도(道)마다 점을 찍듯 골프장이 들어섰다. 1982년 창원CC(경남지역), 1983년에는 광주CC(전남지역), 1984년에는 설악CC(강원지역), 1987년에는 팔공CC(경북지역), 1988년에는 용평CC(강원지역)와 경남지역에 울산CC와 가야CC가 개장했다.

이처럼 지속적으로 골프장이 개장되고 있음에도 서울올림픽 무렵에는 전국에 117곳의 골프장이 필요하다는 진단이 내려지기도 했다. 1980

년대 중반에는 공산권 국가인 중공·북한·소련 등에도 골프장이 들어서는 등 골프는 지구촌 공통의 스포츠로 확산되고 있었다.

　제5공화국 시절에는 회원권에 대한 규제도 강화됐다. 골프장 회원권 투기 붐과 골프장의 회원권 남발이 일어나자 1983년 5월 골프장 회원의 추가 모집을 금지시켰고, 7월에는 처음으로 회원권에 기준시가를 고시했다. 이어 1984년 9월에는 골프장 신규 회원에 대해서 회원권의 양도·양수를 금지하기까지 했다. 결국 골프장들이 심각한 경영난에 처하자 회원권 양도·양수 금지 조치는 1년 9개월 만인 1986년 6월 해제됐다. 관허요금이었던 골프장 이용 요금도 1987년 7월 자유요금으로 전환해 요금 자율화가 이루어졌다. 골프장 운영에 대한 규제가 좀 느슨해지는 조짐이 보였다.

3 골프 대중화, 체시법 제정과 퍼블릭코스 병설 의무화

1988년에 올림픽을 치르는 나라로서 정부는 사회 전반적으로 많은 규제들을 풀었다. 서울올림픽 개최를 앞둔 1987년 6월 발표한 '6·29선언'을 계기로 스포츠 여가 문화의 대중화 정책을 추진했다.

그중 하나가 골프의 대중화 정책이었다. 골프를 회원권을 가진 특수층만 즐기는 스포츠가 아니라 다양한 운영 방식을 도입해 일반 대중들도 즐길 수 있게 하겠다는 것이었다. 저렴한 비용으로 이용할 수 있는 퍼블릭코스를 만들면 세금 감면 혜택을 주기로 하는 등 골프 대중화의 깃발을 높이 올렸다.

내인가제 폐지와 대중화 정책 추진

88서울올림픽이 끝난 후 한국 경제사회는 비약적으로 발전했다. 1989년에 해외여행 자유화가 시행됐고, 해외 명품 브랜드가 들어오고 새로운 트렌드와 함께 고학력 전문직의 젊은 층에서 골프에 관심을 갖기 시작했다. 때맞춰 골프장 정책의 일대 혁신이 이루어졌다. 1988년 서울올림픽 개최로 국민들의 레저문화에 대한 욕구가 늘어나자 노태우 대통령은 보통사람들도 골프를 즐기도록 하겠다며 골프의 대중화를 추진했다.

1988년 6월 15일, 청와대 내인가를 폐지하고 각 시도로 위임해 인·허가 규제부터 완화시켰다. 이는 골프장 폭증의 출발점이 됐다. 노태우 대통령이 내인가 대신 시·도지사에게 권한을 위임해 훗날 제6공화국은 '골프공화국'이란 별칭까지 달게 됐다.

1989년 7월 1일 '체육시설 설치·이용에 관한 법률(이하 체시법)'을 제정하면서 골프장 업무를 교통부에서 체육부로 이관시킨 것도 골프장 인가 폭증의 원인으로 작용하기도 했다. 그동안 관광시설로 해석됐던 골프장업이 체육시설로 재해석된 것이었다. 이 법률의 제정으로 각 부처에 흩어졌던 골프장·스키장·각종 체육도장·수영장 등 모든 체육시설업이 체육부로 이관됐다.

이에 앞서 전국 골프장의 입장을 대변하고 있던 한국골프장경영협회는 관광업으로 분류돼 교통부가 관할하고 있던 골프 업무를 체육부로 이관해 줄 것을 정부에 건의했다. 골프가 아시안게임 종목에 들어가 있는데 관광업이란 말도 되지 않고, 특수층의 스포츠란 인식을 씻기 위해서도 체육부가 맡아 종합체육시설로 대중화를 서둘러야 한다고 주장한 것이었다.

'체시법'은 오늘날까지 골프장에 관한 특별법으로 자리 잡았다. '체시법' 제정과 체육부 이관이라는 두 가지 획기적인 변화는 한국골프 발전에 크게 기여했다는 평가를 받고 있다.

골프장 업무의 시·도 이관과 '체시법' 제정으로 골프 대중화가 추진되자 지방자치단체들은 세수 확보라는 기치를 내걸고 앞다퉈 골프장 건설 허가를 내줬다. 실제로 골프장 건설을 허가해 주면 취득세와 등록세만 50억 원이 들어왔고, 골프장이 운영되면서 걷는 세금 역시 만만치 않았다. 그래서 "골프장 하나가 웬만한 군을 먹여 살릴 수 있다"는 말이 나오기도 했다.

노태우 대통령 시절이던 1988년부터 1993년까지 5년간 사업승인을 받은 골프장은 모두 139곳이었고, 문을 연 골프장은 31곳이었다. 앞서 1980년부터 1987년까지 7년의 전두환 대통령 시절에는 30여 곳이 인허가를 받았고, 개장은 20곳에 그쳤다.

골프장 허가 남발에 따른 부작용

신규 골프장 건설을 폭발적으로 늘게 한 제6공화국의 골프 대중화 정책은 그리 오래지 않아 후유증이 나타나기 시작했다.

골프장의 증가로 하늘의 별따기만큼이나 어려웠던 부킹난은 다소 해소됐지만 회원권 분양의 어려움으로 골프장이 도산하는 사례가 늘어났다. 1990년 11월 골프장 허가 남발로 그린벨트가 훼손되고 산림과 녹지가 마구 파헤쳐지고 있으며 '골프장이 황금의 투자 대상은 옛말'이라는 신문 기사가 나오기 시작했다. 골프장 부지는 물론 사업 승인을 받은 골프장을 송두리째 팔겠다는 매물이 늘어나면서 전국에 10곳 이상의 골프장 매물로 나와 있다는 것이었다. 자금난과 완공 후 회원권 분양 전망이 불투명하기 때문이었다.

게다가 토목공사를 맡은 건설회사들로부터 공사비 독촉을 받거나 골프장 매각을 강요당하는 등 부도위기까지 몰리는 최악의 상황에 놓여 있었다. 일부 건설사는 토목공사비를 받기 위해 회원권 분양에 직접 나서기도 하고, 공사대금을 회원권으로 대신 받기도 했다.

정부가 나서서 상황을 해결하고자 했다. 신설 골프장의 집단 도산을 막기 위해 신설 골프장에 부과되는 각종 부담금(개발이익 부담금·대체농지조성비·체육개발지원비 등)을 감면했다. 또 엄격한 15일분 빗물저류조 건설기준에 따른 과다한 건설비 40억 원을 줄여주고, 부도를 촉진하는 원인으로 지적됐던 영업허가 전 양도양수를 해제했다. 그러나 특혜 의혹이 일자 재검토에 들어가기도 했다. 자금부족으로 공사가 중단된 신설 골프장 중에서 3곳의 36홀 골프장 중 1곳을 정부가 인수하기로 했다.

제6공화국 때 허가 받은 신설 골프장들의 어려움은 계속됐다. 김영삼 정부로 정권이 교체되자 정부의 사정 활동 강화에 따라 개장 지연이 속출했다. 특히 경기도 골프장들이 경영난으로 거액의 지방세를 체납하고, 개장을 앞둔 골프장들도 회원권이 팔리지 않아 부도가 이어졌다.

1990년대 초 건설허가를 받고도 1995년 7월까지 착공하지 못한 골프장이 70여 곳에 달했다. 1996년 초까지 공사를 시작하지 않으면 자동적으로 허가가 취소되는 상황에 몰린 것이었다. 골프장의 허가 남발로 회원권 분양이 부진하자 정부는 1994년 1월 '체시법'을 개정해 착공기한을 최대 6년 4개월까지 연장해 주는 특혜를 주기도 했으나 상황은 별반 나아지지 않은 것이다.

신설 골프장의 퍼블릭코스 병설 의무화

국민소득이 높아지면서 여가 생활에 대한 욕구 또한 고조되자 골프의 저변이 크게 늘어났다. 때맞춰 88서울올림픽 개최를 앞두고 노태우 정부는 골프 대중화를 선포하기에 이르렀다. 골프장 내인가를 폐지한 노태우 정부는 1989년 퍼블릭코스 확산을 위해 신설 골프장의 퍼블릭코스 병설 의무화를 추진했다. 회원제 골프장은 18홀 당 6홀 비율로 퍼블릭코스를 조성해야만 사업계획 승인이 나도록 한 것이었다. 27홀 규모의 골프장은 9홀의 퍼블릭코스를, 36홀에는 12홀 규모의 퍼블릭코스를 건설해야 했다. 사실 퍼블릭코스 할당은 강압적인 방침이었다.

골프 대중화를 부르짖었지만 '황금 알을 낳는 거위'인 회원제를 마다 하고 자기 돈을 전부 투자해야 하는 비회원제인 퍼블릭코스, 대중들을 위한 골프장을 지으려 하지 않았다. 그래서 궁여지책으로 '병설 의무화' 시책을 꺼내든 것이었다. 대신 퍼블릭코스 건설에는 세금 감면이란 혜택을 주었다.

만일 부지확보 등을 이유로 퍼블릭코스를 설치하지 못할 때에는 대신 기금을 내도록 했고, 이를 활용해 정부 주도로 퍼블릭코스를 짓도록 했다. 1홀 당 5억 원을 일반 골프장 조성비로 납부하도록 한 것이었다. 이같은 체육부의 편의주의 행정에 업계는 당연히 반발했지만 따를 수밖에 없었다.

이 같은 분위기에서 한국 1호 정규 퍼블릭코스가 탄생했다. 1990년 7월 36홀의 레이크사이드CC가 문을 열었다. 일본에서 골프장을 경영하던 재일교포 윤익성이 고국의 골프 발전을 위해 '퍼스트 펭귄'으로 나서 과감히 투자한 것이었다. 당시 한국의 골프장 49곳 중 회원제가 42곳으로 한국은 회원제 골프장 천국이었다. 퍼블릭코스는 레이크사이드CC 1곳뿐이었고 뚝섬골프장과 같은 6곳의 간이 퍼블릭코스가 있었다.

이에 힘입어 전국에는 간이형 코스와 퍼블릭코스 즉, 회원제가 아닌 대중제 형태의 골프코스가 만들어졌다. 그러나 1990년대 개장한 대부분의 골프장은 회원제로 지으면서 동시에 퍼블릭코스를 병설하는 형태였다. 18홀이나 27홀의 회원제 골프장이 부설로 6~9홀 규모의 퍼블릭코스를 만든 것이다.

한편 용인의 은화삼CC는 1990년 5월 국내 최초로 퍼블릭코스 조성 기금으로 30억 원을 납부했다. 이렇듯 코스 부지가 협소해 홀수를 추가하지 못한 여러 신설 골프장에서 납부한 기금을 한 데 모아 정규코스 형태의 퍼블릭코스를 만들기도 했다. 2006년에 개장한 18홀 규모의 퍼블릭코스인 남여주CC가 그것이다.

그런가 하면 신설 골프장 개장 요건을 대폭 완화해 줬다. 문체부가 1994년 3월 '체시법'을 개정해 골프장을 신축할 때 회원제일 경우 9개 홀만 완공하면 부분 개장해 내장객을 받을 수 있도록 해 준 것이었다. 또 골프장은 이미 완공했으나 18홀 당 6홀씩 의무적으로 조성하도록 돼 있는 퍼블릭코스를 완공하지 못해 영업에 들어갈 수 없었던 업체들도 '완공 후 18개월 이내에만 건설하면 가능하다'는 규정을 새로 만들어 구제하기도 했다. 이에 대해서는 강압적으로 추진했던 신설 골프장의 퍼블릭코스 병설 의무화 제도의 성과가 예상만큼 성공적이지 못하다는 여론도 많았다.

기대에 못 미쳤으나 자리잡아가다

노태우 정부에서 시작된 신설 골프장의 퍼블릭코스 병설 의무화 제도는 김영삼 정부에 이어 김대중 정부 초기인 1999년까지 시행됐다.

제5공화국 7년 동안 20곳의 골프장이 개장됐으나 골프의 대중화를 선언한 제6공화국이 시작된 1988년부터 1993년까지 6년 동안에는 31곳의 골프장이 새로 만들어졌다. 골프장이 늘어나면서 1990년대는 해마다 10여 곳씩 증가해 마침내 1996년에 이르러 마침내 한국의 골프장은 100곳을 넘겼다.

취임과 동시에 '공무원 골프 금지령'을 내렸던 김영삼 대통령의 문민정부 5년에도 40곳이나 개장했다. 이때는 퍼블릭코스가 18홀이나 27홀의 회원제 골프장 부설로 만든 6~9홀 규모였다. 노태우 대통령에 이어 김대중 대통령 또한 골프의 대중화를 선언했다. 1999년 11월 당시 회원제 골프장 가운데 20곳 정도가 퍼블릭코스를 조성하고 있었다.

어쨌든 1999년 11월 당시 21곳의 회원제 골프상이 퍼블릭코스를 운영하고 있었다. 10여 년 동안 추진된 신설 골프장의 퍼블릭코스 병설 의무화가 골프 대중화에 얼마나 기여했는가에 대한 총평은 기대보다 큰 실효를 거두지 못했다는 쪽으로 기울었다.

퍼블릭코스를 건설하거나 운영할 때는 회원제보다는 세금 감면 혜택이 크지만 사업성을 보장하기는 어려웠다. 무엇보다도 퍼블릭코스는 자기 자본이 많이 들어가야 한다는 점 때문에 기피됐다. 반면 자신의 재력을 투자해 정부로부터 중과세 감면혜택을 받는 퍼블릭코스를 만든 다음 장래의 영업 전략과 기업의 비즈니스 목적으로 채우는 경우도 있었다.

정부 정책과 세금 혜택에 힘입어 퍼블릭코스가 점진적으로 늘어났다. 특히 골프에 관심 갖고 건강과 친교, 비즈니스 차원에서 일반 대중들이 퍼블릭코스를 많이 찾으며 퍼블릭코스가 확산됐다. 하지만 여러 가지 문제점도 나타나기 시작했다.

정부 방침대로 회원제에 병설된 퍼블릭코스는 회원제에 비해 수준이 떨어지지만 나름 취지를 살려 운영됐다. 그러나 일부 골프장은 처음 의도한 퍼블릭코스의 취지를 아예 무시하기도 했다. 그냥 27홀 규모로 수용해 회원들을 돌리는 등 편법 운영을 한 것이다. 무엇보다 일부 퍼블릭코스는 회원을 모집하지 않는다는 점에서만 비회원제일 뿐이었다. 그린피나 골프를 즐기는데 들어가는 제반 경비는 회원제와 비슷했다. 이처럼 무늬만 퍼블릭코스이고 속내는 회원제와 다르지 않아 정작 골프 대중화와는 거리가 있는 곳도 많았다.

1990년대만 해도 회원제 골프장을 지으면서 의무 사항으로 퍼블릭코스를 건설해야 했는데, 퍼블릭코스가 회원제에 비해 세금 혜택을 누리게 되면서 아이러니하게도 2017~2020년 사이에는 40~50여 곳의 회원제 골프장이 대중제인 퍼블릭코스로 전환하는 역전 현상이 나타나기도 했다.

4 '캐디없는 골프장'은 가능할까

골프가 한국에 들어오면서 캐디와 캐디봉사료(캐디피)에 대한 논란이 계속됐다. 특히 1990년대 들어 골프인구가 폭증하고 관심도 높아진 만큼 캐디 제도와 캐디피에 대한 불만도 높아졌다. 캐디피가 관례화된 것은 캐디 역할이 단순한 골프백 운반이 아니라 서비스 측면까지 요구되면서였다. 고마움의 표시였던 캐디피가 1975년에는 600원으로 공식화됐고, 1985년 5,000원으로, 1991년 10월에는 3만 원까지 크게 올랐다.

이런 상황에서 무리한 팁 요구에 대처하기 위해 체육부는 캐디 없이 골프를 칠 수 있는 제도를 마련하겠다고 나섰다. 골프장이 늘어나면서 캐디도 증가해 상대적으로 산업체 취업인력이 감소되고 있다며 캐디 고용을 강력히 억제할 것이라는 이야기도 있었다. 정부에서 공직자들이 골프를 칠 때 '캐디 안 쓰기' 운동을 벌여나가기로 했다는 이야기도 나돌았다.

그런 상황에서 대구CC 캐디들이 캐디피를 내려 받기로 결정해 골프업계에 신선한 바람을 불러 일으켰다. 1991년 9월 캐디 300여 명은 캐디피가 골퍼들의 부담을 가중시킨다는 데 인식을 같이하고 골프 대중화에 앞장선다는 뜻으로 이 같은 결정을 내렸던 것이다. 캐디 1명당 5,000원씩 내려 받기로 결정해 골퍼들의 호응을 받았다.

한편 대구CC는 1991년 9월 회원제 골프장으로는 전국에서 처음으로 매주 월요일 전체 필드를 퍼블릭코스와 같이 노캐디로 운영했다. 이는 내장객들이 직접 골프장비를 백에 꾸려 카트를 끌고 필드에 나가는 것으로 캐디 이용료가 절감될 뿐만 아니라 캐디 구인난을 해소하기 위한 방편이기도 했다. 월요일 노캐디제는 내장객들로 인한 골프코스의 손상과 플레이 중 안전상의 문제점을 고려해 단계적으로 확대시켰으며, 월요일 노캐디제로 골프 대중화에 앞장서 나가기로 했던 것이다.

남자에서 여자로, 인기직업이 된 캐디

골프장을 찾게 되면 반드시 만나야 하고, 싫든 좋든 함께 가장 오랜 시간을 보내야 하는 사람이 캐디다. 그날의 스코어도 문제지만 캐디를 잘 만나고 못 만나는 데 따라 모처럼의 하루 기분이 좌우될 수도 있기 때문이다. 특히 스코어를 중요시하는 골퍼에겐 캐디가 절대적인 영향을 준다. 지형·거리·그린의 상태와 라이 등을 캐디만큼 잘 아는 사람이 없기 때문이다. 큰 대회에서 우승한 세계적인 프로골퍼 뒤에는 유능한 캐디가 큰 역할을 한 사례가 얼마든지 있다.

아마추어골퍼들에게도 캐디의 영향은 절대적이다. 캐디는 러프에 들어간 골프공을 찾아주고 거리를 파악해 알맞은 골프채를 선택해 준다. 또 헤드업이나 스탠스의 잘못을 지적해 주기도 하는 등 때로는 레슨까지 해 준다.

특히 심판이 없는 골프경기에서 캐디는 심판의 역할은 물론 보조자 역할까지 하게 된다. 노련한 캐디를 만나면 스코어를 줄일 수도 있고, 자세 교정까지 할 수 있다는 골퍼들의 말을 보면 캐디는 프로뿐만 아니라 아마추어골퍼에게도 꼭 필요한 존재로 부각되고 있다.

국내 골프장에 캐디가 처음 선보인 것은 대략 100년 전쯤으로 알려져 있다. 1900년 함남 원산의 영국 세관 내에 골프장이 설치되면서 당시 영국인들이 인근 주민들을 캐디로 썼다고 하는데 1921년 효창원코스가 개장되면서 본격화됐다. 이때의 캐디들은 전문 직업인이 아니라 골퍼의 직장 사환이나 집안의 머슴이었고, 총독부 관리는 총독부에 근무하는 노무자를 데려왔다. 가끔 인근 마을 농부를 고용할 때도 있었다고 한다. 이처럼 다소 어설펐던 캐디는 1930년 군자리코스가 생기면서 새로운 변화를 맞았다.

골프 인구가 늘어나면서 임시 캐디로서는 내장객을 감당할 수 없게 되자 캐디마스터를 두고 그날 필요한 인원을 마을에 연락해 일손이 없는 남자들을 고용하곤 했다. 농번기에는 농부의 자제들이, 농한기에는 농부가 직접 캐디로 동원됐다.

남자의 직업이던 캐디가 여자의 직업으로 바뀌기 시작한 것은 1954년 군자리코스가 다시 문을 열 때 여자 캐디를 모집하면서부터였다. 남자의 직업처럼 돼 있었던 캐디가 여자가 충분히 할 수 있고, 무뚝뚝한 남자보다는 상냥한 여자 캐디를 골퍼들이 원하면서 점차 여자만이 할 수 있는 직업으로 변해 갔다. 1960년대 들어 골프장이 점차 증가하고 골프가 손님 접대로 이용되면서 여성 캐디는 더욱 증가했다.

정부의 '캐디없는 골프장'은 왜 성공하지 못했나

1980년대 말부터 골퍼들의 동반자이자 조력자이면서 꼭 필요한 존재로 부각되고 있던 캐디를 없애야 한다는 여론이 대두되기 시작했다. 당시 언론 기사를 통해 이와 관련된 분위기를 살펴 볼 수 있다.

"체육부는 전국에서 골프장이 늘어나면서 캐디도 증가해 상대적으로 산업체 취업인력이 감소되고 있다고 지적, 캐디 고용을 강력 억제하기로 했다. 신설골프장의 경우 캐디 채용을 최소한으로 줄이고, 기존 골프장은 결원 보충을 금지하며, 대중골프장은 캐디를 고용하지 않도록 한다는 것이다. 전국 45곳 골프장에 1만 2026명의 캐디가 근무하고 있다."(<경향신문> 1990년 11월 26일자)

"체육청소년부는 장차 일반인도 캐디 없이 골프를 하도록 신설골프장은 카트나 전동차, 컨베이어벨트 등을 이용해 경기를 하도록 하는 '캐디 고용금지 방침'을 세워 캐디 없는 골프장 시대를 예고하고 있다. 체육청소년부는 이미 모든 골프장에 캐디의 신규 채용을 금지하도록 하고 있으나 앞으로 이 지시를 더욱 강화해 지도·감독할 예정이다. 특히 대부분의 골프장들이 수입 감소 등의 이유로 카트를 사용하지 못하도록 만들고 있는 분위기도 점진적으로 쇄신해 나갈 계획이다."(<동아일보> 1991년 4월 28일자)

정부의 '캐디 없는 골프'라는 방침에 대해 골프장업계는 난색을 표했다. 골프장 유지관리와 연계돼 발생하는 어려움과 캐디 없이 경기가 진행될 경우 팀당 소요시간이 6~7분에서 15분 정도로 늘어나게 돼 수입이 절반으로 떨어질 수 있다고 하소연했다.

또 캐디가 없으면 페어웨이의 디봇 자국을 즉시 손볼 수 없어 수백 명의 잔디관리 직원을 고용해야 하고, 이들을 고용해도 캐디처럼 디봇 자국을 바로 찾을 수 없어 잔디 상태가 나쁠 수밖에 없다는 주장도 폈다. 골프장들은 이 같은 이유를 들어 '캐디 없는 골프장 시대'가 자칫 더 많은 비용 부담을 몰고 올 수 있어 신중한 대처가 필요하다고 지적하기도 했다.

정부의 방침에 당시 골프장업계를 대변하던 한국골프장경영협회는 어쩔 수 없이 산하 골프장에 1995년까지 캐디를 모두 없애고 이에 대비해 각 골프장이 골프카나 모노레일을 설치하든지 카트를 준비하도록 했다. 그러나 이들 구입에 막대한 비용이 들어 이를 금융기관 등으로부터 차입해야 하나 정부가 최근 골프장에 대한 금융기관의 대출을 중지시켜 규제가 풀릴 때까지는 캐디제를 존속시켜야 할 형편이었다. 거기에다 정부와 골퍼들의 협조 부족으로 이루어지기 어려워지고 있었다.

결국 1인 1캐디 시스템이 2인 1캐디 시스템으로, 4백 1캐디 시스템으로 바뀌면서 캐디의 수는 줄었으나 캐디제는 여전히 존속되고 있다.

5. '골프 금지령', '해저드'에 빠진 골프산업

　1993년 2월 문민정부를 표방하며 취임한 제14대 김영삼 대통령이 골프 중단을 선언하고, 공직자에 대한 사정 한파가 계속되면서 골프가 도마 위에 올랐다. 이른바 '골프 금지령'으로 받아들여지면서 골프장에 한파가 몰아닥친 것이었다.

　골프 회원권이 매물로 쏟아지고, 공매 처분의 위험에 처한 골프장이 늘어났다. 당연히 운영 중인 골프장들 또한 울상을 짓지 않을 수 없었다. 공직자의 청탁성 부킹 압력이 줄어들고, 각종 사치와 퇴폐풍조를 몰아내는 등 골프장이 건전한 체육시설로 정착할 좋은 기회라는 평가도 있었다. 그러나 공무원 골프와 일반인 골프를 차별화하는 것은 사리에 맞지 않는다는 비판 또한 컸다. 사정한파에 따라 공직자들의 골프장 출입이 자제된 이후 찾아온 또 하나의 시련은 금융실명제 실시에 따라 골프용품 업계가 유례없는 불황을 맞기도 했다는 것이었다.

골프에 대한 역사적 첫 기록은 '금지령'

　골프의 역사와 함께한 '골프 금지령'은 아이러니하게도 지금까지도 이어져 내려오고 있다. 골프 금지령은 왜 중세부터 현대까지 끈질기게 지속돼 왔을까?

과거에도 골프 금지령은 존재했고, 지금보다 훨씬 엄중했다. 지금은 골프 금지령을 어겨도 징계나 과태료 정도의 처분에 그친다. 하지만 과거에는 목숨이 왔다갔다 하는 문제였다. 1457년 스코틀랜드의 국왕 제임스 2세는 골프 때문에 군사 훈련이 제대로 이루어지지 않는다는 이유로 세계 최초로 골프 금지령을 내렸다. 세계 최초의 '골프 금지령'이자, 세계 최초의 골프에 관한 '공식 기록'이기도 하다. 이렇듯 골프의 역사는 골프 금지령과 함께 시작됐다고 해도 과언이 아니다.

이후 제임스 2세의 아들인 제임스 3세가 1470년에, 그 아들인 제임스 4세는 1491년에 연이어 골프 금지령을 내렸다. 이 같은 골프 금지령에도 불구하고 스코틀랜드 사람들은 골프를 즐겼다고 한다. 골프의 달콤한 유혹을 금지령으로 막을 수 없었던 것이다. 이후 골프 금지령의 명분이었던 스코틀랜드와 잉글랜드의 전쟁이 1502년 막을 내리며 제임스 4세는 골프 금지령을 폐지했다. 재미있게도 이후 제임스 4세는 골프를 탄압하는 국왕이 아닌, 골프를 사랑하는 국왕으로 역사에 기록돼 있다.

과거 스코틀랜드가 그러했듯 대한민국의 골프 금지령도 비슷한 상황이 벌어졌다. 고위층에서 골프를 금지하거나 자제할 것을 명령하지만 사람들은 이를 무시하거나 몰래 골프를 계속 즐겨왔다. 그야말로 역사의 반복이었다.

수십 년 전만 해도 한국은 지금처럼 골프가 대중화되지 않았고, 그만큼 골프 금지령도 낯설게 느껴지지 않았다. 제임스 2세처럼 왕명으로 금지하고 어기면 목이 달아날 걱정을 할 정도는 아니었지만, 분명 골프 금지령은 여러 번 논의되고 시행됐다.

예를 들어 1968년 무장공비 남침과 베트남 전쟁 참전으로 사회적으로 큰 파문이 인 가운데 이만섭 국회의원이 내정부 질문에서 "정부 고관들이 골프를 치지 않을 용의가 있느냐"고 질문하고, 정일권 총리가 "골프 금지 문제는 개인이 알아서 할 일"이라고 답변했다는 기록이 생생히 남아 있다. 국회와 정부가 골프 금지령 문제를 두고 설전을 벌일 만큼 골프 금지령이 사회적으로 진지하게 받아들여졌던 것이다.

사실 이만섭 전 국회의장도 가끔 골프를 즐겼는데 그 실력은 초보자를 갓 넘은 수준이었다. 한번은 대구CC에서 골프를 하게 됐다며 대학교 후배인 나에게 골프채를 빌린 적이 있었다. 잘 치고 갔다고 연락은 왔는데 정작 내 골프채를 보니 드라이버가 골병이 들어 있었다. 다시 연락을 해서 물어내라고 했더니 "그래, 내가 대통령되면 그때 새 걸로 사줄게"라며 껄껄 웃던 호방한 목소리가 아직도 귀에 생생하다.

김영삼 정부 시절은 골프 암흑기

1960년대부터 경제가 어려워져도, 사회적인 문제가 생겨도 골프 금지령이나 자제령이 내려지기도 했다. 공무원의 골프 금지령은 정권 교체기나 국가의 비상사태, 대형 사건사고나 골프와 관련된 공직자 비리 발생 때 공직기강 확립 차원에서 내려지곤 했다. 그래서 공직사회 기강잡기의 대표적인 조치로 비쳐졌다.

골프 금지령이 본격적으로 회자된 것은 1993년에 시작된 김영삼 정부부터라고 할 수 있다. 김영삼 대통령은 골프를 쳤지만 1992년 대통령에 당선되면서 재임 중에는 골프채를 잡지 않겠다고 선언했다. 김영삼 대통령은 이를 실천에 옮기기 위해 취임하자마자 청와대에 있던 골프연습장을 철거했고, 청남대에 있던 미니 골프장도 무용지물화 했다.

공직자들의 발도 묶었다. 기업하는 사람도 치지 못하게 했다. 당연히 골프업계는 죽을 맛이었다. 골프장도 안 되고, 골프 용품점과 골프장 주변의 음식점도 타격을 받았다. 하늘 높은 줄 모르고 치솟던 회원권 가격이 폭락하면서 사상 초유의 회원권 투매 현상이 나타났다. 그래서 김영삼 정부 시절을 골프계에서는 '골프의 암흑기'라고 불렀다.

〈경향신문〉 박건만 기자의 골프산책 중에서 '문민골프 악연 메들리'라는 제목의 기사가 눈에 띈다. 김영삼 정부 시절의 골프 금지령을 잘 요약해 주고 있기 때문이다.

> "재임기간 중 골프를 치지 않겠다는 김영삼 대통령의 한마디는 위력적이었다. 결과는 곧바로 나타났다. 고위공직자 등의 재산공개가 맞물리면서 골프회원권 가격이 급락하는 것은 물론이고 골프장도 썰렁했다. 문체부장관은 국내에서 열리는 국제 골프대회 시타마저 거절하는 등 당시 분위기로는 '골프=공적 1호'였다. 골프장 관계자들은 모두 '어떻게 해서든지 5년만 참자. 그러면 좋은 세상이 오겠지' 하며 한숨을 내쉬었다. 하지만 김대통령의 임기가 1년여 남은 올 들어 공직자들도 필드에 나오면서 저마다 부킹을 못해 안달일 만큼 호황을 누렸다."(〈경향신문〉 1997년 12월 8일자)

김영삼에 이어 취임한 김대중 대통령도 골프에는 상당히 부정적인 것으로 알려졌다. 야당총재 시절에는 "골프장을 없애 논밭을 만들어야 한다"라고 주장하기도 했다. 그러나 1997년 대선 당시에는 보수층을 의식해 골프 대중화를 강조하는 등 다소 긍정적인 면을 보였다. 박세리가 IMF 외환위기 때 LPGA투어에서 우승을 거둠으로써 국민의 사기를 북돋아준 것도 김대중 대통령의 골프에 대한 인식 변화에 힘이 됐다. 1999년에는 "골프는 이제 더 이상 특권층의 스포츠가 아니며 중산층과 서민 모두 골프를 즐길 수 있도록 퍼블릭코스로 개발해야 한다"고 권장하기도 했다.

골프의 '제2의 중흥기'는 노무현 대통령의 참여정부 시절이라는 평가가 많다. 노무현 대통령은 "골프장 건설과 관련해 규제 실태를 조사하라"는 지시를 내렸고, 인허가 기간과 조건을 완화해 골프장을 200~300곳 더 늘리겠다고 했다. 이에 따라 입지와 인허가 절차를 단축하는 등 다양한 지원책이 이어졌다. 이를 통해 골프장 500곳 시대를 여는 기반을 마련할 수 있었다.

김대중·노무현 대통령은 골프를 막지 않았지만 이명박 정부에서는 잠시 골프 금지령이 부활하기도 했다. 이명박 대통령은 취임 초기 우회적으로 골프 자제를 요구하면서 공직사회가 사실상 골프채를 내려놨다. 박근혜 대통령은 암묵적으로 공무원의 골프 금지령을 내리기도 했지만 프레지던츠컵 개최를 계기로 분위기를 완화해 주기도 했다.

대한민국에서 '골프 금지법'이 공식적으로 제정되고 실행된 예는 없다. 하지만 공무원 등 공직자들을 타깃으로 한 금지령은 수시로 내려졌다. 대통령이 직접 금지했다는 말이 떠돌아 논란이 되자 청와대 대변인이 "대통령께서 그런 말을 한 적은 없다"고 부인하면서도 이후 골프가 바람직하지 않다고 언급한 사례가 있는가 하면, 검찰총장이 일선 검찰에 골프 금지령을 내린 사례도 있고, 골프 금지령을 무시하고 골프를 쳤다가 좌천된 공직자도 있었다.

골프 금지령은 왜 중세부터 현대까지 끈질기게 지속돼 왔을까? 과거 사치스러운 귀족 스포츠의 이미지가 강했고, 실제로 그러했기 때문이다. 그래서 나라가 어려워지면 골프는 '사치'나 '사람들을 타락시키는 행위'로 취급받아 금지의 '타깃'이 됐다.

6 내장객 급증에 따른 부킹 전쟁의 백태

1980년대 중반 이후 골프 인구가 꾸준히 늘어났지만 골프장 신설이 이를 따르지 못하게 되자 1980년대 후반부터 심각한 부킹 전쟁이 벌어졌다. 이러한 부킹 전쟁과 이에 따른 후유증은 1990년대에 들어서면서 더욱 심해졌다. 어느 정도 상황이었는지 당시 신문기사에서 살펴볼 수 있다.

"주말·휴일 예약이 더욱 어려워지자 온갖 지혜를 동원해 예약을 시도. 종전에는 다이얼 회전이 빠른 전화기를 여러 대 놓고 비서나 전 가족을 동원하는 방법이 주류를 이뤘으나 최근에는 골프장 예약전화번호가 기억된 단축다이얼(원터치) 전화기를 이용한다. 통화예약 기능을 갖춘 전화기에 원하는 골프장 전화번호를 기억시켜놓고 버튼만 누르면 자동으로 연결되도록 해 예약을 손쉽게 하고 있는 것이다. 그래서 전자제품 취급상에서는 이 기종의 수요가 급증하고 있으며, 일부 골퍼들은 고가의 외제를 구입하기도. 실제로 효과가 있었다고 한다."(<매일경제신문> 1988년 4월 1일자)

"골프장들이 일주일 동안의 예약접수 전화를 받는 매주 화요일 오전이면 서울시내 전화 국미다 골프장 예약전화가 교환기와 시내 통신

선로를 점유해 버려 다른 일반 전화 가입자의 전화가 불통되는 일이 자주 일어나고 있다. 화요일 오전마다 직장상사의 골프장 예약을 처리하느라 애를 먹는다는 현대건설 담당자는 '골프장의 예약전화는 몇 대 안되고 전화 거는 사람은 수백 명이나 돼 통화가 될 때까지 늘 1~2시간을 전화통을 붙잡고 씨름을 한다'고 말했다. 골프장의 매일 전화예약제도가 절실한 상황이었다."(<한겨레신문> 1989년 10월 12일자)

평일예약제로 부킹 전쟁 해소에 나서다

회원제 골프장 운영의 성패는 회원 서비스에 달려 있다. 회원 서비스의 가장 큰 잣대는 회원권 시세와 원활한 예약 서비스라고 할 수 있다. 1990년 8월 회원권 가격이 바닥을 모르고 떨어지자 골프장들은 회원 서비스를 강화했다. 평일에도 회원만 출입이 가능하도록 하고 회원에 대한 비회원 동반 허용, 서면부킹제도 신설, 카드 사용 허용 등 회원 우대책을 속속 내놨다.

그런가 하면 골프 인구가 폭증하기 시작한 1991년에는 골프 예약을 둘러싼 여러 가지 문제점이 불거졌다. 골프 예약은 하늘의 별따기로 비유됐다. '골프 부킹 전쟁'이라고도 했다. 그야말로 '총성 없는 전쟁'이 단 한차례의 휴전도 없이 매주 계속되고 있었다. 부킹 전쟁에는 주말과 주중이 따로 없었다. 주말은 물론이고 주중에도 부킹이 어렵기는 마찬가지였다. 오죽하면 어떤 이는 골프를 '금프'라고 불렀겠는가. 부킹이 어려워 필드에 한 번 나가보는 것이 금을 캐는 것만큼이나 어려운 것을 빗댄 말이었다. 부킹 전쟁이 계속되고 있는 근본적인 원인은 골프를 치고 싶어 안달하는 사람은 폭발적으로 늘어나는데 비해 골프장 수가 턱없이 모자라는 데 있었다.

당시 전국 48곳 골프장은 주말 골프 예약을 매주 화요일 오전 9시부터 11시 사이에 일제히 전화접수로 받았다. 이 때문에 통화량이 한꺼번에 몰리면서 통화 체증이 심각해지자 한국통신은 체육청소년부와 전국골프장사업협회에 골프장 전화 예약 시간을 바꿔달라고 요청할 정도였다.

통화체증이 일다 보니 회원 입장에서도 계속 통화 중 신호음만 들렸고, 어쩌다 통화가 돼도 예약이 끝났다는 답변만 돌아오기 일쑤였다. 그러다 보니 예약에 관한 공정시비가 늘 뒤따랐다. 급기야 화가 난 회원이 골프장으로 쳐들어가 예약 현황을 보여 달라며 언성을 높이는 일도 빈번했다.

특히 회원의 날이면 골프장 접수창구에 지켜 서서 회원이 아닌 사람이 예약했는지 감시하는 회원이 생겨날 정도였다. 뿐만 아니라 예약 담당 직원들에게 금품을 주는 사례도 많아 예약 질서를 어지럽히는 일도 일어났다. 보다 합리적인 예약제도 마련이 시급했다.

이런 상황은 대구CC도 예외는 아니어서 예약 방식의 변화가 요구됐다. 대구CC는 문제가 심각해지자 1992년 들어 전화로 예약하던 주중 단체 부킹을 좀 더 편리하고 공정하게 운영하기 위해 신청서 제출 방식을 도입했다. 소정 양식의 신청서를 작성해 경기하기 전달(전월 초 1일~4일)까지 경기과에 제출하면 매달 7일까지 시간 배정을 완료하기로 한 것이다. 또 공인 단체와 등록 단체도 사정이 허락하는 한 예약 편의를 제공했다.

회원의 날 운영 방식 개선

대구CC는 회원의 날 운영 방식도 개선했다. 1992년 이전에는 회원의 날 예약을 도착순으로 받았으나 이를 팩스 접수로 변경했다. 대구CC는 매달 둘째와 넷째 일요일을 회원의 날도 운영했다. 회원의 날이 아닌 첫째

와 셋째 일요일은 전화 ARS로 사전 예약을 받았으나, 회원의 날에는 사전 예약이 아니라 선착순으로 입장하도록 했다. 그러자 생각지도 못한 진풍경이 벌어졌다.

회원의 날이면 새벽 3~4시부터 회원들이 골프장 앞에 줄을 서는 것이었다. 나이 많은 회원들은 ARS 예약이 어려우니까 회원의 날 선착순을 택한 것인데 아침 8시면 마감되니까 새벽 줄서기를 하는 것이었다. 그런데 새벽부터 줄서기를 해서 8시에 등록한 회원은 오후에나 필드에 나갈 수 있기 때문에 또다시 5시간 이상 기다려야 했다. 이 같은 시간 소모는 회원은 물론 관리자 입장에서도 불편하기 짝이 없었다. 이런 문제점을 해결하고자 팩스 신청으로 변경한 것이다. 그러나 팩스 신청이 정착하기까지는 노력과 이해의 시간이 필요했다.

방법을 바꾸니까 일단 부정적으로 보는 것이었다. 선착순 팩스 신청에 무슨 흑막이 있지 않을까 의심을 하는 것이었다. 새벽 3시에 나와서 4~5시간 기다려 티업을 하는 게 얼마나 불편한 일이고 또한 시간 낭비냐고 설명을 하고, 한 팀에 한 명이 아니라 네 명이 다 와야 접수를 해 주었다. "우리가 장난을 치는지 아닌지 우리를 믿고 한번 해 보자, 이 방법도 잘 안 되면 원래대로 되돌려놓겠다"고 설득했다.

몇 달을 팩스 용지에 찍히는 시간을 보여주기도 하며 공정하게 시행했다. 그제야 회원들은 우리의 양심적인 처리를 인정하고 팩스를 보내주었다.

7 박세리 신화, 외환위기 극복의 희망을 주다

1997년 12월 IMF 외환위기가 터지자 내장객이 크게 줄면서 골프장 운영에 바로 타격이 왔다. 회원권 가격은 뚝 떨어지고 골프대회는 대부분 취소됐다. 주중 내장객이 80~90%대이던 예전에 비해 30~40%로 떨어져 절반 수준에도 못 미쳤다. 부킹 전쟁은 옛말이 됐다. 골프장들은 그린피를 내리고 야간조명 사용을 금지하는 등 자구책을 마련해야 했다.

1997년 12월 전국 92곳 골프장을 찾은 골퍼는 연인원 39만 명 정도로 1996년 같은 기간 43만여 명에 비해 13%나 줄어들었다. 6곳의 골프장이 늘어난 것을 감안하면 내장객 감소율은 15%선을 넘는 수준이었다. 이처럼 처음으로 내장객 수가 대폭으로 줄어든 것은 전반적인 경제위기로 기업이 '허리띠 졸라매기'에 들어갔고, 일반 골퍼들도 경제 살리기에 동참해 골프장 출입을 자제했기 때문이다.

골프장 출입은 더욱 만만치 않아졌다. 정부가 1998년부터 특별소비세를 3,900원에서 2만 원으로 대폭 인상함에 따라 골프 관련 세금이 올라 비용 부담이 엄청나게 늘어났기 때문이다. 이에 따라 그린피뿐만 아니라 골프용품 가격도 대폭 인상됐다.

급기야 한국골프사상 최대 위기를 체감한 상징적 현상이 나타났다. 1998년 1월 1일 새해 첫날 수도권 골프장들이 텅 비었다. 직계는 20% 밑게는 40%까지 빈자리가 나왔다. 골프장 관계자는 "1980년대 골프 붐 이후 처음인 것 같다"고 입을 모았다.

골프장 풍속도도 바뀌었다. 예약 사절은 옛말이고 골퍼 모셔오기 서비스 경쟁이 시작됐다. 골프장은 주중 내장객에 한해 9홀 플레이, 5인 플레이도 허용했다. 한동안 일반 골퍼에게 외면당했던 퍼블릭코스가 IMF 외환위기 시대에 들어서면서 내장객이 늘어나는 현상이 나타났다. 배짱 장사도 사라졌다. 캐디피와 클럽하우스 음식 가격 인하는 기본이고 이색적인 서비스 상품까지 내놓았다.

IMF 외환위기 영향으로 골프대회도 없어지거나 중단되기도 했다. 신한동해오픈은 1998년과 1999년 두 해를 쉬었다. 우리 대구CC에서 3회나 개최했던 매일여자오픈은 폐지됐고, 전통의 한국여자오픈은 1998년을 건너뛰었다. 일간스포츠오픈도 사라졌다.

한국여자골프의 세계 점령은 예견된 수순

1997년 IMF 외환위기라는 전대미문의 경제난 속에서도 골프의 인기는 수그러들지 않았다. 아니 IMF 외환위기 사태로 전 국민이 고난에 빠졌을 때 등장한 국민 영웅 박세리는 개인의 영광은 물론, 골프의 인지도와 이미지를 크게 높여 주었다.

박세리가 LPGA투어 메이저 대회인 US여자오픈에서 연장전 끝에 극적으로 우승하면서 골프 환경과 여건이 급격히 개선됐다. 귀국 후 카퍼레이드를 했던 박세리는 신드롬을 일으켰고, 골프를 모르는 사람도 박세리는 알게 됐으며, 골프를 바라보는 일반인의 위화감도 옅어졌다.

박세리의 성공이 몰고 온 의미는 한 마디로 요약하면 우리나라 사람들의 골프에 대한 재인식이다. 박세리가 여자골프를 발전시켰다기 보다는 골프에 대한 사람들의 인식 자체를 바꿔놓았다고 보는 것이 타당할 것이다. 박세리가 거둔 성과로 골프가 일반 국민에게 확 다가간 것이다. 그러니까 한국여자골프를 발전시키기 위해서 박세리와 김미현이 활약한 것이 아니고, 그들이 좋은 성적을 내면서 골프가 국민들에게 친숙하게 다가오고, 거기에 맞춰서 여자골프가 발전을 하게 된 것이었다. 어쨌든 그들의 역사는 한국골프의 중요한 분기점이라 할 수 있었다.

한국여자골프는 그 연륜이 길지 않다. 프로골퍼가 등장한 것이 1978년이었다. 1978년 5월 프로테스트를 거쳐 한국 최초의 여자 프로골퍼 4명이 탄생했다. 강춘자·한명현·구옥희·안종현이다. 이들이 프로골퍼로 활동을 하면서 한국여자골프의 역사가 비로소 시작됐다.

초창기 빈약했던 우리나라 여자프로골프계는 힘든 역사를 지나면서 오늘에까지 이르렀다. 이것은 모두 어려운 환경 속에서도 역경을 헤쳐 온 여자골프계 지도자들의 피땀의 결과라고 생각한다.

1995년 매일여자오픈 때 했던 나의 인사말이 생각난다.

"한국 여성들이 걸어온 인고의 세월은 우리 모두가 역사를 통해 알 수 있다. 특히 인내심과 인간적 섬세함, 목적을 향한 강한 추진력은 틀림없이 골프를 통해 세계적으로 두각을 나타낼 것이다."

두각을 나타낸다는 것이 우리보다 한참 앞서 있던 일본이라도 꺾어주었으면 하는 바람이었으나, 3년 뒤인 1998년 여자골프의 세계무대인 LPGA투어에서 박세리가 우승한 것이다. 아무도 상상하지 못했던 기적 같은 일이 일어난 것이었다. 혼자서 흥분하고 전율했던 순간이 생생하다. 내 예상이 적중한 것이다. 한창 IMF 외환위기로 나라가 극도로 어려울 때였다. 어려움 속에서도 뛰어넘을 수 있다는 박세리 신화를 보며 국민들은 무엇이든 할 수 있다는 자신감을 갖는 계기가 됐을 것이다.

연간 내장객 1000만 명 시대를 맞다

1998년 IMF 외환위기를 맞으면서 국내 골프산업도 크게 위축됐다. 1975년 이후 단 한 번도 골프장 내장객 수가 줄어들지 않고 증가를 보여 왔지만 1998년엔 전년에 비해 무려 13.8%가 감소해 국내 골프시장이 처음으로 위기에 직면했다. 그러나 이러한 위기는 채 1년도 가지 못해 사라졌다.

박세리 열풍 이래 1999년 10월에는 대통령이 직접 '골프 대중화'를 선언하면서 상황이 훨씬 좋아졌다. 정부는 2000년 1월부터 골프 대중화를 촉진하고자 대중골프장에 개별소비세 면세와 재산세 등의 세금 감면 혜택을 주면서 일반 골퍼의 그린피 부담을 덜어주었다. 이럴 때 IT 붐으로 벤처 기업이 성장하면서 신규 골퍼가 급증했다.

1999년의 내장객 수는 다시 22.3%나 증가하면서 골프 붐이 일어났다. 1999년 말 골프장 수는 141곳(군 골프장 제외), 내장객은 1043만 명이었다. 2000년에는 1,200만 명을 넘어섰다. 112곳의 회원제에 964만 2,953명, 39곳의 퍼블릭코스에 250만 명이 찾았다. 내장객 1,200만 명은 미국·일본·영국 등에 이어 세계에서 다섯 손가락 안에 들어가는 숫자였다. 골프가 대중화될 수 있는 기반이 마련된 셈이었다.

골프 인구의 증가에는 몇 가지 요인을 들 수 있다. 먼저 1990년대 중반까지 비교적 순탄한 성장을 거듭해 왔으나 1990년대 후반 들어 IMF 외환위기 탈출과 맞물려 해외에서 울려 퍼진 한국낭자의 승전보는 골프를 사치성 스포츠에서 대중적인 시각으로 바꾸는데 큰 역할을 했다. 그러면서 일반인들에게 골프는 배우고 싶은 스포츠 1위로 꼽힐 만큼 큰 인기를 누리게 됐고, 20~30대 젊은층의 골프 인구가 늘어났다. 이밖에도 주5일제 근무에 따른 레저인구의 확산, 삶의 질 향상, 프로골퍼의 성공 등은 범

국민적 골프 열기를 부채질했다.

골프 내장객 1200만 명은 다른 어느 스포츠 인구보다 많았다. 연인원으로 따져 골프를 능가하는 종목은 없었다.

2001년 3월 당시 151곳의 골프장이 영업 중이었다. 그중 회원제가 112곳, 퍼블릭코스가 39곳이었다. 10년 전인 1991년과 비교할 때 회원제는 120%, 퍼블릭코스는 290%의 폭증세를 보였다. 건설 중인 골프장은 54곳(회원제 32, 퍼블릭코스 22), 허가를 받고도 아직 착공하지 않은 골프장은 25곳(회원제 15, 퍼블릭코스 10)이었다. 그러나 골프장 수는 골프 인구에 비해 턱없이 부족했다. 때문에 시즌이 되기도 전에 부킹 전쟁을 치러야 했고, 이는 골프 대중화를 가로막는 요소로 작용했다. 미국이나 영국은 차치하고라도 다른 아시아국들과 비교해도 골프장은 훨씬 적었다. 일본은 약 2300곳, 태국은 약 260곳의 골프장이 있었다. 우리보다 면적이 좁은 대만도 140곳의 골프장이 있었다.

8 한국의 여자골프는 왜 강할까

2022년 6월 전인지가 LPGA 메이저 대회인 'KPMG 위민스 PGA 챔피언십'에서 우승을 차지했다. 개인적으로 메이저대회 3번째 우승이었다. 한국 선수로는 2022년 LPGA투어 시즌 4승째이며, 1988년부터 누적 승수로는 통산 205승째였다. 메이저 기록으로는 2020년 김아림의 US여자오픈 이후 2년여 만에 우승을 추가해 LPGA투어 메이저 35승째였다. 그동안 한국 여자선수들은 전인지를 포함해 19명이 메이저대회 트로피를 들어올렸다. 메이저대회 우승 기록을 보면 놀랍다.

"한국 선수들의 메이저 우승 기록을 역대 LPGA의 10년 주기 메이저 승수와 비교해 보니 놀라운 결과가 나왔다. 1930년대부터 100년간을 조사한 결과 총 302번의 메이저대회가 열렸고, 그 중 미국이 가장 많은 203승을 차지한 건 당연하다. 1970년대까지는 외국인으로 LPGA투어에서 우승하는 선수가 극히 드물었다. 1980년대부터 호주·잉글랜드·스웨덴 선수들이 메이저를 우승하기 시작했다. 2000년대 10년간은 미국·한국·스웨덴이 9승씩 올렸다. 안니카 소렌스탐이 여제로 있었고, 카리 웹이 활동하던 시기여서 호주도 6승이니 된다. 주목할 것은 최근 20년이다. 2010년대 10년간은 메이저 총 47개 중에 한국 선수가 무려 20승을 휩쓸었다. 미국은 11승, 대만의 쩡야니가 4승을 했다. 2010년 이후로 13년간 한국이 24승을 올렸다. 2010년 이후 메이저대회 우승을 보면, 13년간 한국이 24승을 올렸다. 메이저 승수에서 미국선수들이 거둔 숫자를 제외한 99승의 챔피언 국적을 보면 한국이 2위(35승)다. 스웨덴이 16승, 호주가 13승으로 뒤를 따르고 잉글랜드가 7승, 대만이 5승, 태국 3승 순이다."(<헤럴드경제신문> 2022년 6월 28일자)

스포츠 역사상 어느 한 국가가 특정 종목을 이처럼 완벽하게 지배한 사례는 찾아보기 힘들다. 남자마라톤을 석권하고 있는 케냐 칼렌진족의 우수한 마라톤 유전자처럼 한국 여자선수들에게도 다른 민족에는 없는 특별한 골프 유전자가 있는 것일까? 한국인들은 힘으로는 체격이 좋은 서구인들을 이겨 내기 어려운데 도대체 한국 여자골프는 왜 이렇게 강한 것일까?

수많은 주장이 있지만 어느 것이라고 꼬집어 말하기가 어렵다. 나 역시 명쾌한 결론을 내놓을 자신이 없다. 그래서 이런 저런 주장 중 타당성이 높은 의견을 열거해 볼까 한다.

정교한 손가락 동작을 가능하게 한 젓가락 문화

우리나라 여자골퍼들이 선전하는 이유를 정교한 손가락 동작을 가능하게 한 젓가락 문화에서 찾는 사람들이 꽤 있다. 젓가락 사용으로 길러진 탁월한 손감각과 손재주를 물려받았다는 것이다. 2012년 로이터통신은 "한국인들의 손가락 감각이 특출한 것은 쇠로 된 젓가락을 사용하는 문화 덕분"이라며 "여자 양궁과 골프의 성공에 영향을 미쳤을 것"이라고 보도했다. 중국이나 일본인들과는 달리 매끄럽고 가느다란 쇠 젓가락으로 작은 콩을 정확히 집어 먹을 수 있는 민족은 아마도 우리뿐일 것이다. 때문에 탁월하게 예민한 손 감각이 중요한 골프에서 한국 선수들이 앞설 수밖에 없다고 본 것이다.

뉴욕타임스의 칼럼니스트 토마스 프리드만도 "한국 여자골퍼들의 열성과 부모의 관심, 그리고 대대로 물려받은 손재주"를 한국 여자골프가 강한 이유로 꼽았다. 쇠 젓가락 문화에서 비롯된 손재주 DNA 설은 재미있고 그럴싸해 보이지만 뒷받침할 만한 과학적 근거와 설득력이 약하다. 오히려 여자골퍼들의 열성과 부모의 관심 등에서 보다 근거 있는 해답을 찾을 수 있다고 본다.

조기교육과 부모의 헌신

고도의 전문성을 필요로 하는 예체능 분야에서 세계 최고 수준에 오르기까지는 보통 10년 이상의 시간이 걸린다는 연구가 있다. 두 살 무렵 골프를 시작한 타이거 우즈가 백인들의 독무대였던 마스터스에서 처음 우승을 한 것은 스무 살 때였다는 것을 그 예로 들고 있다. 대부분의 스포츠 종목에서 최고의 전성기에 도달하는 나이를 20대 중후반으로 친다. 세계 최고를 목표로 한다면 늦어도 10대 중반에는 운동을 시작해야 한다는 계산이다. 특히 경쟁이 치열한 현대 스포츠에서 일찍 운동을 시작하는 것은 선택이 아닌 필수다.

세계적으로 유별난 것으로 알려진 한국 부모들의 교육열은 골프 분야에서도 여지없이 발휘됐다. 프로는 물론 아마추어 대회장에 직접 캐디백을 메고 어린 자녀들의 경기를 뒷받침하는 한국 부모들을 쉽게 목격할수 있다. 10대 후반이면 독립하는 것을 당연히 여기는 서구문화에서는 유난하고 특별해 보였을 것이다.

박세리와 김미현을 비롯해 세계 정상에 오른 한국의 여자 선수들은 대개 초등학교 3학년에서 6학년 사이에 전문 선수의 길을 걷고 있다. 중학생 때 골프에 뛰어든 선수도 드물게 있지만 "골프 시작이 늦었다"고 말할 만큼 엘리트 선수들은 골프를 일찍 시작한다. 이렇게 일찍 골프를 선택한 선수들은 말 그대로 골프에 인생을 다 건다. 하루에 대여섯 시간 연습은 기본으로 어릴 때부터 연습에 몰두하는 삶은 프로가 된 뒤에도 변하지 않는다.

그리고 아버지가 있었다. 한국 여자골프와 함께 한국의 '골프 대디(Golf Daddy)'도 세계적으로 유명해졌다. 박세리의 아버지는 육상을 하던 12살 딸에게 골프를 권유했고, 직접 스파르타식 훈련을 시켰다. 출전권이 없어 월요 예선을 전전하기를 3년, 66번째 출전한 대회에서 우승을 차지한 한희원 곁에도 역시 아버지가 있었다. 중고 밴을 몰고 드넓은 미국을 다니며 라면으로 끼니를 때웠던 김미현과 아버지 김정길의 이야기는 TV 다큐멘터리로 소개돼 세계 정상이 되기까지 부녀의 고단하지만 포기하지 않는 열정을 보여주었다.

박인비의 아버지 이야기도 빼놓을 수 없다. 박인비가 미국 2부 투어에서 뛸 때는 사업을 잠시 접고 약 5개월간 직접 캐디백을 짊어질 정도였다. 우승을 하지 못하는 때에도 "골프는 올라가면 꼭 내려가는 업다운 스포츠"라는 점을 이해하면서 딸이 어려움을 슬기롭게 극복하도록 믿음을 줬다고 한다.

골프 대디는 단순히 딸을 뒷바라지하는 수준이 아니라 대부분 전문가 못지않은 골프 지식을 갖고 있다. 티칭프로 자격을 딴 아버지도 있고, 독학으로 골프를 배우는 능 딸 못지않은 땀을 흘렸다. 헌신과 희생의 대명사가 된 골프 대디는 한국 여자골프를 함께 개척한 동반자였다고 할 수 있다.

성실한 연습 태도와 엄청난 연습량

'1만 시간의 법칙'으로 유명한 스포츠 심리학자 안데르스 에릭손은 세계 최고와 그렇지 않은 선수의 차이는 '연습 시간'이라고 했다. 아무리 뛰어난 재능을 갖고 있더라도 체계적이고 충분한 연습을 이겨내야만 최고의 자리에 오를 수 있다는 것이다. 관건은 오랜 세월 힘들고 지루한 연습을 견뎌내는 열정과 끈기라고 지적했다.

한국 선수들의 성실한 연습 태도와 엄청난 연습량은 이미 정평이 나 있다. LPGA투어에서 연습장에 가장 일찍 나가고, 가장 늦게 떠나는 선수들이 바로 한국 선수들이라는 것이다. 카펫이 깔린 호텔 복도에서 퍼팅 연습을 하고, 동전 두 개를 겹쳐놓고 위의 동전만 퍼터로 쳐낼 정도로 훈련에 훈련을 반복하기도 했다. 심지어 대회를 마친 후 쉬는 것이 아니라 곧장 연습장으로 가서 자신이 부족했던 부분을 연습하는 골퍼들이 바로 한국 선수들이었다.

한국 선수들의 성실한 연습태도를 벼농사지역의 공통적인 문화적 특성으로 분석하기도 한다. 세계적인 베스트셀러 〈아웃라이어〉의 저자인 맬컴 글래드웰(Malcolm Gladwell)은 벼농사지역의 농부들은 연간 3,000시간 정도 일하는 반면 밀농사지역의 농부들은 연간 1,200시간에 불과하다고 했다. 벼농사가 그만큼 경작이 훨씬 복잡하고 어렵지만 열심히 일한 만큼 당연히 수확량은 늘어나기 때문이다. 벼농사를 통해 형성된 문화는 성공하려면 열심히 노력해야 한다는 가치관을 형성시켰다. 여자골프 세계랭킹 싱위 100명 중 한국·일본·태국·중국 등 벼농사 시역 출신이 과반수라는 것은 이와 무관하지 않다는 논리다.

골프에 잘 맞는 기질적 특성

한국 선수들이 골프를 잘하는 것은 골프라는 종목 특성과 잘 맞는 타고난 심리적·동기적 특성이 있다는 분석도 있다. 동기 연구의 세계적 대가인 토리 히긴스(Tory Higgins)에 따르면 서양인의 65%~70%가 성취지향형인 반면, 한국인·일본인·중국인 등은 65% 정도가 안정지향형인 것으로 나타났다고 한다. 성취지향적인 사람은 '접근 동기'가, 안정지향적인 사람은 '회피 동기'가 높다고 한다. 골프에서 접근 동기는 공격적인 플레이로 더 많은 버디를 노리는 성향으로, 회피 동기는 가급적 최악의 상황을 피하고자 하는 보수적인 성향으로 나타난다는 것이다.

PGA투어에서 64승을 거뒀고, '골프 스윙의 아버지'로 불리는 미국 골퍼 벤 호건(Ben Hogen)은 "골프는 굿샷(Good Shot)의 게임이 아니라 배드샷(Bad Shot)의 게임"이라고 했다. 골프는 장타나 멋진 샷을 평가하는 경기가 아니라 얼마나 적은 타수로 경기를 마치는지를 겨루는 경기이기 때문이다. 꾸준히 좋은 스코어를 내려면 화려한 '버디 쇼'보다는 안전한 플레이가 필요하다. 버디를 하기는 어렵지만 더블보기나 트리플보기는 순식간에 나오기 때문이다.

나는 보수적인 성향으로 안전한 플레이를 하는 것은 정신력과 맞닿아 있다고 생각한다. 호주의 골프스타인 '백상어' 그레그 노먼(Greg Norman)은 "1m 거리 퍼팅의 성공은 기술의 차이가 아니라 심리적으로 더 강한가에 달려 있다"고 말했다. 김미현은 자신이 작은 몸집으로 LPGA 투어에서 8승이나 올린 것은 기분을 조절할 수 있는 '그 무엇'이 있었기 때문이라고 밝혔다. 박인비도 "골프는 다른 운동에 비해 체격 조건보다는 정신력과 타고난 재능이 더 좌우하는 운동"이라고 말한 적이 있다. 유소연은 "한국 선수들이 세계 최강에 오른 원동력은 감정 컨트롤"이라고 진단하기도 했다. 화를 내는 모습을 보이는 것은 예의가 아니라는 사회적 분위기 때문인지 한국 선수들의 감정 컨트롤 능력이 다른 나라 선수들에 비해 우월하다는 것이다.

어쨌든 한국 여자골퍼들의 강인한 멘털, 감정 컨트롤 능력은 경쟁자를 뿌리치고 한발 앞서 나갈 수 있는 큰 힘이었다고 할 수 있다.

체계적인 내부경쟁 시스템

매년 끊임없이 한국 출신의 대형 신인들이 LPGA투어에 등장하는 가장 중요한 이유로 한국의 국가대표 시스템을 꼽기도 한다. 한국의 국가대표 시스템은 잘하는 선수를 더 잘하게 하는 단단한 바탕이 되고 있다는 것이다.

한국 여자골퍼는 프로가 되기 위해 반드시 점프투어(3부)-드림투어(2부)-KLPGA투어(1부)의 3단계로 구성된 선수육성 시스템을 차례로 거쳐야 한다. 이는 선수 공급 파이프라인이라고 할 수 있다. 힘들고 어렵지만 단계를 거치며 프로선수에게 필요한 기술은 물론 다양한 경기 경험과 강한 멘털까지 갖춤으로써 LPGA투어에 진출해서도 강한 경쟁력을 가질 수 있는 만반의 준비가 된다는 것이다.

외국 선수의 입을 통해 한국 국가대표 시스템과 국내 투어의 경쟁력이 조명을 받기도 했다. LPGA투어에서 6승을 거둔 미국의 제시카 코르다는 메이저대회 브리티시 여자오픈을 앞두고 "한국 선수들의 LPGA투어 지배가 계속되고 있는데 그들은 미국보다 나은 육성 프로그램을 가지고 있다. 국가 차원에서 선수들을 길러내고 지원하고 있다"고 부러워했다. 또 "한국의 경우 어릴 때부터 여러 나라를 돌며 대회 경험을 풍부하게 쌓는다. 그에 비해 미국은 그런 시스템이 잘 갖춰져 있지 않다. 미국주니어

골프협회(AJGA)가 있지만 대학을 보내기 위한 목적이 크다. 미국테니스협회(USTA)는 유망주를 위한 테니스 캠프를 자주 개최하는데 골프에도 이런 시스템이 마련돼야 한다"고 주장했다는 신문기사가 아직도 기억에 남는다.

1986년 서울아시안게임을 앞두고 대한골프협회는 골프 국가대표 시스템을 만들었다. 세계를 호령하는 한국 여자골프의 강자들은 대부분 국가대표 출신이라는 공통점이 있다. 국가대표는 연간 7~9개월 동안 국가대표 맞춤 훈련을 받는다. 모든 비용은 대한골프협회가 댄다. 장비와 의류·용품, 그리고 골프장 그린피도 무료다. 훈련기간 숙식비 역시 대한골프협회가 부담한다. 15일가량씩 끊어서 하는 이 단체훈련 때는 90만 원 정도의 훈련수당까지 지급한다. 한마디로 경제적 부담 없이 마음껏 기량을 키울 수 있는 시스템이다.

국가대표 시스템의 순기능은 비단 국가대표 선수들에게만 국한되는 것이 아니다. 혜택을 받을 수 있는 국가대표가 되려는 경쟁이 곧 한국 여자골프의 수준을 더 높게 만들고 있다. 국가대표의 인원은 매년 바뀌는데, 이것은 '경기력향상위원회'에서 조정한다. 2022년 기준 국가대표는 남자 선수 6명, 여자 선수 6명이며, 상비군은 남자 선수 10명, 여자 선수 10명이다. 상비군에게는 대표팀 모자와 캐디백만 주고 대표팀 훈련 때 일주일 정도 합류하는 정도가 혜택의 전부다. 하지만 무엇보다 중요한 국가대표가 되려는 강한 동기를 부여하고 있다.

한국 여자골프 국가대표 경쟁은 세계무대 못지않게 치열하다. 탄탄한 내용으로 진행되는 국가대표 시스템은 한국 여자골프를 세계 최강으로 묵묵히 이끈 최고의 원동력이었다.

9 골프의 중흥, 국민 스포츠로 자리 잡다

한국골프의 '제2의 중흥기'는 노무현 대통령의 참여정부(2003~2007) 시절이었다는 것이 정설이다. 김영삼 대통령의 문민정부(1993~1997) 시절은 골프계의 암흑기였다. 골프에 상당히 부정적이었던 김대중 대통령은 국민의 정부(1998~2002)를 이끌던 재임 당시는 다소 우호적으로 선회했지만 골프 발전에 크게 보탬이 되지는 않았다고 평가되고 있다.

반면 노무현 대통령은 달랐다. 2004년에 "골프장 건설과 관련 규제 실태를 조사하라"고 지시했고, 인허가 기간과 조건을 완화해 골프장을 200~300곳 더 늘리겠다고 발표했다. 집권당이었던 열린우리당은 '골프장 건설 규제 해소'를 총선 공약으로 내걸기도 했다. 이에 따라 입지와 인허가 절차 단축 등 다양한 골프장 조성 지원책까지 나오면서 골프장이 급격히 늘어났다. 2005년 200곳을 넘어섰는데 100곳을 넘은 지 10년 만에 두 배로 늘어난 것이었다. 2008년에는 300곳을 넘겼다.

골프장 내장객 수도 상승세였다. 참여정부 첫해인 2003년 1,500만 명에서 2006년 2,000만 명을 돌파했다. 불과 3년 만에 500만 명이 늘어난 것이었다. 대규모 골프 콤플렉스도 등장했다. 2005년 7월 개장한 스카이72는 72홀로 확장됐다. 전북 군산에 81홀의 퍼블릭코스인 군산CC도 문을 열었다.

한편 2005년부터 회원권 가격이 덩달아 치솟았다. 당시 경기도 용인의 남부CC(18홀) 회원권이 20억 원을 넘겼을 정도다. 어느 새 골프 회원권 시장 투자를 넘어 투기장으로 변해갔다. 아파트를 짓던 중소 건설사도 너도나도 '프로젝트 파이낸싱(PF)'을 일으켜 골프장 조성에 뛰어들었다.

골프 중흥을 위한 골프장 면적 제한 해제

참여정부는 2004년 5월 '스포츠 서비스산업 경쟁력 강화방안'을 확정했다. 골자는 골프장의 부지면적을 제한하던 규정을 폐지한 것이었다. 18홀 기준으로 180만㎡ 이내로 못 박은 골프장 부지면적 제한을 풀어 자연 지형에 맞는 골프코스 조성이 가능하도록 한 것이었다. 골프장 부지 면적을 제한하다 보니 좁은 땅을 고밀도로 개발하느라 오히려 환경을 훼손할 우려가 크다는 판단에서였다.

또 골프장의 클럽하우스와 골프장 내 숙박시설의 면적 제한 규정도 폐지하기로 했다. 클럽하우스의 경우 9~18홀 골프장은 600㎡ 이하, 18홀 초과 골프장은 3,300㎡였으나 18홀을 초과하는 9홀마다 600㎡를 추가할 수 있도록 했다. 18홀은 6,000m, 9홀은 3,000m, 6홀은 2,000m 등으로 규정된 코스 길이 규정도 없애기로 했다. 획일적인 규제 때문에 자투리땅을 이용한 다양한 형태와 규모의 골프장을 짓기가 어렵다는 불만을 덜어주기 위한 조치였다.

앞선 정부들의 골프 관련 정책은 호화 사치성 오락으로 보고 골프장 건설은 가능한 어렵게 하고 운영 중인 골프장에는 중과세를 매기는 등의 억제책 위주였다. 그래서 "골프장 건설 규제를 없애라"는 요구가 계속 됐다.

그런데 참여정부에서 골프장 건설 규제완화 종합대책이 나올 수 있었던 것은 골프장을 '사치성 오락'으로 보던 시각에서 '관광레저산업'으로 인식하는 근본적인 변화가 있었기 때문이다. 열악한 국내 골프 여건 탓에 해외 골프 여행이 증가함에 따라 외화 유출에 따른 무역수지 적자도 크게 증가할 것을 고려한 것으로 알려졌다.

2003년 골프장 내장객 수가 1500만 명에 이르는 등 골프 수요는 급격히 증가했지만 경제규모와 국토면적을 감안하더라도 외국에 비해 골프장은 현저히 부족했다. 2004년 국내 골프장은 181곳으로 27만 명당 1곳 꼴이었다. 이에 따라 골퍼들은 예약난과 비싼 그린피 등 이중고를 겪어야 했다. 때문에 해외 골프여행객이 연간 30만 명을 넘어섰고, 이들이 해외에서 연간 1조 원을 넘게 쓴다는 통계도 있었다. 골프장 이용자가 10년째 해마다 13.2%의 가파른 상승 추세를 보였지만 국내 여건이 따라가지 못했던 것이다. 게다가 주5일제 시행을 앞두고 있어 골프 인구가 더욱 빠르게 늘어날 것이 분명했다.

참여정부는 골프장 건설을 촉진한다는 방침 아래 골프장 부지면적 제한 폐지뿐만 아니라 불필요한 절차를 과감하게 없애 복잡한 행정 절차를 간소화했다. 골프장 건설 관련 법규는 기본법인 '체시법' 외에도 '국토계획 이용에 관한 법률', 환경·교통·재해 등에 관한 영향평가법, 농지법, 건축법 등 53개의 법령이 있고, 규제는 251건이나 됐다. 이 같은 법령과 규제 때문에 골프장 1곳을 지으려면 5단계에 모두 26건의 결정·승인·허가 절차를 밟아야 했고, 공사기간 2년을 빼고도 3~4년이 소요됐다.

우선 중복된 절차도 정리했다. 도시관리계획 수립 때 주민의 의견을 청취하되 시·군의회 의견의 청취 절차는 폐지했다. 교통영향평가도 18홀 규모 이상일 때만 받도록 하고 3~6홀의 소규모 골프장은 제외했다. 중복된 절차라는 지적을 받아왔던 사전환경성 검토와 환경영향평가도 손질

했다. 인·허가 기관에서 직접 확인할 수 있는 데도 제출했던 증빙서류 29건은 없애도록 했다.

골프장 건설에 큰 걸림돌이었던 입지 관련 규제도 상당 부분 풀렸다. 그동안 골프장 부지를 찾아 무리하게 산을 깎아내리는 등 환경을 해치고 돈도 많이 들이는 등 부작용이 많았다. 이에 따라 간척지나 매립지 등을 활용해 36홀이 넘는 대규모 골프장을 숙박시설과 함께 지어 종합 골프레저타운으로 조성하는 방안을 마련했다. 게다가 성역이나 다름없던 농지에도 골프장이 들어설 수 있게 했다. 농업진흥지역을 재조사해서 농사를 지어도 수지를 맞출 수 없는 한계농지는 과감하게 골프장 부지로 풀어준다는 것이었다. 수산자원보호구역으로 묶인 해변 구릉지 역시 골프장 건설이 더 생산적이고 환경에 큰 문제가 없다면 외국에서나 볼 수 있는 링크스코스 등으로 개발할 수 있게 하겠다고 했다.

세제 개선 방안도 마련했다. 일반세율의 5배인 취득세를 지방자치단체 재량으로 낮춰줄 수 있게 했고, 골프장 입장객에게 매기는 국세인 특소세도 지방세로 전환해 지자체가 탄력적으로 운용할 수 있게 했다. 이와 함께 골프장에서 거둬들이는 연간 300억 원 안팎의 체육진흥기금을 저렴한 대중 골프장 건설에 투입하기로 했다.

연간 내장객 2000만 명 시대 도래

2006년 국내 골프장 내장객이 2,000만 명을 돌파했다. 2006년 전국 골프장 250곳(회원제 157곳, 대중 골프장 93곳)을 이용한 내장객은 1,965만여 명으로 전년에 비해 10% 이상 늘어났다. 이는 군(軍)이 운영 중인 18홀 미만 골프장 24곳의 내장객을 제외한 수치여서 실제 연간 내장객은 2,000만 명을 넘었다. 연간 내장객은 1999년에 1,000만 명을 돌파했고,

2003년에는 1,500만 명을 기록한 바 있었다. 4년 만에 500만 명이 증가했다가 불과 3년 만에 다시 500만 명이 늘어난 것이었다.

연간 내장객 2,000만 명은 미국과 일본에 이어 세계 3위였다. 18홀당 내장객 수를 따지면 7만 5,000명 선으로 단연 세계 최고였다. 미국은 5,500명, 일본은 3만 4,000명, 중국은 5만 2,000명에 불과했다.

1980년대까지만 해도 한국에서 골프는 '가진 사람들의 사치스러운 놀이'였다. 그러다 1998년 박세리의 LPGA투어 우승이 도약의 계기가 됐다. 골프의 저변확대로 '골프 대중화'란 단어가 낯설지 않게 됐다. 대학에서 골프를 교양과목으로 채택하고, 지자체에서도 주민을 위한 골프 강좌를 앞다퉈 개설했다. 동네마다 골프연습장이 생겨났고, 골프를 배우려는 어린 학생들이 줄을 이었다. 2007년에는 골프를 배우는 초·중·고 학생 선수가 인기 스포츠인 축구·야구보다도 훨씬 많았다.

골프 중흥기에도 원정 골프는 늘어나

참여정부의 골프장 건설규제 완화 종합대책은 골프 중흥기의 포문을 열어주었다. 그러나 골프장 건설 규제완화 정책이 추진된 후에도 해결되지 않는 문제들이 많았다. 뿐만 아니라 예상치 못한 또 다른 문제들이 불거져 나왔다.

국내 골프장의 내장객 증가와 함께 중국이나 일본·필리핀·태국 등으로 떠나는 해외 골프관광객은 매년 늘어났다. 국내 비수기인 겨울철이기 때문이 아니라 국내 골프장 그린피가 너무 올라 계절에 상관없이 해외로 나간 것이었다.

정부는 외국인 골프 관광객 유치를 정책적으로 추진했지만 별다른 성과를 거두지 못했다. 골프 처럼 나라 밖으로 나가는 관광 수요를 국내로

끌어들여 관광 서비스산업을 육성하고, 고질적인 해외 여행수지 적자 문제도 해결하는 등 '1석 2조' 효과를 거두겠다던 정부의 바람은 현실화되지 않았다. 해외 골프관광객 증가는 골프장들의 2010년대 경영위기를 예고하는 시한폭탄이 되고 있었다.

골프장이 계속 신규 개장하고 있었지만 지방에 편중돼 있어 골프 인구의 70% 이상이 몰려있는 수도권 수요를 충족하기 어려웠다. 특히 제주도는 골프장이 늘어났지만 내장객이 없어 고전 중이었다. 또 회원권 시세가 분양가 이하인 몇몇 골프장은 '예탁금 반환소송'에 시달리고 있었다.

때문에 3~4년 후 신규 골프장이 모두 문을 열면 심각한 부실사태가 일어날 것으로 예상됐다. 영·호남권도 1~2년 이후면 제주와 같은 우려가 현실이 될 가능성이 커 특단의 대책이 요구됐다. 일본처럼 골프장이 연쇄 도산할 수 있다는 우려도 컸다. 일본은 1990년대 장기불황을 극복하기 위해 골프장을 무더기로 지었는데 그 결과 2000년대 들어 한해 평균 100곳 꼴로 도산하고 있었던 것이다.

10 골프산업에 영향 미친 대통령의 골프관

한국골프계는 정권이 바뀔 때마다 노심초사하며 홍역을 치러왔다. 좋든 싫든 그 시기 대통령과 정권의 영향을 크게 받았다. 대통령이 골프를 어떻게 생각하는가에 따라 골프산업은 롤러코스터 타듯 요동쳤다. 대통령이 무심코 뱉은 말 한마디에 골프계는 얼어붙기도 하고 생기가 돌기도 했다. 이렇듯 골프산업과 대통령과의 역학관계가 유독 심하게 작용하는 것은 한국만의 상황인가?

미국 대통령들은 취임 후에 오히려 골프를 더 치려 했다. 골프를 외교의 한 수단으로 활용하기도 했다. 외국 정상이 미국을 방문하면 같이 골프카트를 타고 캠프를 도는 골프카트 회동을 했다. 그러나 한국 대통령들은 취임하면 내내 치던 골프를 멀리 하려 했고, 외국 정상의 골프 회동 요청을 정중히 거절하기도 했다.

어쨌거나 이제는 대통령이 골프를 하든 하지 않든 일일이 참견하지 않는 것이 골프계를 살리는 길이다. 우리나라에서 골프장과 골프 장비는 어엿한 주요산업의 하나로 성장했다. 통치권자의 잘못된 시각과 포퓰리즘(Populism)에 영합할 목적으로 골프를 이용하는 것은 산업 발전을 저해하는 일이다.

이승만 대통령부터 문재인 대통령까지 역대 대통령들은 골프에 어느 정도 관심을 가졌으며, 골프산업에 어떤 영향을 미쳤는지 간단히 살펴보고자 한다. 이에 대해 많은 사람의 글이 있지만 이들을 종합한다는 생각으로 정리해 보았다.

군자리코스 복구로 골프시대 연 이승만

이승만 초대 대통령은 골프를 직접 즐기지는 않았다. 골프를 스포츠로 양성하기 위한 특별한 노력은 없었으나 한국에 골프가 뿌리를 내리는 데 기여한 한국골프의 '대부(代父)'였다고 할 수 있다. 한국 첫 번째 정규 골프장인 군자리코스를 재탄생시킨 장본인이다.

1949년 주한미군 장성들이 한국에 골프장이 없어 일본 오키나와로 골프를 치러 간다는 말을 듣고 군자리코스의 복구를 지시했다. 미군 장성들이 한국을 비웠을 때 북한이 남침하는 심각한 사태를 막기 위한 전략이었다. 실제 제2차 세계대전 당시 일본군이 진주만을 공격했을 때 미군들은 골프를 즐기다 패했던 사례가 있었다.

이승만 대통령의 의지에 따라 6·25전쟁 이전에 군자리코스를 복구했으나 6·25전쟁으로 황폐화되자 재복구를 적극적으로 지원했으며, 1954년 한국아마추어골프선수권대회를 창설해 시상식에도 참석하는 열정을 보였다. 또 대회 명을 아예 '대통령배 한국아마추어골프선수권대회'로 바꿨으며, 우승자에게 직접 트로피를 전달하기도 하는 등 골프 발전을 견인했다.

골프에 부정적이었다가 애호가로 변신한 박정희

박정희 대통령은 5·16 직후 군자리코스를 밭으로 만들어 소작농에 나누어줄 것을 지시했을 정도로 골프에 부정적이었다. 그러던 박정희 대통령에게 한미간 우호적인 관계를 위해 군자리코스는 꼭 필요한 곳이라며 막아서고, 골프채를 선물해 골프의 세계로 이끈 사람은 처조카이자 중앙정보부장이었던 김종필 전 국무총리였다.

1962년 골프에 입문한 박정희 대통령의 골프 사랑은 남달랐다. 청와대에서 멀지 않은 한양CC와 뉴코리아CC를 주로 새벽 시간에 짬을 내 자주 찾았다. 재임 당시 골프를 즐긴 첫 번째 대통령이었다. 자연히 주변에서도 슬금슬금 골프를 가까이하는 사람들이 늘어났다. 대통령의 일거수일투족은 알게 모르게 세간에 소문으로 퍼졌다. 막걸리를 좋아하던 대통령은 운동이 끝나고 나면 꼭 한두 잔씩 목을 추겼다. 그때 골프장에서 준비한 막걸리가 '원당 막걸리'였다. 세간의 장삼이사(張三李四)들은 마치 현장의 주인공인 것처럼 심심찮은 이야기를 만들어 내가며 한때 '원당 막걸리'는 저절로 유명해졌다.

박정희 대통령은 자연스레 골프 전도사 역할도 톡톡히 했다. 주변 사람들에게 골프의 장점을 말하기도 하고 미래의 한국 경제 발전 과정에 같이 할 관광 자원으로서의 골프도 적극 추천했다. 태릉·제주·유성·대구CC가 탄생하는데 크게 영향을 주었으며, 재임 기간 중 20여 곳의 골프장이 문을 열었다.

박정희 대통령이 긍정적인 골프관을 갖게 된 것은 경제개발 5개년 계획을 추진하며 잦아진 해외 순방이 계기가 됐다고도 한다. 외교 관계에서 중요한 가교 역할을 하는 골프의 중요성에 눈을 뜬 박 대통령은 필드 외교를 적극적으로 활용했다. 외국 정상들이 방한하면 이들과 함께 필드로 나가 외교적 성과를 이끌어냈던 것으로 유명하다. 박정희 대통령은 골프계를 향한 유무형의 지원을 했고, 이는 한국골프 발전에 이바지했다고 할 수 있다.

골프 애호가이나 '내인가'로 비판받은 전두환

전두환 대통령은 역대 대통령 중 최고의 골프 애호가였다. 대통령이 된 후 청와대에 골프연습장을 만들어 골프를 즐겼으며, 여자 프로골퍼들을 청와대로 초청해 만찬을 열기도 했다. 청남대에 퍼블릭코스를 만들게 한 것도 그였다. 그러나 골프계에 눈에 띄는 지원을 해 주거나, 골프를 열렬히 즐기지는 않았지만 다른 대통령들에 비하면 재임기간 중 자주 골프를 친 편이었다. 인도네시아 수하르토 대통령과의 골프 회동으로 한국 최초의 해외 순방 골프 외교를 펼치기도 했다.

재임시절 재계 기업인에게 부존자원이 부족한 한국의 미래 산업이 골프장이라고 추천할 정도로 골프에 대한 관심이 지극했다는 이야기도 있다. 그런데 '청와대 내인가(內認可)', 즉 골프장을 만들려면 청와대의 허락을 얻어야 하는 암묵적인 프리패스로 나중에 '5공 비리'의 하나로 거론되기도 하는 아쉬움을 남기기도 했다.

골프장 건설 붐에 불붙인 노태우

노태우 대통령 역시 골프를 좋아했다고 한다. 그러나 대통령 재임 시절보다는 임기가 끝난 후에 골프장을 자주 찾았다. 성향도 조용한 편이었고 국민들의 부정적인 시선을 의식해 조용하게 골프를 즐겼다고 한다. 노태우 대통령은 88서울올림픽을 준비하면서 골프 대중화에 불을 지폈다. 골프장 건설 내인가를 폐지하고 건설 권한을 시장이나 도지사에게 위임했다. 관광시설에 속했던 골프장을 체육시설로 인정하고 체육부가 관련 업무를 맡도록 정리하는 등 일대 혁신을 주도했다. 이에 골프장 건설에 대한 부담이 줄어들며, '골프장 붐'이 일어났다. 노태우 대통령 재임 당시 인허가 받은 골프장은 139곳에 이르렀다.

그러나 지나친 골프장 건설 인허가 남발로 환경오염 문제와 사회적 문제를 불러일으켰다. 이내 골프장을 다시 사치성으로 묶어 규제사업으로 전락시키는 모순된 정책을 추진하는 결과를 빚었다.

골프 금지령 내려 암흑기 만든 김영삼

김영삼 대통령이 언제부터 골프를 쳤는지 정확히 알 수는 없지만 박정희 대통령이 1972년에 '10월 유신'을 선언하자 끊은 것으로 전해진다. 김영삼 대통령 재임기는 '골프 암흑기'로 불린다. 일단 본인이 골프를 잘 치지 못했고, 좋아하지도 않았다. 1993년 대통령 취임과 동시에 국민 위화감 조성, 청와대 쇄신 등의 명분을 내걸고 스스로 골프를 치지 않겠다고 공언함으로써 '골프 금지령'으로 비화되기도 했다.

청와대의 골프연습장도 없애고 청남대에 있던 미니 골프장도 무용지물로 만들었다. 재임기간 중 절대 골프를 안 하겠다는 대통령 덕분에 정치권에서는 갖가지 해프닝이 벌어졌다. 정치인은 물론 공무원들까지 골프장을 갈 때 가명을 쓰고 자신의 승용차를 놔두고 동반자 차를 이용하는 등 눈치를 보았다. 뿐만 아니라 급등하던 회원권 값이 폭락하고 사상 초유의 회원권 투매 현상까지 빚어지는 등 골프업계 역사상 최악의 5년으로 남았다.

부정적이었다가 골프 대중화 선언한 김대중

김대중 대통령은 정치 입문 당시에는 골프를 쳤다고 한다. 그러나 1971년 대통령 선거기간 중 교통사고로 다리를 다쳐 골프를 칠 수 없었다. 야당 시절에는 골프장을 없애고 논밭을 만들어야 한다고 할 정도로 부정적인 입장이었다. 대통령에 당선되자 골프를 속박할 것이라고 우려했으나 재임기간 동안 골프에 대한 이해와 애정을 갖고 관대했다. 김영삼 정부로 얼어붙었던 골프업계에 '해빙기'를 가져다준 대통령으로 박수를 받았을 정도였다.

박세리의 US여자오픈 우승은 IMF 외환위기로 침체된 국민들의 사기를 북돋아주면서 골프 환경과 여건이 급격히 호전됐으며, 골프에 대한 일반 국민의 위화감 역시 옅어졌다.

김대중 대통령이 1999년 10월 인천에서 열린 전국체전에서 '골프 대중화'를 선언하자 한국골프장경영협회가 '골프 광복일'이라는 담화를 발표할 정도로 골프계는 기뻐했다. "퍼블릭코스를 더 많이 만들어 국민들이 저렴하게 골프를 즐길 수 있도록 해야 한다"며 골프의 대중화를 주장해 얼어붙었던 골프계를 녹여주었다. 김대중 대통령은 골프를 통해 경기를 활성화시키고 산업화하고자 노력한 대통령이었다.

'반값 골프장' 발표하며 골프 부흥 이끈 노무현

노무현 대통령은 해양수산부장관 시절인 2000년 레슨을 받으며 늦은 나이에 골프에 입문했다. 골프 이론을 공부하고 관련 서적을 탐독하며 "골프는 참 재미있는 운동"이라고 골프 예찬론을 폈다. 재임 시절에도 종종 와이셔츠 바람으로 골프연습장을 찾아 드라이버를 휘두를 정도로 골프를 좋아하고 열정이 넘쳤다. 역대 대통령 중 가장 대중적으로 골프를 사랑한 대통령으로 평가받고 있다.

노무현 대통령 재임기간은 골프장 중흥기로 평가되고 있다. 노무현 대통령은 2004년 '골프장을 건설하려면 도장만 780개를 받아야 한다'는 사실을 알고는 규제 완화 조치를 내렸으며, 쓸모없는 농지를 골프장으로 만들어야 한다는 소신을 밝히기도 했다. 골프장을 200~300곳을 너 늘릴 것이라며 '반값 골프장' 대책까지 발표했다. 이러한 골프장 건설에 규제 완화 정책에 따라 골프장 건설은 기하급수적으로 늘어났다. 230곳의 골프장이 건설 허가를 받았고, 덕분에 노무현 대통령은 노태우 대통령에 이어 '제2의 골프 붐'을 일으킨 대통령으로 평가받기도 했다.

테니스를 즐겼지만 친 골프 정책 펼친 이명박

이명박 대통령은 현대건설 근무 시절 골프를 즐겼지만 예찬론자는 아니었다. 정치에 입문한 뒤에는 건강관리를 위해 골프보다 테니스를 더 즐겼다. 취임했을 때 골프계는 골프를 잘 아는 대통령이니 개별소비세를 비롯해 각종 규제가 해결될 것으로 기대했다. 그러나 대통령은 골프를 치지 않았고 공무원들이 골프 치는 것조차 좋아하지 않았다.

취임 첫해인 2008년 4월 한미 정상회동 때 조지 W 부시 대통령이 골프채를 선물까지 했는데도 라운드제의는 사양했을 정도였다. 또 그해 8월 청와대 직원들에게 "추석 전까지만이라도 골프 치지 말라"는 골프 금지령을 내렸다. 그럼에도 이명박 대통령도 비교적 친골프 정책을 펼친 대통령으로 평가받고 있다. 특히 '서비스산업 선진화 방안'을 통해 골프장 세금을 인하하고, 골프장 건립의 각종 규제를 더욱 완화하는 정책을 폈다.

부정적이었으나 친 골프로 전환한 박근혜

박근혜 대통령은 탁구와 테니스, 그리고 요가를 즐겼으나 골프는 잘 치지 못하는 것으로 알려졌다. 그리고 골프에 부정적인 인식이 강했다. 취임 후 한동안 골프를 마뜩찮게 보았고, 재임 초기에 북한의 핵실험으로 안보 위기가 불거진 기운데 현역 군 장성들이 군 골프장에서 골프를 쳐서 논란이 불거진 후 한동안 골프에 비판적인 말을 자주했다.

그러다 2015년 우리나라에서 열린 세계적 골프대회인 프레지던츠컵의 명예의장을 맡았고, 2016년 말년에는 "좀 자유롭게 했으면 좋겠다"며 공무원 골프 금지령을 풀어주기도 했다. 재임 말년에 내수 활성화 명분으로 골프를 독려하는 등 친 골프 행보를 보여주기도 했지만 골프 발전에는 큰 도움이 되지 못했다는 평가를 받고 있다.

골프에 대한 별다른 지원책이 없었던 문재인

문재인 대통령은 골프를 하지 않는 것으로 잘 알려져 있다. 그러나 "골프에 거부감이나 부정적 생각이 없다"며 업무시간이 아니면 공직자들도 골프를 쳐도 괜찮다는 인식을 확실하게 밝혔다. 골프계는 문재인 대통령이 벼랑 끝에 몰린 골프장의 '구원투수'가 되길 바랐다. 문재인 대통령은 골프산업이 일자리 창출 등 경제 활성화에 도움이 된다면 얼마든지 골프에 긍정적인 입장일 것이라는 게 중론이었다.

이처럼 김영삼 대통령을 제외한 역대 대통령들이 나름대로 골프 활성화 대책을 내놓았지만 가장 핵심인 골프장의 '중과세 문제'는 해결되지 않고 지금도 지속되고 있어 아쉬울 따름이다. 윤석열 대통령은 어떤 골프관으로 골프 발전에 힘을 보태 줄지 지켜볼 뿐이다.

11 지는 해 '회원제', 뜨는 해 '대중제'로 전환 러시

2016년은 우리나라 골프장의 역사에서 전환점으로 기록될 만한 해라고 할 수 있다. 그동안 국내 골프산업을 이끌어오던 회원제 골프장이 그 주도권을 대중제를 표방하는 대중 골프장(옛 퍼블릭코스)에 넘겨준 해였기 때문이다.

2016년 우리나라 골프장의 내장객은 3,672만 명이었다. 그중에서 1,706만 명이 대중 골프장 내장객이었다. 회원제 내장객보다 260만 명이 더 많았다. 전체 내장객의 53.5%를 대중 골프장이 차지한 것이었다. 2015년에는 회원제 218곳에 1,852만여 명이 입장해 대중제 265곳의 1,689여 만 명을 앞섰으나 2016년에 바로 역전을 당했다. 10년 전인 2006년의 대중제의 내장객은 614만 명으로 회원제의 1,350만 명의 절반도 되지 않았다.

대중 골프장의 내장객이 회원제를 추월한 것은 골프장 수에서 비롯됐다. 대중 골프장은 2015년의 265곳에서 290곳으로 늘어났지만, 회원제 골프장은 218곳에서 196곳으로 줄었다. 특히 대중 골프장으로 전환한 회원제 골프장은 66곳이나 됐지만, 새로 개장한 회원제 골프장은 2011년의 13곳에서 2014년에는 1곳으로 줄더니 2015년 이후에는 자취를 감췄다. 2013년에 이미 골프장 수에서 역전됐다가 2016년에는 내장객에서도 역전이 일어난 것이다.

2021년에는 역전 현상이 더 심화됐다. 2021년 전국 505곳 골프장 내장객은 5,056만여 명이었다. 이 중에서 회원제 골프장 157곳을 찾은 내장객은 1,699만여 명, 대중 골프장 348곳을 이용한 내장객은 3,357만여 명이었다. 2020년 4,673만여 명보다는 382만 명(8.2%) 증가하면서 연간 내장객이 처음으로 5,000만 명을 돌파했다.

골프 대중화로 비주류 대중제가 대세로

2000년대만 해도 국내 골프장의 주류는 회원제였다. 대중제가 회원제 숫자를 넘어선 것은 2013년이었다. 어느 국가보다도 정부 간섭이 심했던 대한민국 골프장의 역사는 어떤 면에선 '회원제'와 '대중제' 사이에 펼쳐진 기나긴 균형과 견제를 통한 대결의 구도이기도 했다.

국내에 대중 골프장이 등장한 것은 1968년이다. 뚝섬골프장이 그것이다. 1980년대까지만 해도 대중 골프장 수는 5곳에 그쳤다가 1990년대 들어 늘어나기 시작했다. 1990년에는 대중 골프장 시대의 본격화를 알리는 레이크사이드CC가 개장했으며, 정부는 회원제 골프장을 건설할 때 대중 골프장 병설을 의무화했다. 대중 골프장 병설은 골프장 사업주의 재산권을 침해한다는 이유로 1999년 폐지됐지만, 그전에 만들어진 병설 대중 골프장은 35곳에 달했다. 그때까지만 해도 대중 골프장은 회원제 골프장을 보조하는 역할에 그쳤다.

대중 골프장은 2000년대 들어 정부가 골프 대중화를 목적으로 세제 혜택을 주면서 본격적으로 건설됐다. 베어크리크CC와 스카이72CC 등 프리미엄 대중 골프장들이 속속 등장했다. 회원제와 대중 골프장 숫자가 역전된 것은 2013년의 일이다. 2012년에는 회원제가 227곳으로 210곳의 대중 골프장을 조금 앞섰지만, 2013년 대중 골프장이 232곳으로 228곳의 회원제를 근소한 차이로 제쳤다. 오랫동안 국내 골프장 업계를 주도했던 '회원제의 시대'가 가고 마침내 '대중제의 시대'가 도래했다.

이런 흐름을 반영하듯 2011년에는 한국대중골프장협회가 문화체육관광부의 사단법인 허가를 받아 정식 단체로 출범했다. 2023년 1월 현재 한국골프장경영협회 회원사는 203개사, 한국대중골프장협회 회원사는 142개사이다.

대중 골프장의 증가 흐름은 세계 골프장 역사와도 맥을 같이하고 있었다. 2010년대 중반 이후 우리나라에 신설된 골프장은 대부분 대중제이다. 회원제 숫자는 오히려 줄어들고 있다. 경영이 어려워진 회원제 중에서 대중제로 전환한 경우가 많았기 때문이다. 회원제가 정점을 찍은 것은 228곳이었던 2013년이었고, 2021년에는 169곳으로 감소했다. 8년 동안 회원제 골프장 60곳 정도가 대중제로 전환한 것이었다.

대중제로 전환은 시대적 흐름인가

대중 골프장의 득세 이유는 분명하다. 세제 혜택을 받기 때문에 경영상으로 회원제보다 훨씬 유리하기 때문이다. 대중 골프장은 내장객에게 받는 개별소비세·교육세·농어촌세·부가세 등을 면제받는다. 대신 회원제에는 내장객 1인당 개별소비세 1만 2,000원, 농어촌특별세 3,600원, 교육세 3,600원, 부가가치세 1,920원 등 모두 2만 1,120원이 부과된다. 대중 골프장은 그만큼 내장객 비용 부담이 적을 수밖에 없다. 뿐만 아니라 대중 골프장은 토지세도 회원제의 10분의 1 수준으로 낮다. 이에 따라 2010년대 중반 골프장의 영업이익률은 평균 22.5%였는데, 대중 골프장은 33.2%의 영업이익률을 기록한 반면 회원제는 7.2%에 그쳤다.

당시 여러 상황으로 비춰볼 때 대중 골프장의 증가는 멈추지 않을 것으로 예상됐다. 대중제와 회원제의 비율은 어느 정도가 적정한 것인지 여러 의견이 있었지만 회원제와 대중제의 세계적인 비율인 3대 7 정도가 건전한 골프 발전을 위해서 바람직하다는 분석이 일반적이었다. 굳이 회원권을 갖지 않고도 골프를 즐길 수 있는 보통 골퍼들이 확실히 많아야 하기 때문이었다. 우리나라 골프장도 이 비율로 수렴되면서 대중제 비율이 70%를 넘는 것은 시간문제로 보였다.

하지만 대중제가 늘어나면서 문제점도 하나둘 불거지기 시작했다. 세제 혜택을 누리면서도 그린피를 계속 올려 회원제와의 차이가 계속 줄어들었고, 대중 골프장이면서도 유사 회원권을 발행해 편법 이득을 취하는 경우도 비일비재했다.

수요와 공급의 법칙에 의해 가격이 형성되는 것은 자유경제시장의 원리다. 대중제라고 해서 회원제보다 무조건 그린피가 낮아야 하는 것은 아니다. 하지만 대중제에 유리하게 만들어진 세제 혜택은 시장 왜곡을 초래했고, 코로나19로 인해 해외로 빠져나가던 골프인구까지 국내로 유입되면서 시장 왜곡은 더욱 심해졌다. 이런 분위기는 무한질주를 하던 대중제를 견제하려는 움직임으로 이어졌다.

12 코로나의 역설, 골프 전성시대를 맞다

    2020년 2월 본격적으로 확산된 코로나19로 짧은 위기를 겪은 골프장은 6월 이후 오히려 호황을 맞았다. 코로나19의 확산에도 전국의 골프장은 인산인해를 이뤘다. 일반적으로 4명(캐디 포함 5인)이 함께 하는 골프는 사회적 거리두기 압박에서 어느 정도 자유로웠다. 게다가 국내 여행이 여의치 않은데다 해외여행도 사실상 봉쇄되면서 골프장은 마땅히 갈 곳 없는 사람들의 해방구가 되고 있었다.

코로나19 확산 초기에는 예약 취소 늘어나

    2020년 1월, 우리나라 골프장들은 비교적 호황을 누렸다. 눈이 많이 오지 않았고, 기온도 예년보다 따뜻해 골프장 내장객이 많았다. 그러다 보니 수도권 골퍼들이 지방 골프장을 찾는 경우가 많아져 예약률이 예년보다 약 60~70% 이상 높아졌다. 그러나 지구촌을 공포로 몰아넣은 코로나19가 2020년 2월부터 전국적으로 번지면서 상황이 돌변했다. 하루 수백 명이 이용하는 골프장도 안전지대로 보장받지 못하게 됐다.

    국내 31번 확진자가 나온 2월 18일 이후 상황은 급변했다. 코로나19가 전국적으로 번지기 시작한 2월 셋째 주(16~22일)에는 47%로 거의 절반 가량이 라운드를 포기했다. 재난지역으로 선포된 대구·경북이 포함된 영남권 취소율이 가장 눈에 띄었다. 앞선 주에 37.74%를 기록했던 취소율은 65.38%로 뛰어올랐다. 이어 3월 첫째 주에도 평소 예약 건수의 3분의 1로 줄었고, 취소율은 66.67%로 점점 높아지고 있었다.

우리 대구CC의 예약률 변화를 살펴보면, 코로나19 발생 전해인 2019년 3월 예약률은 90%에 달했으나 2020년 3월은 77%로 확연히 떨어졌다. 코로나19 발생 초기의 진원지였던 신천지 사태로 대구·경북지역 경기는 급격히 위축됐다. 거리에는 걸어 다니는 사람이 거의 없었다. 그러다 보니 3월 한 달은 내장객이 많이 줄었으나 이후 바로 회복됐다. 골프장이 사람들의 해방구로 인식되기 시작했기 때문이었다.

상황 역전, 내장객 급증과 회원권 고공행진

골프장 대표나 골프산업 종사자들, 그리고 골프 전문가들은 한 목소리로 당분간 우리나라 골프의 앞날이 암울할 것으로 점쳤다. 실제로 전국 골프장의 내장객 수가 빠른 속도로 줄어들고 있었다. 그러나 인생을 살다 보면, 칠흑같이 캄캄해 한치 앞도 안 보이던 길이 갑자기 저 멀리까지 훤히 보이는 순간이 온다. 실낱같은 희망조차 없고 절망만이 가득하다고 생각하는 순간, 아무도 예상치 못하고 그 누구도 믿지 못할 반전이 일어나는 법이다.

코로나19로 전국이 몸살을 앓던 2020년 봄이 그랬다. 3월까지 거의 찾지 않던 손님들이 하나둘 골프장을 방문하기 시작했다. 4월에는 대구CC의 예약률이 86%로 올랐다. 바로 앞 달인 3월에 비해 12% 급증하며 회복세로 돌아선 것이었다. 봄은 예전부터 골프를 즐기기 좋은 계절이었고, 그해는 여느 때보다 비도 거의 내리지 않았다. 하늘의 기운이 골프장에 모인 셈이었나. 그야말로 '부킹 대란'이란 말이 나돌 정도였다. 이러한 기세는 금방 그치지 않고 다음해에도 이어져 1년 후인 2021년 3월 97.9%, 4월에는 97.8%로 대구CC의 예약률이 크게 상승했다.

물론 부작용도 있었다. 일부 골프장의 그린피 인상으로 회원제보다 비싼 대중제 골프장이 늘어났다. 〈헤럴드경제신문〉 2021년 12월 29일자에 이런 기사가 실렸다.

> "팬데믹을 특수로 여기고 그린피를 무작정 올려 회원제(멤버십)보다 비싼 대중제(대중 골프장)가 64곳에 이르렀다. 애초에 '대중제'를 만든 입법 취지에 맞지 않는 대중제에 대한 세금감면 혜택을 축소해야 한다는 여론이 높아지고 있다. 한국레저산업연구소가 발표한 '회원제 그린피를 초과하는 대중·골프장 현황' 자료에 따르면 회원제 비회원 평균 그린피(주중 19만 1000원, 토요일 24만 1000원)를 초과하는 대중제가 전국 64곳으로, 전체 234곳 대중 골프장(18홀 이상)의 27.4%에 달하는 것으로 조사됐다. 회원제 그린피 초과 대중 골프장은 2018년 13곳에 불과했으나 2020년 11월에는 44곳으로 증가세를 보이며 4년 새 4배 가까이 급증했다. 이 가운데 회원제에서 대중제로 전환한 골프장이 33곳으로 절반 이상을 차지했다."

오죽했으면 '착한 골프장'이라는 말이 생겨났을까? 코로나19 시대에도 사실상 그린피를 유지하고, 아마추어대회를 개최해 골프 유망주를 길러내는 골프장을 '착한 골프장'이라 불렀다. 대구CC도 거기에 이름을 올렸다. 그린피를 인상하지 않은 '착한 그린피 고수' 골프장이기도 했지만 코로나19 사태라는 어려움 속에서도 2020년과 2021년 계속 송암배를 개최한 '아마추어대회 적극 개최' 골프장이었기 때문이다.

코로나19의 반전은 회원권 가격 폭등으로도 나타났다. 2021년 6월 18일자 신문기사의 일부분이다.

"코로나19 확산 속 특수를 누려온 골프장 회원권이 올 상반기에도 강세를 보였다. 특히 비쌀수록 가격 상승 폭이 더 컸다. 2021년 상반기 골프장 회원권 상승률 상위 10곳 중 대구CC는 2019년 12월 9490만 원에서 2020년 8월에는 1억 3168만 원으로 38.7%나 올랐다. 2021년 1월 1억 3000만 원에서 5월 24일에는 1억 8000만 원으로 다시 올라 38.5%의 인상률을 기록해 전체 4위에 올랐다. 골프장 회원권이 자산가치로 인정받고 있는데다 코로나19 이후 계속되고 있는 '부킹 대란'까지 겹치면서 실수요자들의 구매 욕구에 불을 댕겼다는 분석이다."

포스트 코로나 시대, 달라지는 골프 문화

2020년대 대한민국 전국 방방곡곡 전 국민이 골프에 빠졌다고 해도 과언이 아니었다. 혼돈의 코로나19 시절에 골프업계는 유례없는 호황을 맞고 있었으며, 평범한 사람들이 달콤한 골프의 매력에 중독되고 있었다. 1~2년 사이에 골프의 인기는 폭발적이었다. 코로나19 여파로 유통과 레저 산업이 큰 타격을 받았지만 골프산업은 오히려 최대 수혜 업종으로 꼽혔다. 골프장은 부킹대란을 겪으며 치솟은 그린피에도 입장객이 몰렸다. 전년 대비 골프장 입장객은 약 1000만 명이 증가했고, 골프 인구도 약 50만 명이 늘어난 것으로 추정됐다.

코로나19 특수로 골프장이 역대급 호황을 누리면서 골프장 업계에서는 "황금 알을 낳는 거위가 아니라 다이아몬드를 낳는 거위"라는 말이 나돌 정도였다. 2020년 내장객은 군 골프장을 포함해 538곳 골프장에 5234만 명에 달했다. 이는 인구 5183만 명을 넘어선 것이었다. '골프장 500곳, 골프 인구 500만 명, 연간 내장객 5000만 명 시대'를 맞은 것이었다.

이를 반증하듯 골프의 이미지도 180도 달라졌다. 골프는 가장 진입장벽이 높은 스포츠 중 하나로 꼽혔다. 주요 고객은 중장년층이었고, 그중에서도 부유한 사람들만의 스포츠라는 이미지가 강했다. 하지만 코로나19 사태 이후에는 골프가 사회적 거리두기가 가능한 스포츠로 급부상했고, MZ세대들까지 골프에 입문하면서 골프는 한국에서 가장 뜨거운 스포츠이자 가장 유행하는 스포츠가 됐다. MZ세대는 1980년대 초에서 2000년대 초 출생한 밀레니엄 세대와 1990년대 중반~2000년대 초반 출생한 Z세대를 통칭하는 용어다.

이런 상황에서 골프장은 수도권이나 지방이나 지역을 막론하고 항상 예약이 꽉 찼다. 이에 따라 골프 관련 기업들의 주가가 상승하고, 쇼핑몰들은 골프웨어 브랜드를 론칭했다. 방송사들도 앞다퉈 골프 콘텐츠를 내놓았다.

다른 건 몰라도 골프예능이 많아졌다는 것은 실감할 수 있었다. TV조선에서 론칭한 '골프왕'에는 우리 대구CC와 인연이 깊은 프로골퍼 김미현이 출연해 더욱 반가웠다. JTBC는 박세리가 출연하는 '세리머니 클럽'을 방영했으며, SBS에서는 '편먹고 072(공치리)'라는 골프 예능을 선보였다. 이 프로에는 우리 대구CC의 홍보대사인 이승엽 두산베어스 감독이 직접 출연해 우리 코스를 배경으로 재미있는 프로그램을 만들기도 했다.

13 한국인, 그리고 골프

    2021년 한해 골프장을 찾은 사람은 5056만 명으로 집계됐다. 회원제 골프장 157곳의 내장객은 1699만 명, 대중 골프장 348곳의 내장객은 3357만 명이었다. 이는 국방부가 운영하는 체력단련장과 미국기지 내 골프장은 포함되지 않은 수치였다.

    2022년 5월 발표한 여론조사기관 한국갤럽의 결과도 놀라웠다. 만 18세 이상 한국인 중 34%가 골프를 칠 줄 안다고 응답했다. 무려 성인 3명 중 1명꼴이다. 골프를 칠 줄 모른다고 응답한 사람 중에서도 약 32%는 앞으로 사정이 허락된다면 골프를 배우겠다고 답했다. 잠재 인구 또한 엄청난 것이었다.

    사회적 성공 여부의 잣대로 골프를 생각하는 것은 고루한 옛말이 됐다. 이제는 상류층의 귀족 스포츠가 아니다. 초등학생에서 노인에 이르기까지 계층과 연령층도 다양해졌다. 우리 한국 사람들의 골프 사랑은 다른 나라와 비교해 보면 꽤 유난스럽다. 한국인은 세계에서 가장 골프를 좋아하는 국민으로 평가받고 있다. 인구 대비 골퍼가 가장 많은 나라라고도 한다. 스크린골프를 포함하면 2021년 한 해 동안 1000만 명 이상이 골프 활동을 했다. 스크린골프를 제외한 순수한 골프인구도 564만 명에 달했다.

그러다 보니 골프시장 규모도 엄청나게 커졌다. 2021년 골프장의 수익성을 판단하는 지표인 홀 당 이용객이 5,092명으로 2000명 수준인 미국과 일본을 크게 앞질렀다. 골프 규칙을 관장하는 R&A의 2021년 통계에서도 한국은 미국·일본·영국·캐나다·호주·독일·프랑스에 이어 세계에서 8번째로 골프장이 많은 나라로 조사됐다.

우리나라 골프산업의 규모도 엄청나다. '한국골프산업백서 2020'에 따르면 2020년 우리나라 골프산업 규모는 12조 9,991억 원에 달한다. 전 세계를 휩쓸고 있는 K-콘텐츠의 대표주자인 게임산업(15조 6,000억 원)과 비슷하고, 음악(5조 8,000억 원)·영화(2조 3,000억 원) 산업보다 훨씬 크다. 미국의 시장조사기관 '골프데이터테크'도 2021년 한국의 골프 장비와 의류 시장 규모가 미국·일본에 이어 세계 3위며, 1인당 지출액은 세계 최고라고 밝혔다.

골프에 빠진 대한민국

골프 인구가 급격히 늘어난 것은 일차적으로 높은 경제성장의 결과라 할 수 있다. 보통 1인당 국민소득이 1만 달러가 되면 사람들이 골프를 치기 시작하고 2만 달러가 되면 골프 열풍이 분다고 한다. 우리나라는 1995년과 2007년에 각각 이 기준을 넘어섰다.

골프에 대해 닫혀 있던 마음을 열게 한 일등공신은 박세리 선수였다. 골프의 불모지였던 한국에 골프를 인기 스포츠로 만든 당사자였다. IMF 외환위기로 시름에 빠져 있던 국민에게 희망을 준 박세리의 1998년 US여자오픈 우승을 시작으로 신지애와 박인비의 눈부신 활약에 이어 최근에는 박성현과 고진영의 빼어난 성적은 한국인을 골프에 빠지게 했다.

그밖에도 건강에 관심이 높아졌고, 과거 룸살롱 접대문화가 골프장 접대로 바뀌면서 골프 인구를 늘리는 데 한몫한 것도 부정할 수 없다.

사업가나 정치인 등 특수층의 전유물이었던 골프는 자영업자와 회사원으로까지 번져나갔다. 골프 인구가 늘면서 인터넷과 방송에는 골프관련 정보와 프로그램이 넘쳐나고 있다. 대중매체에 골프가 많이 등장하면서 골프에 대한 관심도가 자연스럽게 높아지며 골프 라운드를 하지 않아도 골프 중계를 챙겨보는 사람이 많아졌다. 모임에서 골프를 모르면 대화에 끼지 못할 정도가 됐다. 연령층도 점점 젊어지고 골프하는 여성들도 크게 늘었다.

평소 즐기는 레저·스포츠 한두 가지 정도는 생활의 필수로 생각하는 20~30대 젊은 층은 다른 운동을 할 때도 돈이 들어가기 때문에 골프 비용이 큰 무리가 아니라는 입장이다. 나이 들어서까지 할 수 있고, 가족과 함께 할 수 있다는 점이 골프를 선택한 이유였다. 상대적으로 입장료가 저렴하고 부킹도 수월한 주중에 시간을 낼 수 있는 40~50대 중년 주부들도 골프의 문턱을 넘었다. 조기교육 차원에서 초등학생 자녀에게 골프를 가르치기도 하고, 일부 중·고등학교 학생들은 특별활동으로 골프를 배우고 있다. 남녀노소 골프에 빠져 골프를 인생 스포츠로 맞이한 한국 사람들이 늘어가고 있다.

이렇게 재미있는 스포츠가 골프인데 한국에서는 골프로 인한 구설도 끊임이 없었다. 수해복구가 한창인데 골프 삼매경에 빠진 정치인을 비롯해 공무원·기업인·언론인 등 사회지도층 인사들의 부적절한 골프 행태가 되풀이되며 지탄을 받기도 했다. 2006년 당시 이해찬 국무총리는 부적절한 골프로 인한 비난이 거세지자 국무총리직을 사퇴하기도 했다.

골프의 끝없는 유혹, 인생의 축소판인 탓

도대체 골프의 어떤 매력이 본분과 이성을 잃게 하는 것일까? 골프의 장점이자 단점은 너무 재미있다는 것이다. 그래서 골프는 꽤나 중독성이 강하다. 골프 때문에 중요한 일을 놓친 적이 있다거나, 골프채를 수시로 업그레이드하고 한여름과 한겨울에도 18홀을 끝내고도 9홀을 더 하고 싶다면 '골프 홀릭'이라고 할 수 있다.

골프계에서 손꼽는 어느 골프 마니아는 "예측할 수 없는 불확실성과 쉽사리 정복되지 않는 도도함이 골프에 몰입하게 하는 매력"이라고 했다. 동시에 "자연과 함께 하는 가장 자연과 닮은 운동이기에 골프의 매력에 빠져든다"는 사람도 있다.

어쩌면 우리가 골프에 빠질 수밖에 없는 이유 중 하나는 우리의 험난한 인생의 축소판과 같기 때문이라고 생각한다. 골프만큼 환경의 영향을 많이 받는 운동도 없다. 바람·비·눈·기온 등 자연환경과 페어웨이나 그린의 컨디션 등이 골프공의 움직임에 영향을 미친다. 아무리 교과서에 가까운 스윙을 했더라도 예상치 못한 결과가 나오기 일쑤다. 골프공이 늘 페어웨이로만 다니지 않는다. 나무나 풀숲에 들어가고 벙커나 물에 빠지기도 하는 등 온갖 장애물을 만난다. 우리네 인생이 그러하듯이.

골프의 규칙 또한 우리 인생의 과정과 닮아 있다. 18홀로 이루어진 경기에서 1번 홀을 마친 다음 2번 홀이 아닌 다른 홀로 갈 수 없다. 지나온 홀을 되돌아 갈 수도 없다. 우리가 지나간 시간을 되돌릴 수 없기에 삶의 과정 하나하나에 충실해야 한다는 사실을 골프에서 배우게 된다.

자신이 한 홀에서 먼저 끝냈다고 다음 홀로 혼자 갈 수도 없다. 동반자가 홀을 마칠 때까지 기다려야 한다. 우리가 혼자 사는 것이 아니라 함께 살아가는 존재라는 것을 일깨워 주는 것이 골프다. 또 한 홀마다 홀컵에 골프공을 넣지 않으면 그 홀을 마칠 수 없다. 다른 사람이 대신 홀컵에 내 골프공을 넣어서도 안 된다. 내가 하고 있는 일의 마무리를 내가 확실히 해야 하며, 그 일을 다른 사람이 아닌 나 자신이 해야 한다는 것을 알게 해준다.

뿐만 아니다. 골프를 통해 약속은 반드시 지켜야 한다는 신뢰와 믿음을 배우고 겸손의 자세도 배운다. 드라이버와 아이언, 퍼트 등을 상황에 맞게 사용해야 한다는 응용력의 중요성도 알게 된다.

골프 경기의 우승자는 점수를 얼마나 줄였는지에 따라 결정된다. 욕심과 태만을 줄여야 성공한 삶을 살 수 있듯이 골프도 마찬가지다. 18홀을 돌다보면 희로애락을 경험한다. 오묘한 인생의 법칙을 하나씩 풀어가듯 골프와 하나가 돼 가는 것이다.

사바나 시절의 아득한 추억인가

한국인의 유난한 골프 사랑의 이유에 대해 다양한 분석이 나오고 있다. 필명 쿠바시가라는 골프칼럼니스트는 자신의 블로그에 올린 '한국인이 골프를 유난히 사랑하는 이유'(2022년 5월 2일)에서 사바나 가설을 통해 한국인의 골프 사랑을 진단하고 있다.

> "한국인의 유난한 골프 사랑에 긍정적인 요인만 있는 것은 아니다. 진화인류학에 따르면 초기 인류는 아프리카 사바나 기후에서 진화했다. 그래서 인간은 선천적으로 사바나와 비슷한 환경을 선호하는데, 이것을 사바나 가설이라고 한다. 실제로 사람들에게 다양한 풍경 사진을 보여주고 어디에 살고 싶은지 물었을 때 낙엽 숲, 침엽수

림, 열대우림, 사막보다 사바나 환경을 가장 많이 선택했다. 넓은 초원에 간간이 나무 몇 그루가 서 있는 전형적인 아프리카 사바나의 사진을 보고 있노라면 골프장 풍광과 매우 흡사하다는 사실을 깨닫게 된다."

높은 산지가 많고 도시화된 한국은 OECD 국가 중 인구밀도가 가장 높은 나라이기 때문에 한국인들은 좁은 공간에서 생활하면서 쌓인 스트레스를 풀고 심리적으로 편안함을 느낄 수 있는 공간이 절실한 상황이라는 것이다. 여기에 사바나 가설을 적용하면 골프장은 한국인들에게 일종의 심리적 해방구 역할을 하고 있는 셈이라는 주장이다.

골프는 금전적 여유가 생기면 하고 싶은 운동 1위를 오랫동안 지키고 있다. 한국인들이 골프를 선망하는 까닭을 쿠바시가는 귀족 스포츠 이미지에서 찾았다. 모든 것을 서열화하고 끊임없이 남과 비교하는 성향이 강한 한국인들이 골프에 빠지는 것은 골프 또한 우리 한국사회에서 오랫동안 자기 과시와 신분 상승을 욕망하는 사람들의 놀이였기 때문이라는 해석이다. 한국의 도로에 유달리 외제차와 대형차가 넘쳐나는 것처럼 남의 시선과 평가를 중시하는 성향이 스포츠에서도 나타나고 있다는 것이다.

사진 찍으러 골프장 가는 MZ세대

골프 치는 2030, 즉 MZ세대가 정말 많아졌다. 인스타그램에는 MZ세대의 골프 사진 올리기가 유행처럼 번지기도 했다. 실제로 인스타그램에서 '골프'를 검색하면 초록색의 광경이 펼쳐지고 MZ세대가 필드나 스크린 골프장에서 개인 샷이나 단체 샷을 찍은 사진이 많이 나온다.

구독자 90만여 명을 보유한 유명 유튜버 '부동산 읽어주는 남자'는 이런 현상을 인정 욕구와 인스타그램이라는 플랫폼의 특수성이 합쳐진 결과라고 해석했다. 인스타그램에 올리는 콘텐츠를 분류하며 남들에게 보이고 싶어 하는 욕구를 '허세 피라미드'로 표현했다.

골프는 일정 수준의 경제력이 없으면 접근이 어려운 가구·인테리어·집 등에 비해서는 보여주기에 접근성이 좋다는 것이다. 또 한 번 필드에 나가면 인스타그램에 올릴 일주일 치 게시물이 해결된다는 것이다. 이에 따른 장비발(?)도 중요한 콘셉트라고 한다. 등산갈 때 똑같은 아웃도어 의류를 입는 것처럼 골프 역시 유행하는 골프웨어를 차려입고 인증 샷을 남겨야 비로소 라운드가 완성되는 것이다. 골프장에서 젊은 사람들이 사진을 너무 많이 찍는 바람에 게임 진행이 느려진다는 민원이 종종 나올 정도라고 한다.

MZ세대 사이에서도 골프는 단순한 스포츠가 아니라 경제적 여유가 있고 건강한 삶을 살고 있다는 걸 보여주는 징표가 됐다. 젊은 사람들이 무슨 돈으로 골프를 하는지 의아해 하는 기성세대와 MZ세대의 소비성향은 전혀 다르다. 미래의 안정보다는 현재를 택한 젊은 세대들은 자신이 좋아하는 것에 돈과 시간을 아끼지 않는다. 골프와 명품·호캉스·해외여행을 즐기는 것이 우선이다.

MZ세대가 골프를 시작하는 이유는 다양하다. 하지만 어떤 이유에서든 타인의 소비에 옳고 그름의 잣대를 들이대기는 어렵다. 다만 남에게 휩쓸려서가 아니라 자신이 원하는 바를 인지하고 소비하는 태도는 MZ세대뿐 아니라 모든 세대에게 필요할 것이다.

사바나 초원을 닮은 대구CC 풍경

사람들이 골프를 좋아하는 것은 초기 인류들이 살았던 사바나 초원과 비슷한 환경을 좋아하기 때문이라는 설도 있다.

14 새로운 골프장 분류체계가 가져올 영향

2020년 코로나19 팬데믹 이후 우리나라 골프장이 호황을 맞았다. 해외 골프여행이 힘들어진 데다 가장 안전한 야외 활동이라는 장점이 보태지고, 젊은 층이 가세하면서다. 그러나 부작용도 뒤따랐다. 일부 골프장들의 지나친 그린피 인상이 여론의 뭇매를 맞았다. 일부 대중골프장의 그린피가 회원제를 앞지르기도 했다.

그린피는 1994년 이전까지는 정부의 규제에 놓여 있었다. 그러다 1994년에 '체시법' 시행령이 개정되면서 시장 자율에 맡겨졌다. 자율화 이후 골프장 그린피 인상 논란이 이어져 오고 있다. 특히 코로나19 사태 이후 사람들이 몰리자 골프장들이 그린피를 과도하게 올리면서 그린피 논란이 더욱 뜨거워졌던 것이다.

특히 세금 혜택을 받는 대중 골프장의 그린피 인상이 가팔랐다. 2018년 이후 대중 골프장의 주중 입장료가 15%나 상승했다. 이에 따라 회원제 골프장과의 차이도 빠르게 줄어들었다. 대중 골프장의 주중 그린피가 15% 오를 때 회원제 골프장은 5.6%만 올랐기 때문이었다. 더 큰 문제는 대중 골프장이 세금 혜택을 받고 있음에도 혜택의 일부를 고객에게 돌리기는커녕 자신들의 잇속을 채운다는 비판을 받게 된 것이었다.

2021년에도 그린피는 꺾일 줄 모르고 상향 곡선을 그리고 있었다. 실제 코로나19 이후 그린피 인상률은 30%에 육박했다. 2021년 대중 골프장의 영업이익률은 40%에 달했다. 대중 골프장에 대한 여론의 질타가 이어지자 정부로서는 대책이 필요했다. 그래서 2022년 1월 '제2의 골프장 대중화'를 선언하기에 이르렀다.

골프산업을 두 번째 도약 단계로 발전시키기 위해 2026년까지 골프인구 600만 명, 시장 규모 22조 원으로 키우기 위한 골프 대중화와 지속가능한 산업혁신을 제시한 것이다. 더불어 일부 대중 골프장이 세제 혜택을 받으면서도 과도한 이용료, 캐디·카트 강제 이용 등을 요구하는, 대중적이지 못한 문제를 해결하기 위해 국회 동의를 얻어 2022년 5월 '체시법 일부개정법률'을 공포했다.

'그린피 인하'를 위한 극단의 조치

개정 법률의 핵심은 골프장을 회원제와 대중 골프장으로 분류하던 이분체제를 회원제·비회원제·대중형의 3분체제로 개편하는 것이었다. 회원제는 그대로 두되, 기존 대중 골프장을 그린피 수준에 따라 비회원제와 대중형 골프장으로 나눈 뒤 세제 혜택을 차별화하겠다는 것이었다. 그동안 대중 골프장이 건축물과 토지에 대한 취득세를 회원제보다 70%, 재산세는 최대 95%까지 감면받으면서도 그린피를 회원제와 비슷하거나 더 높게 받아 폭리를 취하는 것을 막겠다는 취지였다.

다시 말해 그동안 세제 혜택을 누려온 대중 골프장 중에서 세제 혜택을 계속 누리려면 대중형 골프장으로 등록해 그린피를 내려야 했고, 그러지 않는 대중 골프장은 비회원제로 분류해 세제 혜택을 주지 않겠다는 것이었다.

'골프장 3분류 체계'를 골자로 한 '체시법 일부개정법률'은 2022년 9월 초까지 입법 예고 및 규제 심사에 돌입했다. 관계기관 협의가 9월 말까지 이어지고 10월에는 차관회의와 국무회의를 거친 뒤 대통령 재가·공포 후 11월 4일부터 개정된 '체시법'의 시행에 들어갔다.

대중형 골프장이 되기 위한 그린피의 산정을 위해 문체부장관이 고시하는 금액을 3만 4,000원으로 정해 확정했다. 대중형 골프장이 되기 위해서는 해당 골프장의 5월과 10월 평균 그린피가 수도권 회원제 골프장의 5월과 10월 비회원 가격 평균보다 3만 4,000원이 싸야 한다는 것이었다. 결국 대중형 골프장의 그린피를 주중 18만 8,000원, 주말 24만 7,000원 미만으로 제한하고 2023년 1월부터 시행에 들어갔다.

과연 그린피 인하 효과 있을까

그동안 대중 골프장들이 지원 받았던 세제 혜택을 철회할 경우 어떤 방식으로든 이용객에게 그 부담을 전가시킬 가능성이 높아 법 개편 취지가 어떤 결과로 나타날지 주목됐다. 특히 이해 당사자인 대중 골프장들이 민감하게 반응했다. "시장논리에 의해서 해야지 과도한 정부 개입은 아닌 것 같다"라는 의견을 강하게 주장했다.

그러나 정부의 3분류 체계에 대해 찬성하는 경우도 많았다. 서천범 한국레저산업연구소 소장이 그 중의 하나였다. 찬성하면서도 운영의 효율화는 주문하는 것을 잊지 않았다.

"앞으로 무늬만 대중제인 비싼 대중 골프장들은 더 이상 세금감면 혜택을 받을 수 없고, 세금감면 혜택도 줄어든다는 점에서 비회원제 신설은 바람직하다. 그렇지만 땅값과 공사비 등 투자비가 적게 들어갔지만 주변 골프장에 비해 그린피가 비싼 골프장이 대중형 골프장으로 분류되는 건 문제다. 비회원제 산정 기준에 과거 1년간의 최고 그린피뿐만 아니라, 가

트피를 포함해야 할 것이다. 예컨대 그린피는 낮게 책정하는 대신에 카트피를 높게 책정하는 골프장이 생겨날 수도 있기 때문이다."

한편 〈골프저널〉은 2023년 2월에 골퍼들이 체감하는 골프 대중화는 어느 정도인지 파악하기 위해 골퍼들을 대상으로 '골프 대중화'에 관한 설문조사를 실시했다. 이때 '대중형 골프장 제도' 시행에 대해 알고 있는지를 조사했다. 그 결과 설문 응답자의 88.9%가 알고 있는 것으로 드러났다고 밝혔다.

이어 앞으로 대중형 골프장으로 지정돼 세제 혜택을 받으려면 주중 그린피는 18만 8,000원, 주말 그린피는 24만 7,000원 미만으로 책정해야 하는데 '대중형 골프장 제도가 골프 대중화에 도움이 된다고 생각하는지 여부'에 대해 조사한 결과 매우 그렇다고 답한 수는 한 명도 없었으며, 그렇다고 답한 수는 3.7%였다. 반면 부정적인 의견으로 '아니다' 25.9%, '전혀 아니다' 40.7%로 대중형 골프장 제도가 골프 대중화에 도움이 되지 않는다는 시각을 가진 비율이 66.6%를 차지했다.

정부가 골프 대중화를 목적으로 대중형 골프장 제도를 도입했지만, 골퍼들의 시각에서 볼 때 대중화 골프장 제도는 골프 대중화에 큰 도움이 안 되는 제도로 인식된 것이었다.

하여튼 이 제도가 그린피 인하를 통한 골프 대중화에 도움이 될지 독소조항이 될지는 좀 더 지켜 볼 필요가 있다.

제4장
골프와의 인연, 보고 듣고 경험한 이야기

지방 골프 확산의 전초기지 대구CC 개장 ············· 218

선친의 골프와의 운명적인 만남 ················· 223

경북지역 골프의 성지를 만들다 ················· 227

나의 골프 입문, 한국대학골프연맹 창설 ············ 237

골프장 경영에 발을 들여놓다 ·················· 243

골프 발전을 위한 프로들의 노력에 힘 보태다 ······· 249

국내 최고 권위의 동해오픈 개최 ················ 254

골프장 개방, 페어웨이를 동심으로 물들이다 ········ 261

클럽대항전 우승, 내친김에 세계대회 우승까지 ····· 266

송암배 창설, 골프인재 육성의 큰 걸음 ············· 273

송암배가 맺어준 깊고 오랜 인연 ················ 282

여자 프로선수들의 소망 담아 대회를 만들다 ········ 290

해외골프장 건설, 한국골프의 혼을 심다 ············ 296

"원망하지 말라"던 평생의 귀한 말씀 ············· 303

KGA 경기위원장으로서의 소중한 추억 ············ 306

스페셜올림픽, 천사들에게 골프를 선물하다 ········· 310

필드에 울려 퍼진 가곡의 선율 ·················· 319

들고양이들에게 보낸 경고장 ··················· 324

세계시니어골프 준우승, 한일 교류로 연결하다 ····· 329

시니어아마추어골프에 활력을 불어넣어 보자 ······· 335

평창동계스페셜올림픽 유치 ············· ········· 340

1 지방 골프 확산의 전초기지 대구CC 개장

50년 전인 1972년 10월 22일은 나에게 매우 의미 있는 날이었다. 선친이 건설한 대구CC가 개장하는 날이었기 때문이다. 이날 클럽하우스 식당에서는 당대 최고의 가수인 패티김의 우렁찬 노래가 울려 퍼졌다.

"가슴속에 스며드는 고독이 몸부림칠 때 갈 길 없는 나그네의 꿈은 사라져 비에 젖어 우네. 너무나 사랑했기에 너무나 사랑했기에 마음의 상처 잊을 길 없어 빗소리도 흐느끼네."

패티김의 '초우'에 관객들은 우레와 같은 박수를 보냈다. 실내로 입장하지 못해 창밖에서 공연을 보고 있던 사람들도 마찬가지였다. 어린 아이이던 큰아들(우승백 대구CC 대표이사)을 안고 공연을 보고 있던 우리 가족도 환호했다.

패티김의 노래, 골프장의 첫날을 아름답게 수놓다

"니가 한번 해 봐라."

개장 준비가 한창일 때 개장식을 어떻게 할까 하는 논의를 하던 중 선친께서 나에게 하명하신 첫 번째 큰일이었다. 조금 더 특색 있고 남들이 깜짝 놀랄 기획을 해 보라는 말씀이셨다. 평소 가깝게 지내던 박완희 형, 김기수 형과 함께 머리를 맞대었다. 우리들이 같이 모임을 하던 샵앤비

(#&b)의 멤버들과 의논하기로 했다.

그때만 해도 유명한 가수들을 초내하는 것이 대세였는데 당대 최고 가수였던 최희준 선배가 우리 모임을 같이하고 있어서 부탁을 했다. 그런데 마침 다른 스케줄이 있다면서 유명 작곡가이자 모임의 일원이었던 길옥윤 선배에게 부탁하자고 했다. 그렇게 해서 우여곡절 끝에 최고의 여가수 패티김에게 인연이 닿았다. 패티김은 골프장에서 공연을 하는 것은 처음이라면서도 가까운 사람들의 청이니 멋지게 해 보자고 했다.

"당신 생각에 부풀은 이 가슴 살짜기 살짜기 살짜기 옵서예. 달 밝은 밤에도 어두운 밤에도 살짜기 살짜기 살짜기 옵서예."

패티김의 '살짜기 옵서예'에 관객들은 우레와 같은 박수를 보냈다. 이렇게 해서 대구CC는 출발했다. 한국에서는 열다섯 번째로 고고의 성을 터뜨린 대구·경북 일대에서 최초의 골프장이 탄생하는 순간이었다. 그때나 지금이나 나는 골프장을 체육의 장으로만 생각지 않는다. 서로가 서로와 소통하는 커뮤니케이션과 문화의 공간이라고 생각했기에 이러한 기획이 이루어진 것이었다.

대구CC 정식 개장을 맞이해 시범 라운드 행사가 먼저 개최됐다. 그날따라 눈발 비슷하게 진눈깨비가 많이 내렸는데도 회원과 초청인사 등 200여 명의 내방객이 참석했다. 시범 라운드에 참가한 사람들은 궂은 날씨에도 18홀을 모두 돌며 대구CC의 정규코스를 처음으로 만끽했다.

이와 함께 심혈을 기울여 마련한 개장식과 개장 기념공연이 클럽하우스 식당에서 열리게 된 것이었다. 나와 직원들은 패티김의 공연을 위해 식당을 공연장으로 꾸몄다. 그 사이 패티김은 자신의 악단과 댄서와 스태프들을 버스 한 대에 싣고 달려 왔다. 패티김이 온다는 소식에 몰려든 동네 사람들을 포함해 초청인사와 직원들까지 클럽하우스 식당은 발 디딜 틈

조차 없었다. 실내 좌석이 모두 차서 창밖에서 구경하는 사람들도 많아 한때 식당 내외가 아수라장이 되기도 했다. 수많은 사람들의 관심 속에 패티김의 축하공연이 드디어 시작됐다.

패티김은 '살짜기 옵서예'를 시작으로 자신의 히트곡을 열창했고, 가장 최근의 히트곡이었던 '사랑이여 다시 한번'을 마지막 곡으로 불렀다. 나도 식당 한 구석에서 벅찬 마음으로 공연을 끝까지 지켜보았다. 패티김의 열창이 이어진 끝에 공연은 성황리에 마무리됐고 개장기념식 또한 성공적으로 치러졌다.

대구·경북 최초의 정규 골프장으로 탄생

1970년대 초반 경제개발의 박차 속에 사회 모든 분야가 미래를 향해 도약을 꿈꾸던 시기, 골프도 아직 초창기로밖에 볼 수 없었던 시기에 대구CC가 탄생했다.

1954년 서울CC(군자리코스)가 재개장한 뒤 1956년 부산CC가 개장한 데 이어 1964년에 한양CC가 개장하면서 골프가 확산될 수 있는 토대가 마련됐다. 1966년에는 제주CC를 시작으로 태릉CC와 뉴코리아CC가 문을 열었다. 1967년에는 관악CC가 개장하고, 1968년에는 삼성그룹이 안양CC를 개장했다. 1970년에는 용인CC를 비롯해 부평시사이드CC, 오산CC 등이 세워졌다. 1971년에는 산성CC와 남서울CC까지 오픈하면서 몇 년 새 많은 골프장이 서울과 그 근교에 자리 잡았다.

이즈음 골프장 붐은 박정희 대통령의 뜻에 힘입어 지방으로 퍼져 나갔다. 1970년에는 충남에 유성CC(9홀 규모)가, 1971년에는 부산에 동래CC가, 그리고 1972년 7월에는 전북에 팔봉CC(9홀 규모)가 개장해 지방 골프 확산의 견인차 역할을 했다.

개장 초기의 대구CC

•

1979년 봄 어느 날 대구CC를 찾은 박태준 포스코 전 회장 일행이 라운드에 앞서 기념 촬영을 하고 있다.

이로써 골프장은 16곳으로 늘어났다. 1971년 말 골프인구는 2만 명에 이르렀으며, 연간 내장객은 36만 명에 달했다. 주말 그린피는 2,250원, 캐디피는 600원 수준이었다. 당시 월급쟁이 월급이 2만 원대이고, 소고기 1근에 600원, 삼양라면 50봉에 880원, 연탄 100장에 1,800원이던 시절임을 감안하면 골프장 이용 가격이 절대 만만치 않았음을 알 수 있다. 여전히 상위 몇 % 정도만이 즐기던 고급 스포츠로 인식될 수밖에 없는 실정이었다.

그러던 1972년 10월 대구CC가 우리나라 17번째 골프장으로 문을 열었다. 18홀 정규코스로는 국내 15번째였으며, 대구·경북지역으로는 최초의 골프장이었다.

2 선친의 골프와의 운명적인 만남

송암 우제봉 회장 동해오픈 시타

경기도 고양시에 가면 18홀 규모의 뉴코리아CC가 있다. 이곳은 우리 대구CC보다 6년 앞선 1966년 11월 한국에서 6번째로 개장한 유서 깊은 골프장이다. 그리고 무엇보다 선친이 골프를 좋아하는 뜻있는 몇몇 지인들과 함께 아낌없이 투자하고 열정을 쏟아 부었다는 점에서 나에게도 특별한 의미를 지닌다. 개인적인 심경으로는 뉴코아CC가 대구CC의 모태와도 같은 느낌이다. 선친 덕분에 골프를 처음 접했고 사랑할 수 있었으며, 뉴코리아CC가 있었기에 지금의 대구CC가 탄생할 수 있었기 때문이다.

선친과 신록회가 함께 만든 뉴코리아CC

뉴코리아CC가 문을 열기 전 골프장은 서울과 부산에만 있었다. 군자리코스로 알려진 서울CC가 1954년 문을 연 데 이어 부산CC는 1956년 해운대 달맞이 고개에 터를 잡았다. 그 후 한동안 골프장이 더 만들어지지 않았다. 18홀 정규코스를 만들려면 적어도 20만 평 정도의 부지가 있어야 하고, 건설 장비도 필요했으니 쉬운 일이 아니었던 것이다.

그런 이유에서 1960년대에 들어서고도 중반인 1964년에야 부동산 재벌이던 조봉구(훗날 삼호주택 회장)가 한양CC를 개장했다. 개인이 만든 국내 첫 골프장이었고, 골프코스 건설 뒤 모집한 예탁금 회원을 통해 투자자금을 회수하는 일본의 운영 방식을 처음 도입한 곳이기도 했다. 이와 같은 회원제와 소유 형태가 골프장 건설 경쟁을 일으키는 계기가 됐으며, 오늘날 대다수 골프장의 모델로 자리 잡았다.

한양CC와 같은 방식으로 2년 뒤인 1966년 11월 뉴코리아CC가 우리나라 6번째 골프장으로서 개장했다. 바로 이곳이 선친인 송암 우제봉(松庵 禹濟鳳, 1919-2004)이 기업인 친구들과 의기투합해 세운 골프장이었다. 뉴코리아CC를 만든 선친의 친구들은 최주호 계성제지 사장(후일 우성그룹 회장), 이동찬 삼경물산 사장(후일 코오롱그룹 회장), 단사천 한국제지 사장(후일 해성그룹 회장), 김종호 세창물산 사장(후일 신한종합금융 회장) 등이었다. 이들은 군자리코스(서울CC)에서 골프를 치며 자주 어울렸고, '신록회(新綠會)'라는 정기 골프 모임으로 활동하던 사이였다.

이들은 골프장 건설에 뜻이 모아지자 한양CC 인근의 서삼릉 능역 부지를 매입하고 골프장 건설에 들어갔다. 정부에서 서삼릉 능역을 민간에 불하했는데 조봉구가 20만 평을 앞서 불하받아 한양CC를 만들었고, 신록회 회원들이 뒤이어 18만 평을 불하받아 골프장 건설에 나섰다. 이들은 골프장 이름을 뉴코리아CC로 짓고 건설과 운영을 관장할 회사로 신록회의 신(新)을 따서 지은 '신고려(新高麗)관광'을 설립하고 골프장 공사에 들어갔다.

신고려관광은 이들 5명이 지분을 나눠 가졌는데 골프장 건설에 가장 열성적이었던 선친이 대표이사를 맡아 건설공사를 주도했다. 이러한 과정을 거쳐 뉴코리아CC는 재계의 거물이나 대기업체 총수들의 '나도 골프장을 갖자'는 바람 속에 한국 두 번째 예탁금 멤버제의 명문 골프장으로 탄생했다.

고향에서 골프문화 개척을 꿈꾸다

갖가지 어려움 끝에 문을 연 뉴코리아CC는 전장 6,905야드, 18홀 파72 규모를 자랑했다. 당시 선친은 코오롱에서 생산하던 나일론의 영남지역 총판인 '배양산업' 외에도 여러 사업을 하면서 바쁜 와중에도 누구보다 골프를 좋아했다. 그 당시 대한무역협회회장배에 나가 우승을 차지하자 친구들이 "당신이 공을 제일 잘 치니 당신이 사장을 하라"고 등을 밀어서 초대사장에 취임했다는 재미있는 뒷이야기도 있다.

이유나 계기가 어찌됐든 선친은 초대 이후에도 두 번이나 사장을 맡아 모두 3번 뉴코리아CC 사장을 역임했다. 시간이 지나 선친은 1972년에 지분을 박용학 대농그룹 회장에게 매각했다. 박용학 회장은 그 지분을 1982년 정주영 현대그룹 회장에게 양도했다고 한다.

뉴코리아CC가 개장하던 무렵 골프에 입문한 박정희 대통령이 이곳을 자주 이용했다. 청와대에서 20분이면 오갈 수 있어 업무를 시작하기 전인 새벽에 비공식 라운드를 즐기러 뉴코리아CC를 자주 찾았다. 이때마다 선친이 함께 9홀을 라운드한 뒤 식사를 하며 대화도 나누곤 했다.

남들은 하고 싶어도 쉽사리 하지 못했던 박정희 대통령과의 독대를 선친은 종종 할 수 있었던 것이다. 게다가 고향이 구미였던 박정희 대통령이 인근인 대구 출신 선친을 편하게 대하면서 이런저런 이야기도 스스럼없이 나누게 됐다. 그때까지만 해도 그 인연이 대구CC의 탄생으로 이어지리라고는 그 누구도 상상하지 못했다.

그러던 어느 날 라운드 도중에 박정희 대통령이 "우 사장, 고향에 골프장 하나 짓지"라며 한 마디 했다. 이어 몇 마디 더 덧붙였다.

"자네는 골프장 사업의 개척자로 어차피 시작한 일이 아니냐. 나도 곧 대구의 학교(영남대학교를 의미)로 내려갈 거니 대구에 골프장을 하나 만들게나."

　박정희 대통령이 던진 이 말, 짧지만 강렬한 권유가 현재까지 그 명맥을 이어오게 된 대구CC 탄생의 단초가 됐다. 박정희 대통령의 권유에 선친은 망설임 없이 고향 대구로 내려가 골프장을 건설하기로 결심했다. 박정희 대통령이 선친의 성정을 알고 그런 말을 던진 것인지, 운명처럼 선친에게 골프장을 권유한 것인지는 알 수 없다. 그러나 내가 아는 선친은 마음만 맞으면 어떤 난관도 뛰어넘을 준비가 돼 있는 분이었다. 그 이유가 '골프'라면 더더욱 멈추지 않고 끝까지 도전하는 분이었다. 그만큼 선친의 골프 사랑은 뜨겁고 깊었다.

　선친은 골프가 당시에는 비록 생소하지만 그 어느 나라 사람들보다 한국 사람들의 심리나 취향에 꼭 맞는 스포츠라고 생각했다. 그렇기에 대한민국의 형편이 나아지고 국민들의 생활패턴이 바뀌면 언젠가는 골프가 꽃을 피울 때가 올 것으로 믿고 있었다. 과거 동생의 독립운동(1943년 대구에서 일어난 원대동 단파방송사건) 때문에 일본 경찰에 쫓겨 만주 벌판을 다니던 시절 다양한 지식과 견문을 쌓은 경험도 있었던 선친은, 원래도 진취적이었지만 '대구에 내려가 골프장을 여는 일'에 대해 성공할 수 있다는 신념과 미래지향적인 인식을 갖고 있었던 것 같다. 지금의 한국골프를 보고 있자면 50여 년 전 선친의 혜안에 문득 놀라고 감탄할 따름이다.

3 경북지역 골프의 성지를 만들다

　선친이 골프에 대한 철학과 선견지명으로 대구에 내려온 때는 1970년이었다. 우선 부지 매입을 시작하고 다음해인 1971년 6월에는 골프장 건설을 위해 경산개발을 설립했다. 당시에는 골프 치는 사람이 거의 없어 수도권지역 골프장도 적자에 허덕이던 시절이었고, 더욱이 지방 골프장은 쉽지 않았을 때였다. 그나마 뉴코리아CC는 비교적 자리를 잡은 골프장이었는데, 이를 정리하고 대구에 골프장을 만들겠다는 결정은 가족이나 친구나 지인이라면 누구나 말려야 할 일이었다.

　그럼에도 불구하고 선친은 자동차 보유자가 500명이 채 안 되는 대구·경북지역에서 골프장 건설을 밀어붙였다. 아무리 사랑하는 고향이라지만 크나큰 모험, 아니 무모한 도전이었다. 이를 박정희 대통령의 권유와 평소 골프에 대한 지론이 만난 자리에 피와 땀을 쏟아 부어 한국골프 역사에 기리 남을 '대구CC'로 꽃 피워내고 키워낸 것이었다.

일제강점기에도 대구에 골프장이 있었다

　선친이 대구CC를 건설하기 위해 고향인 대구로 내려왔을 때에는 대구에도 이미 골프코스가 있어 소수 골퍼들의 목마름을 해소해 주고 있었다. 대구시내 앞산 밑에 위치한 캠프워크 골프장, 이른바 미군골프장이었다. 대구 미8군 훈방기지사령부 사령관이었던 피터스 장군이 미군장교 숙소의 정원을 이용해 1964년에 9홀짜리 골프코스를 만든 것이었다. 피터스 장군은 한국에 미식축구를 보급한 장본인이기도 했다.

김집 전 체육부장관은 소아과 전문의로 대구 병원에 근무할 때 캠프 워크 골프장에서 새벽 골프를 즐겼다고 〈매일경제신문〉에 기고한 '골프 일화'(1992년 10월 7일자)에서 회고한 적이 있다.

> "1962년 미국유학을 마치고 돌아와 경상북도체육회 임원으로 있을 때이던 1964년부터 본격적으로 골프를 치게 됐다. 미군 영내에 9홀짜리 골프장을 만든 피터스 장군이 한국인 회원 20명을 선발해 달라고 부탁했다. 당시만 해도 대구에는 골프를 칠 만한 사람이 별로 없었다. 상공회의소 직원과 의논해 어렵게 20명의 회원을 모집해 이들과 미군골프장을 이용했다. 골프장이 대구시내에 있어 새벽에 9홀을 라운드한 후 병원으로 출근해 진료를 보았다."

20여 명의 한국인 회원 중 한 사람이었던 이선기 전 법무부장관은 1965년 미군골프장에서 골프에 입문했다. 당시 양말공장을 운영하던 김준성 대구은행 초대행장(후일 경제부총리 역임)도 회원이었다. 그때 대구에는 골프 정식 교습이나 연습시설이 전혀 없어 미군골프장이 유일한 골프 시설이었다.

이보다 40년 앞서 일제강점기에도 대구에 골프장이 만들어졌다. 일제강점기의 골프장은 외국인과 일본인이 많이 오가는 대도시에 만들어졌다. 서울과 원산의 뒤를 이어 낙점된 세 번째 도시가 대구였다. 1924년 8월 문을 연 대구골프장은 효창원코스를 참조해 4개월 만에 준공을 보았다. 대구골프장의 회원은 주로 도청 관리들과 은행원·철도원, 그리고 조선과 일본의 상공인들이었다.

1935년 조선은행 재직 당시 군자리코스에서 골프에 입문했다는 박숙희(朴璹熙) 전 한국은행 총재는 "고향인 대구지점으로 전근을 가게 돼 대구 앞산 밑에 있던 9홀 골프장에서 골프를 즐겼다"고 〈매일경제신문〉에 기고한 '나의 골프이력'(1985년 9월 17일자)에서 회고했다.

이러한 기록들로 보아 1924년 건설된 대구골프장 자리가 1964년에 개장한 미군부대 골프장 자리와 동일지역으로 짐작된다.

대통령 지원과 만난 선친의 도전정신

고향에 골프장을 만들기로 결심한 선친은 사전 조사를 위해 대구로 내려왔다. 대구·경북지역의 자가용 대수가 500여 대밖에 안 된다는 사실을 그때 알았다. 그럼에도 골프장 건설을 밀어붙였다. 박정희 대통령의 권유가 있었다 할지라도 대단한 모험이었다.

아무리 멋진 골프장을 만들어도 골프 치러 올 골퍼가 없다면 경영에 어려움을 겪을 수밖에 없었다. 수요가 있어야 공급이 있는 법이었다. 당장 수요가 없더라도 장차 수요가 늘어날 가능성이 있다면 미래를 내다보고 투자할 수는 있었다. 하지만 1970년대 초 한국에서 골프는 귀족 스포츠로 눈총을 받고 있었다. 대중 스포츠는 전혀 아니었다. 그럼에도 선친의 결심은 흔들리지 않았다.

선친은 이미 뉴코리아CC를 건설하며 부지 매입 과정의 어려움 등을 경험한 바 있었다. 건설 자금도 공동 출자가 아닌 혼자 마련하기로 마음먹었다. 선친이 처음부터 골프장 부지로 눈독을 들인 곳이 바로 경산군 신냥면 선화리 일대, 지금의 대구CC 자리였다. 들판 가운데 30여만 평의 야트막한 야산이 자리 잡고 있었다.

642년 김유신 장군이 압량주 군주로 재임 당시 경산시 압량면 압량리와 내리, 그리고 진량읍 선화리 3곳을 군사훈련장으로 활용해 삼국통일의 위업을 달성했다고 전해 온다. 그곳 중 하나인 선화리에 만든 대구CC가 사람들의 여가 활용 터전으로 자리 잡게 된 셈이다.

여우가 나온다 해서 '야시골'이라고 부르던 이곳은 토질이 푸석푸석한 청석이라 나무가 잘 자라기 힘들어서 가시덤불로 덮여 있었다. 이 부지는 나중에 대구상공회의소 이사장을 지내게 되는 박윤갑이라는 지역 기업인이 9홀 규모의 골프장을 만들려고 사들이다 지지부진한 상태로 있던 곳이었다.

골프장 건설에 필요한 30만 평 정도의 땅을 단번에 살 수는 없었다. 상당한 시간을 두고 많은 사람들을 접촉하고 동원하기도 하며 설득과 타협으로 거래를 성사시켜야 했기 때문에 골프장을 건설하는 것만큼 힘든 과정이었다. 경산 일대 유지들이 도와주어 성공할 수 있었다. 또 경상북도와 경산군도 법적·행정적인 측면에서 지원을 아끼지 않았다. 대구CC 건설은 대통령이 지원하라고 지시를 내린 대통령 관심 사업이라는 점이 큰 영향을 미쳤다.

이와 관련해 재미있는 신문기사가 있다. 대구에서 발행하는 〈매일신문〉 2011년 5월 6일자에 이런 내용이 실려 있다.

"구자춘(具滋春) 경상북도지사(1971년 6월~1974년 9월 재임) 때의 이야기다. 박정희 대통령이 경남지역 순시를 마치고, 대구로 이동하던 중 차창을 통해 경산지역을 유심히 살펴보다 구자춘 도지사에게 말하기를 '이제 대구에도 골프장 하나쯤은 있어야 하지 않을까 싶은데, 내가 보기에 경산지역이 적지라는 생각이 든다. 도시 근교에 그런

시설이 있으면 외국인들이나 기업하는 사람들에게 아주 유용할 것'이라며 골프장 건설을 검토해 보라고 지시했다고 한다. 그 시절엔 내인가 제도가 있었다. 그러나 대통령이 관심을 표명했으므로 곧장 사업을 추진할 수 있었다. 그 당시 골프장 조성 예정지인 경산군 진량면 선화리 일대는 야산으로서 척박한 토지였다. 먼저 기본계획을 마련하는 한편, 사업 시행자를 물색한 끝에 우제봉(뒷날 대구CC 대표) 씨가 선정됐다. 그는 1971년 6월 11일 경산개발㈜을 설립했으며, 바로 토지 매수에 착수했다. 토지 매수는 여러 가지 상황을 고려해 공익사업을 한다는 명분으로 경산군에서 후원했다. 총괄적인 추진은 백양현(白陽鉉) 군수가 맡았고, 실무적인 일 처리는 채광락 진량면장이 나서서 했다."

이 내용으로 보아 박정희 대통령은 투 트랙으로 움직였던 것 같다. 선친에게는 대구로 내려가 골프장을 건설해 보라고 권유하고, 구자춘 도지사에게는 진량에 있던 야산이 골프장 적지라며 건설 검토 지시를 내렸던 것이다. 이 두 노선이 하나로 만나는 접점에서 대구CC가 탄생한 것이었다. 구자춘 도지사가 부임한 것이 1971년 6월이었으니 박정희 대통령은 선친에게 골프장 건설을 권유한 뒤 자신이 믿을 만한 사람을 경북도지사로 보내 골프장 건설을 지원하도록 한 것으로도 볼 수 있다.

당시 골프는 스포츠라기보다는 관광 진흥을 위한 하나의 수단으로 인식됐다. 골프장을 건설해 외국의 관광객을 유치해 외화를 획득한다는 것이었다. 어쨌든 표면적으로는 관광 진흥을 내세웠다. 그러니 정책적 배려가 가능했다. 일방적인 특혜가 아니었다고 할 수 있다.

선친은 대구CC가 경산과 영남지역 발전에 기여할 미래지향적인 사업이라는 것을 경상북도와 경산군에 이해를 구하고 협조를 요청했다. 또한 경산은 영남대를 비롯해 경북권 대학들이 들어오는 등 대도시인 대구와 연결되는 부도심 기능을 하면서 발전할 것이라고 강조했다. 이러한 선친의 안목이 경부고속도로 경산톨게이트가 지금의 자리에 들어서는 데 한 몫했다.

당시 준공을 앞두고 있던 경부고속도로의 영천과 가까운 현재 평사휴게소 쪽에 톨게이트가 예정돼 있었다. 그런데 선친은 앞으로 경산이 크게 발전할 것이니 톨게이트를 경산 쪽에 내달라고 요청했다고 한다. 결국 진량 쪽으로 톨게이트가 났는데 지금 와서 보면 선친의 생각이 맞아떨어진 것이다. 톨게이트가 진량으로 수정돼 대구CC는 물론 경산 진입이 쉬워졌기 때문에 훗날 경산공단이 들어설 수 있었다. 1970년 영남대학교에 이어 1979년에는 대구대학교가 경산으로 들어왔다.

대구CC 건설은 선친 혼자만의 힘으로는 쉽지 않은 일이었다. 대통령의 권유로 시작된 공인된 사업이었던 만큼 관계기관으로부터 도움을 받아 토지 매입에서부터 준공에 이르기까지 비교적 빨리 진행할 수 있었다. 대구은행에서 3억 원의 건설 자금도 대출받을 수 있었다.

경산개발 설립과 골프코스 조성

선친은 1971년 6월 11일자로 경산개발을 설립하고 본격적으로 골프장 건설에 들어갔다. 건설 현장은 대구 시내에서 비포장도로로 오가는 버스가 하루 2번 운행할 정도의 오지였다. 진량에 내려 대형 연못인 선화지의 둑길을 따라 골프장 현장에 도착해 지금의 클럽하우스가 있는 언덕배기에 올라서서 내려다보면 골프코스 예정부지는 잔솔과 각종 넝쿨로 뒤덮여 있는 불모지였다.

골프를 잘 쳐 누구보다도 골프코스에 대한 감각이 남달랐던 선친은 부지를 돌아다니며 홀을 구상하고 페어웨이 라인을 그리는 등 골프코스를 직접 구성하고 설계했다. 당시는 골프장을 설계해 본 전문가도 별로 없었다. 그래서 일본의 유명 골프코스 설계가의 도움을 받았다. 한국 최초의 프로골퍼로 유명한 연덕춘도 와서 조언을 해 주었다. 연덕춘은 군자리 코스 재복구를 비롯해 여러 골프장을 건설한 경험이 있었다. 그 외에도 김학영 프로와 나중에 그린키퍼로 이름을 날린 지연봉 등으로부터 자문을 받아가며 18홀을 직접 설계하고 건설했다. 선친은 당신이 생각하고 있던 레이아웃에 사람들의 조언을 보탰다.

선친은 아마추어지만 고수의 골퍼였기에 자신의 라운드 경험과 앞서 뉴코리아CC를 건설했던 경험을 살려 가능한 자연 지형 그대로를 살리자는 취지로 골프코스를 설계했다. 구릉을 살리고 평평한 지형도 있는 그대로 두었다. 지형을 크게 갈아엎고 메우는 작업을 하기에는 장비가 부족해 쉽지 않은 탓도 있었다. 자연 그대로를 활용한 골프코스가 대구CC의 장점이자 매력이 될 수 있도록 했다. 그러다보니 사람들로부터 대구CC가 뉴코리아CC와 느낌이 비슷하다는 말을 많이 듣는다.

골프장 건설 때 조경을 맡은 분은 경북대 임학과 임순문 교수였다. 임순문 교수의 조교로서 골프장 조경에 참여했고, 나중에 대구CC의 조경 개선을 담당했던 김용수 경북대 명예교수는 당시 상황을 다음과 같이 증언했다.

"땅을 매수한 다음에 와 보니까 잔솔로 뒤덮인 야산이었다. 측량기를 갖다 대면 멀리 있는 폴대가 다 보일 정도였다. 지금 생각해 보니 골프장을 만들기에 참으로 좋은 구릉을 가진 곳이었다. 소위 업다운이 50~60m 밖에 되지 않았다. 인근에 있는 인터불고CC 같은 곳은 업다운이 220~250m가 된다. 그런데 땅이 워낙 넓으니까 60m 정도는 고저로 인식되지 않을 정도라 할 수 있다. 우리가 골프를 칠 때 롱홀이 500야드 정도인데 500야드에 10~20%의 언더레이션을 줘도 시각적으로는 평지처럼 보인다."

문제는 토질이었다고 한다. 청석으로 된 땅이라 골프장의 최대 관건인 잔디가 잘 자라도록 하기 위해서는 흙을 올리는 표토작업이 중요했다. 금호강에서 부엽토를 파다 표토작업을 한 다음 나무를 심었다. 청계고가도로 건설감독을 했던 건축전문가 박양원을 공사 책임자로 모셔오기도 했다. 1972년 초에 골프코스 공사를 본격적으로 시작해 6개월 만에 완공했는데 24시간 3교대로 철야작업을 했다는 것이다.

조경을 중시한 선친의 골프철학을 담다

선친이 골프장을 건설하며 무엇보다 우선시한 것은 조경이었다. 조경의 중심은 소나무였다. 부지에 있던 소나무들을 선별해 적재적소에 옮겨 심었다. 그때 심은 수천수백그루의 소나무들이 50년이 지난 이제는 대구CC의 상징이 됐다. 근래 대구CC에서 라운드를 했던 어느 골프 전문가는 아름답고 우람한 소나무들에 매료돼 "소나무를 팔면 골프장을 하나 지을 수 있겠다"는 말을 하기도 했다.

특히 선친이 좋아한 배롱나무를 청도에서 가져와 여기저기 심기도 했다. 조경작업에 참여한 경북대 임학과 임순문 교수와 대구에서 내로라하는, 나무를 잘 다루는 솜씨 좋은 인력들을 총동원했다.

다른 골프장에 비하면 조경에 대한 선친의 생각은 시작부터 달랐다. 대구CC는 '수목과 숲의 관계에 신경을 좀 썼다' 정도가 아니고 자연 조경에 골프장 전체 구성의 기본과 주안점을 두었다. 선친이 좋아하는 대로 조경을 했는데 조경에 대해 공부를 많이 하셨던 것 같았다. 학문적 깊이

대구CC의 상징 소나무

●

대구CC를 건설할 때 무엇보다 조경에 심혈을 기울였다.
이때 심은 소나무는 거목으로 자라 대구CC의 상징이 됐다.

가 느껴질 정도로 나무에 대한 전문적인 이야기를 많이 하셔서 내가 깜짝깜짝 놀랐다. 처음부터 조경에 대해 깊은 생각을 하고 골프장을 건설했던 것이다.

선친은 골프장 안에 당신이 거처할 한옥도 지었다. 서울살이를 정리하고 대구로 내려오면서 서울 도렴동에 있던 한옥을 뜯어 와서 골프장 안에 다시 지은 것이었다. 선친은 돌아가실 때까지 이곳에서 기거하셨다. 골프장과 일생을 같이하겠다는 결연한 의지의 표명이었다.

선친은 돌아가시기 전까지 라운드를 하지 않을 때에도 새벽에 일어나 상쾌한 공기를 마시며 코스를 따라 산책을 하셨다. 때론 어린 손자들이 동행하며 할아버지의 골프철학을 어렴풋이나마 느꼈으리라.

4 나의 골프 입문, 한국대학골프연맹 창설

지금 한국은 골프가 국민 스포츠라 해도 지나치지 않을 정도로 대중화됐다. 거기에다 한국 선수들은 세계무대에서도 그 이름을 떨치고 있다. 60년 전 내가 골프채를 잡을 때와는 상전벽해라고 해도 과언이 아니다. 길거리에 자동차도 많지 않았던 시절, 골프가 뭔지도 모르는 사람이 대부분이었던 때에 선친이 골프장을 건설하고 있었기에 나는 남들보다 이른 시기에 골프를 접할 수 있었다.

골프와의 인연은 숙명적이었다. 뉴코리아CC는 골프장 공사를 하면서 한쪽에 연습장을 만들었다. 내가 대학교 1년이던 1965년이었다. 나는 공사 현장의 한 귀퉁이에 설치된 연습장에서 골프채를 휘두르며 골프를 처음 접하고 배울 수 있었다. 일반적인 골프장이나 연습장도 아닌 곳에서 골프를 만난 것은 스무 살의 나에게 운명적이라 해도 지나침이 없었다.

이후부터 나는 선친이 쓰지 않던 중고 '파워빌트' 골프채를 들고 버스를 2번이나 갈아타고 공사장 옆에 있던 연습장을 자주 들락거렸다. 중학생 시절에는 야구선수를 하고 고등학생 때 합기도를 하면서 키운 체력과 운동감각 덕분에 골프 연습이 힘들기는커녕 즐겁기만 했다. 딱히 이유가 없었지만 이상하게 재미가 있었다. 연습장 흙바닥에서 공을 얼마나 많이 쳤던지 나중에는 골프채의 번호가 보이지 않을 정도로 닳았다. 하루가 멀다 하고 뉴코리아CC 연습장에서 골프채를 휘두르며 골프공을 쳐댔다. 골프공이 목표지점에 팍팍 꽂힐 때 온몸이 찌릿해지던 기분은 지금도 잊히지 않는다.

1966년 뉴코리아CC 개장 이후에는 골프장에서 본격적으로 골프를 시작해 1년 만에 싱글 핸디캐퍼가 됐다. 일찍부터 연습장에서 골프 스윙에 매진한 결과가 아닐까 하고 생각한다. 뉴코리아CC 연습장에서 함께 기량을 연마해 나중에 프로가 된 손홍수와 선세호는 내겐 골프 선생님이었다. 배용산 프로를 중심으로 뉴코리아CC에서 실력을 닦아 프로가 된 손홍수와 선세호, 그리고 뒤를 이은 이강선·조철상·박남신·최상호 등을 사람들은 '뉴코리아사단'이라고 불렀다. 손홍수는 1969년 1월 정식 프로가 됐으며, 선세호는 1971년 11월 프로로 데뷔했다. 이들에게 골프를 지도 받은 덕분에 나는 짧은 시간에 아마추어 고수가 될 수 있었다. 고마운 선생님들이었다.

골프연맹 만들어 골프 확산에 한몫

내가 점점 골프에 깊이 심취하는 것을 선친도 반대하지 않았다. 원래 당신도 골프를 사랑하던 분이었으니 아들의 골프 취미가 오히려 흐뭇하지 않았을까 하는 생각도 든다. 아무튼 골프를 접한 지 1년 만에 아마추어 고수가 된 나는 더욱 자신감이 생겨 여러 사람들과 어울렸고 골프도 자주 쳤다. 뉴코리아CC에서 골프를 자주 치다 보니 사람들이 "젊은 대학생인데 니 공을 잘 친다며? 나하고 같이 한번 치자"라며 라운드를 요청하기도 했다. 딱히 거절할 이유도 없어 그때마다 응했고, 한 사람 두 사람 골프장에서의 인연이 점차 늘어났다. 이들 중 많은 사람들이 나중에 대구CC 회원을 모집할 때 내게 큰 힘이 돼 주었다.

그리고 이러한 인연들이 하나씩 모이면서 나는 골프를 좋아하는 대학생으로서 재미있는 일 하나를 시작해 볼 수 있었다. 시작은 최영정 〈조선일보〉 체육부장을 만나면서였다. 그는 극진 가라테 창시자 최배달의 동생으로 더 알려져 있었지만, 나중에 골프계에서는 국내 1호 골프기자이자 골프칼럼니스트로 유명해졌다. 대학생으로 혼자서 골프를 치고 돌아가는 모습을 주변에서 지켜보더니 "혼자서 하지 말고 또래들을 모아 모임을 만들어 보라"고 조언을 해 주셨다. 아무도 생각지 못한 아이디어였다. "왜 한국에는 젊은 친구들이 만든 골프모임이 없냐?"는 물음에 나는 대뜸 "내가 그런 모임을 한번 만들어보겠다"며 나섰다.

골프모임을 만들기 위해 또래 중 가장 처음으로 만난 사람은 경희대에 다니던 연영린이었다. 그는 한국 1호 프로골퍼로 유명한 연덕춘의 아들이었다. 연영린이 가세하자 골프모임 회원 모집에 박차를 가할 수 있었다. 골프 연습장 친구였던 손홍수 프로를 통해 골프 치는 대학생들도 소개받았다. 그중 연세대 1년 후배인 고석진은 파일로트 만년필을 제조하던 집안의 아들이었고, 대학생 고수로 정평이 나 있던 허광수와 이종민도 모임 회원으로 끌어들였다. 이 둘은 나중에 아마추어 골프계를 좌지우지한 아마 고수가 됐다.

하나 둘 사람을 모은 나는 1968년 4월 26일 골프 치는 젊은 대학생과 졸업생 180명으로 한국대학골프연맹을 창설하고 초대회장으로 활동했다. 단순히 대학생들끼리의 친목 모임 수준은 아니었다. 우리는 전국 대학 골퍼들의 실태조사를 하고 멤버들을 각 골프장에 소속시켜 회원대우를 받을 수 있도록 추진하는 등 적극적인 활동을 펼쳤다. 또한 뉴코리아CC를 비롯해 서울CC와 관악CC 등 골프장에서 멤버들이 골프를 칠 수 있도록 간청하고 다녔다.

이 모습을 지켜보다가 다시 한 번 도움의 손길을 내민 사람은 최영정 기자였다. 그는 방우영 〈조선일보〉 사장을 소개시켜 주었다. 훗날 서울CC 이사장과 대한골프협회 회장을 지낼 정도로 골프 발전에도 지대하게 기여한 분이었다. 방우영 사장이 우승컵을 내주어 한국대학골프연맹은 정식으로 조선일보사장배란 명칭으로 대회를 개최할 수 있었다. 이름도 알려지지 않은 한국대학골프연맹 회장배보다는 조선일보사장배가 훨씬 공신력이 있었던 것은 당연했다. 덕분에 해마다 대회를 열 수 있었다.

그 후 내가 대학을 졸업하고 군에 입대하면서 한국대학골프연맹의 제2대 회장을 고석진이, 제3대 회장을 연영린이 맡아서 이끌어갔으나 오래 지속되지는 못했다.

아마추어 고수로 이름 높던 김홍조란 분도 한국대학골프연맹 운영에 도움을 주었다. 그는 당시 아마추어 골프 최고수로 평가받았는데 일제강점기 '경성골프구락부' 시절부터 고수로 활동했다. 1955년 제2회 한국골프선수권대회에서 우승해 이승만 대통령으로부터 우승패를 받기도 했다. 골프사의 산증인이자 주역인 이 어른이 1968년 3월 한국 최초의 골프전문잡지인 〈골프다이제스트〉를 창간하면서 나에게 한국대학골프연맹 사무실로 쓰라며 잡지사 한 편을 선뜻 내주었다.

당시 나와 뜻을 같이했던 친구들은 모두 후일 골프계의 리더가 돼 한국골프의 발전을 이끌었다. 안종인·이교신·진영윤·신국현이 그들이다.

골프를 사랑해온 시간의 발자취

60여 년 남짓 돼가는 골프 인생에서 나는 6언더파 66타를 치는 아마추어 고수로 활동하던 시절도 있었다. 1988년 골프장 CEO이지만 선수로도 출전했던 대구·경북 아마추어선수권대회에서의 첫날 6언더파 66타를 기록했던 것이다. 골프장을 경영하면서 틈틈이 아마대회에 출전해 우승을 맛보는 기쁨을 종종 즐겼다. 1997년 4월 23일자 〈동아일보〉에서는 나를 '최고수'로 칭해 주었다.

> "지난달 27일 한국골프장사업협회 정기총회를 마치고 친선경기가 열린 이포CC. 이날 발표된 78명의 전국 골프장 임원들의 핸디를 살펴보면 핸디 9 이내인 '싱글'은 단 7명. 평균 핸디는 16이었다. '최고수'인 우기정 대구CC 사장과 우윤근 한양CC 사장은 각각 핸디 4로 프로 선수 뺨치는 '소문난 싱글'이다."

홀인원이 행운이 따른 것이라면 오로지 실력으로 이룰 수 있는 것이 '에이지 슈트(Age Shoot)'다. 18홀 한 라운드를 자신의 나이 또는 그 이하의 타수로 치는 것이다. 영광스럽게도 나는 2017년 6월 25일 72세에 72타를 쳐 '에이지 슈트'를 기록했다. 내가 경영하는 대구CC에서였다. 한국 공인 66번째 에이지슈터였다. 나보다 앞서 선친도 1999년 12월 대구CC에서 81세의 나이로 81타를 쳐 에이지 슈트를 기록했다. 내가 에이지 슈트를 하면서 골프계에서 화제의 인물이 되기도 했는데, 부자 에이지슈터는 더욱이나 드문 일이었다.

최근 에이지 슈트에 이르는 나의 기록, 그로부터 엿볼 수 있는 나의 골프 실력에는 스무 살 뉴코리아CC 공사 현장 옆 골프연습장에서 처음 골프를 접했던 기억, 친구들과 함께 한국대학골프연맹을 발족하고 활동하던 추억, 아마추어 고수로서 출전하고 우승했던 기쁨, 두 번의 홀인원과 공식핸디 4를 만끽한 날의 즐거움 등 골프를 즐기고 사랑해 왔던 시간들이 역시기 돼 흐르고 있다.

티샷을 날리고 있는 우기정 회장

골프장 경영자이기에 앞서 아마추어 골퍼로서
한국골프 발전에 앞장섰다.

5 골프장 경영에 발을 들여놓다

대구CC 개장 당시 입회비는 50만 원(법인 100만 원)으로 책정했다. 50만 원은 당시 대구 시내 방 2칸짜리 보통 수준의 집 한 채 값이었다.

생각처럼 쉽게 회원모집이 되는 것은 아니었다. 그렇게 어려운 하루하루를 지내던 중 박정희 대통령이 대구CC를 방문하셨다. 개장 1년 후인 1973년 10월 13일 부산지역 시찰을 마치고 귀경하는 길이었다.

> "박정희 대통령은 13일 오전 해운대에 있는 한독직업학교를 시찰한 뒤 귀경길에 경산에 있는 대구컨트리클럽에서 간단한 점심을 들었으며, 경산인터체인지 앞에 해바라기꽃이 피어 있는 것을 보고 차를 멈추게 하고 수행원을 시켜 꽃 두 송이를 꺾어다 꽃 한 송이에 씨가 얼마나 들어 있는지 살펴보기도 했다."(<조선일보> 1973년 10월 14일자)

대구CC를 방문한 박정희 대통령은 격려의 말씀에 이어 덕담이 오가던 중 회원권이 얼마인지 물었다. 50만 원이라는 선친의 말씀에 그 자리에서 "오늘부터 100만 원으로 하게. 내가 1번으로 들어갈게"라고 하시며 주위에 있던 일행들에게도 권유를 했다. 그렇게 해서 박정희 대통령은 대구CC 100만 원 회원권 1호 회원이 됐다.

그러나 박정희 대통령은 대구CC에서 골프를 치지는 못하셨다. 한번은 대구CC에서 골프를 치겠다고 해서 식사 준비 등 만반의 준비를 마쳤으나 일정 변경으로 무산됐다. 1960년대에 박정희 대통령은 서울 인근의 골프장에서 골프를 치며 주요 인사들을 자주 만났기에 박정희 대통령이 찾던 골프장에는 전용 접견실을 따로 마련해 두었다. 대구CC도 나중에 골프를 치러 올 박정희 대통령을 위한 접견실을 마련했다. 지금도 박정희 대통령을 위해 준비했던 테이블과 의자 등의 집기를 보관하고 있다. 그 규격은 청와대에서 직접 보내준 것이었다. 박 대통령은 우리가 준비했던 자신의 자리에 두 번 앉아 식사를 했다.

선친이 건설한 대구CC 경영에 참여

나는 대구CC 개장 다음해부터 선친을 돕기 위해 경영에 참여했다. 골프를 잘 아는 사람이 거의 없던 시절이어서 대학생 때 골프를 접한 나는 골프장을 잘 아는 최고의 전문가로 인정받고 있었다.

선친이 만든 대구CC 경영에 뛰어든 것이 운명이라면 운명일 것이다. 고군분투하는 선친을 장성한 아들로서 모른 체할 수 없었던 것도 그렇게 되는 것이 운명이었기에 그랬으리라. 그런 사정도 있었지만 사실 그전에 이미 선친이 경북 경산으로 내려갈 결심을 할 때 보인 개척자 정신과 골프에 대한 애정에 내심 감탄해 왔던 터였다. 아직도 시인의 꿈을 품고 있던 철학도 아들이 경영에 참여하겠다고 하자 선친은 이렇게 이야기했다.

"앞으로 우리 대한민국이 살아가는 패턴이 바뀐다. 두고 봐라. 골프가 우리나라 사람들 심리와 취향에 진짜 잘 맞는다. 언젠가는 골프가 우리 한국에서 꽃을 피울 때가 있을 것이다. 우리가 대구에 내려와서 골프장을 짓고 개장을 한 지금은 어렵지만 참고 지나가면 골프는 대중 스포츠로 자리 잡게 될 것이다."

당시 우리나라로서는 골프 대중화는 먼 나라의 이야기였다. 골프하는 사람이 거의 없었다. 수도권 골프장이 적자에 허덕이던 시절이었다. 대구의 상황은 더 열악했다. 대구CC가 생기기 전 9홀짜리 미군골프장에서 골프를 치던 기관장이나 군인들이 골프인구의 거의 전부였다. 골프장 문은 열었는데 수요가 없으니 정말 기가 막힐 노릇이었다.

선친을 도와 회원 모집에 나서다

선친은 골프장을 개장하기 전부터 회원 모집을 위해 동분서주했다. 당시 경상북도에 등록된 500대의 차량 차주 모두를 회원으로 가입시켜도 운영이 쉽지 않은 절박한 상황이었다.

1973년 대구CC에 입사한 나도 회원 모집에 뛰어들었다. 무엇보다 회원 확보가 급선무였기 때문이었다. 대구·경북지역은 보수성이 강하고, 골프장 위치가 대구에서 꽤 먼 것이 회원 모집을 어렵게 했다. 실제로 승용차 주인을 찾아다니고 골프를 칠만한 사람에게 권유하면 대부분 망설였다. 30~40대 젊은 재력가들은 "돈 있는 티 낸다고 주위에서 손가락질 받는다, 아직 젊은 데 벌써 골프를 쳐서 어른들에게 욕먹을 필요가 있겠느냐, 나중에 대중화되면 그때 치겠다"며 거절하기도 했다.

대구·경북지역은 물론이고 포항과 마산·부산, 그리고 서울을 오가며 회원을 모집했다. 어린 나이에 골프를 시작해 대학골프연맹 회장으로 활동하는 등 골프 인맥이 넓었던 나는 회원 가입이 가능한 경제적 능력이 있는 지인들을 찾아다녔다. 그들을 회원으로 끌어들이는 것에 그치지 않고 지인들을 소개받기도 했다.

심지어는 대구·경북지역 출신 재일교포들이 많이 거주하던 일본 간사이 지방으로도 달려갔다. 선친과 동선이 겹치지 않도록 지역을 나누어 각자 다녔다. 선친이 오사카 지역을 누빌 때면 나는 요코하마 지역에서 뛰곤 하는 식이었다. 특히 대학 때 골프와 함께 유도를 했는데 이때 알게 된 일본 유도업계 관계자들이 많은 도움을 주기도 했다. 대부분의 재일교포들은 대구에 와서 골프를 치겠다는 생각보다는 모국 땅에 무엇 하나라도 인연을 맺겠다는 의미와 상징성으로 대구CC의 해외회원이 돼 주었다.

한편 교통부는 1973년 12월 관광사업을 효율적으로 운영하기 위해 관광사업진흥법 시행령을 개정하고 각 시·도에 위임돼 있던 골프장 허가 사무 등을 회수했다. 이후 1970년대 골프장 업무는 관광업으로 분류됐다. 이에 따라 대구CC의 일본 해외회원권 모집은 해외 관광객 유치, 정부의 관광진흥 정책과 맞물려 돌아갔다. 개장 이후 회원 모집을 위해 일본을 오갔던 선친과 나는 자연스레 민간인 관광특사 활동을 열심히 한 셈이었다.

'부채 제로'를 위한 '무차입 경영' 선언

아침부터 저녁까지, 서울로 마산으로 부산으로, 그리고 일본으로 회원 모집을 위해 동분서주하기를 3년, 열심히 뛰었지만 개장 5주년을 맞은 대구CC의 앞날은 밝아 보이지 않았다. 선친은 열악한 여건과 경영의 어려움 속에서도 '죽더라도 여기서 죽겠다'는 각오로 꿋꿋하게 버텼다. 그러나 골프장 건설비용으로 쓴 사채는 이자에 이자로 이어지며 계속 불어났다.

평일 내장객은 고작 30~40명으로 회원 입회금이 없으면 운영이 힘들었다. 사채 이자와 원금을 갚으려면 회원 모집이 급선무였지만 회원 모집이 마음과 같이 원활하지는 않았다. 하루하루 살얼음판을 걸어야 하는 부도 직전 상황으로 몰리고 있었다.

1977년 만약의 부도를 대비해 당좌수표 발행인 명의를 나로 변경하고 경영 전면에 나섰다. 선친의 무거운 짐을 애써 건네받은 다음 곧바로 '무차입 경영'을 선언했다. 부채를 상환하고 부채 없이 대구CC를 운영하겠다고 다짐했던 것이다.

다행히 제1차 유류파동에서 서서히 벗어나면서 골퍼가 증가하고, 골프회원권에 대한 관심이 높아지고 있었다. 그러자 돈 있는 사람들 사이에서 경쟁이 붙기 시작했다. 누구도 골프를 치는데 내가 못 칠 게 뭐냐면서 골프를 배우고 회원 가입도 했다. 신분 과시욕을 골프로 표출하는 분위기가 생겨났다.

1978년이 되자 골프장은 정상 운영이 가능해졌고, 은행으로 어음을 막으러 다니지 않게 된 것은 그해 후반에 들어서였다. 부도 위기에 직면했던 골프장 경영이 가까스로 적자를 벗어나고 있었다. 내장객 증가에 힘입은 바가 컸지만 경영의 허리띠를 졸라맨 눈물겨운 노력의 결과이기도 했다.

1979년이 되자 마침내 부채 없는 골프장이 됐다. 무차입 경영을 선언한 지 2년 8개월 만에 부채를 모두 갚았던 것이다. 1979년 10월 22일, 나는 대구CC 개장기념일을 맞아 부채를 모두 갚아 제로가 됐다는 '부채 제로'를 선언했다.

당시 골프장을 어떻게 멋있게 운영할까 하는 것보다 어떻게 하면 빚을 다 갚을까 하는 것이 최대의 당면과제였다. 그래서 정말 죽기 살기로 뛰어다녔다. 그 결과 삼년 만에 빚을 다 갚았다. 여기에는 철학적인 신념이 아니라 오로지 성실함만 필요했다. 그렇게 할 수 있었던 저변에 묵묵히 일해 준 직원들과 가까운 친지들, 말없이 힘을 보탰던 가족들이 없었으면 불가능했다.

다만 준비 없이 바로 경영 현장에 뛰어들었기에 크고 작은 어려움을 많이 겪었던 것이 지금도 아쉽지만 천금을 주고도 못 사는 귀한 경험이었다. 어릴 때부터 문학도를 꿈꿔왔고, 대학에서 인문학을 전공했으니 경영의 '경'자도 몰랐던 것은 어쩌면 당연했다. 그러나 2년 반 만에 무차입 경영을 이뤄냈을 때는 정말 꿈만 같았다.

골프는 서비스업이다. 사업의 흥행에서 경영방법이나 수완도 있어야 하지만 사람들과의 교분이 큰 몫을 한다. 나는 학창시절과 대학생활에서 참으로 많은 사람들과 교분을 나누었다. 이러한 인연들이 골프장 사업에 큰 힘이 됐다. 그리고 그것은 또 다른 것으로 나아가는 다리가 됐다. 당시만 해도 골프장은 회원권을 가지고 운영했다. 즉 골프장을 이용하는 고객을 회원으로 모셔야 하는 것이었다. 선친의 사업을 이어받아 하는 상태에서 선친께서 맺어 오신 인연들도 있었지만 내가 그동안 맺어온 인연들도 큰 힘이 돼 주었다.

서비스산업인 골프장 운영은 인간관계를 중요시해야 하는데, 그게 여간 피곤하고 힘든 일이 아니었다. 이 어려움을 지나오는 데는 두 사람의 도움이 큰 역할을 했다. 대구CC가 개장 이래 어려울 때나 힘들 때 같이 힘을 모아준 장병국과 전태재 두 친구는 내가 오늘 이 자리에 있게 해 준 은인이라고 해도 과언이 아니다.

6 골프 발전을 위한 프로들의 노력에 힘 보태다

    1960년대부터 정부가 이끌기 시작한 경제개발이 산업화와 수출 진흥 등에 물꼬를 트고 소기의 성과를 거두며 국민들의 소득과 살림살이가 한결 나아졌다. 그 때문인지 골프문화가 융성할 수 있는 경제적 여건이 점차 갖춰져 나갔다. 초창기 몇몇만이 골프를 향유하는 차원을 넘어 아마추어골퍼들이 대거 늘어남은 물론 프로골퍼도 조금씩 늘어나는 추세였다.

    하지만 1960년에 탄생한 프로골프가 스포츠 엔터테인먼트로서 자리를 제대로 잡기까지는 초창기 우리나라 프로골퍼들의 힘든 노력이 그 바탕이 됐다. 그들의 각고의 노력을 옆에서 봐 온 사람으로서 항상 진심으로 존경하는 마음을 가지고 있다.

프로골퍼 급증했으나 생계는 막막

    한국에 프로골프가 정착할 수 있었던 결정적인 계기는 1968년 5월 한국프로골프협회의 출범이었다. 당시 프로골퍼로 활약하고 있던 12명은 창립총회에 참석해 별다른 인증 절차 없이 정식 회원이 됐다. 이들은 11월 협회의 정식 인가를 받기 전부터 일정한 테스트 절차에 따라 검증된 프로골퍼를 양성하고자 총력을 기울였다. 그렇게 배출된 프로선수들이 바로 협회 회원으로 가입되기 때문에 프로골퍼의 숫자가 늘어날수록 회원 수가 증가하는 것이나 마찬가지였다.

출범 첫해 9월 인증된 최초의 프로골퍼는 박정웅이었다. 이어 12월 한국프로골프협회의 테스트를 통과한 손홍수·최금천·김석봉·조진식·강영일·김승학 등 6명에게 프로 자격증이 주어졌다. 1970년 1월에는 프로골퍼가 19명으로 늘었다. 11월에는 40명에 달했다. 나와 같이 뉴코리아CC 골프연습장에서 기량을 갈고 닦았던 손홍수에 이어 선세호도 프로가 됐다. 1976년 9월이 되면서 프로골퍼로 활동하는 선수가 53명에 이르렀다.

프로골퍼 등용문이 훨씬 넓어졌으며, 한국골프의 지형 자체가 변하기 시작했다. 협회를 통해 프로로서의 선수 인생을 살게 된 골퍼들은 국내 골프대회에 출전하고 그 대회에서 입상하는 것으로만 돈을 벌 수 있었다. 그전까지 아마추어이거나 프로 지망생인 누군가는 쉽게 꿈꿀 수 없는 삶의 모습이었을 것이다.

1970년대만 해도 상금이 걸린 대회가 거의 없어 프로골퍼들이 골프만으로 생활하기가 어려웠다. 대부분 골프장이나 골프연습장에 취업하거나 더러는 골프용품상이나 골프연습장을 경영하는 등 부업 전선에 뛰어들어야 했다. 그러다 보니 프로골퍼들은 골프경기에 전념할 수 없어 기량이 떨어졌고, 어쩌다 열리는 국제대회에 출전해도 좋은 성적을 올리지 못했다.

가장 큰 소망은 대회가 많이 열리는 것이었다. 가까운 프로들과 머리를 맞댄 끝에 우선 우리 골프장부터라도 시합을 열어 보자는데 의기가 투합했다. 마침 한국프로골프협회에서는 '월례대회'라는 타이틀로 대회를 이어가고 있었기에 대구CC에서도 그 월례대회를 열기로 한 것이다. 이러한 노력과 경험을 바탕으로 1983년 7월 동해오픈을 성공리에 개최했고, 9월에는 프로 챔피언의 명예를 건 제26회 한국프로골프선수권대회를 주최했다.

적자경영 속에서도 상당의 상금을 마련하고 경기 장소도 제공해 한국 프로골프협회의 월례대회를 대구CC에 유치했던 것이다. 물론 나 혼자만의 힘으로 성사시킨 것은 아니었다. 주변 기업인과 골프 애호가들에게 대회의 취지를 설명하고 힘을 보태달라며 설득했다. 그러한 노력 끝에 월례대회를 열어 프로들에게는 조금이나마 활력과 보탬이 됐고, 조태운 등 많은 선수들이 두각을 나타냈다.

대구CC에서 열린 첫 월례경기는 1975년 10월 14일부터 15일까지 개최됐다. 3년 후인 1978년 11월에는 프로후원회와 함께 11월 월례경기를 가졌다. 국내 모든 프로가 출전하는 이 대회에 남자 60명, 여자 10명이 참가했으며 임진한과 강춘자가 우승했다.

여기서 멈추지 않고 1986년에는 한국프로골프협회 주최 제1회 홀매치 경기도 대구CC에서 개최했다. 이제는 모두가 한마음으로 한국골프를 걱정하고 도와준다고 생각하니 가슴 따뜻했던 순간이기도 했다.

한국골프 발전의 작은 받침돌 되고파

1979년 10월 17일부터 18일까지 제8회 한국시니어골프선수권대회를 개최했다. 원래 대한골프협회가 1969년부터 주관해 오던 대회를 대구CC가 유치해 경기장을 제공한 것이었다. 당시 서울·대구·부산지역에서 모두 52명이 참가해 36홀 스트로크플레이로 순위를 가렸다.

국내 시·도팀을 비롯해 실향5도팀과 해외동포팀이 참가하는 국내외 동포 골퍼들의 친선교류 경기인 한국아마추어골프팀선수권대회도 개최했다. 1984년 9월 열린 제9회 대회에는 국내 13개 시·도팀과 재일동포 3개 팀, 캐나다와 괌, 미국 동부와 서부 등 해외 9개 팀을 비롯해 22개 팀이 참가했다. 부산이 단체전 우승을, 개인전에서는 국가대표 상비군 김석종(부산)이 우승했다. 김석종은 훗날 대구CC 전속프로로 영입됐다.

1980년대에 들어서서는 국가대표단이 운영됐다. 1982년 뉴델리아시안게임에 골프가 정식 종목으로 채택되면서 선수들의 훈련에 이목이 집중됐다. 그러나 당시만 해도 골프장들의 경영이 원활하지가 못한 데가 많았기에 훈련장이 문제였다. 당시 업무를 맡고 있던 임영선 대한골프협회 전무(현 고문)는 사방으로 뛰어다니며 훈련장과 선수단 운영협조를 호소하고 있었다. 그때 나의 뇌리에 던져진 한마디는 '사명'이라는 두 글자였다. 내가 이 땅에 태어났고 운명적으로 골프를 만났고, 사업이자 생활이 돼 버린 '대한민국 골프'를 생각하면서 '사명'이라는 한마디가 계속 뇌리를 맴돌았다.

선친께 이런저런 현실을 이야기하며 대표선수 훈련장 말씀을 드렸더니, "그걸 말이라카나. 우리가 먼저 한다 캐라"고 하셨다. 더불어 선수단 운영이나 진행에 보탬이 되는 일을 우리가 앞장서서 도울 수 있으면 도우라는 말씀이 계셨다. 오히려 나보다 더 굳은 의지를 보이는 선친을 보면서 가슴속에 뜨거운 무엇이 솟구쳤다.

대한골프협회와 협력해 8월 한 달간 남자상비군 캠프를 설치했다. 대한골프협회는 1월부터 남녀 상비군 훈련 캠프와 세 차례의 선발전을 거쳐 최종 국가상비군을 선발하고 6월 중순부터 장기 훈련 캠프를 운영해오고 있었다. 여자상비군의 합숙훈련은 워커힐연습장에서, 남자상비군의 합숙훈련은 부평시사이드CC에서 진행됐다. 남자상비군의 훈련을 추가적으로 진행해야 할 때쯤 대구CC를 훈련장소로 제공할 수 있어 천만 다행이었다.

이후에도 1983년 12월 12일부터 한 달간 진행된 86아시안게임과 1984년 9월 홍콩 세계 아마골프선수권대회를 대비한 6명의 상비군 동계

훈련 역시 대구CC에서 진행했다. 1984년에는 국가대표 상비군 12명의 3차 훈련(9.24~10.3)과 매경오픈을 비롯해 각종 대회 상위권 입상을 위한 국가대표 상비군의 지방 강화훈련(11.26~12.1)도 같은 장소에서 실시할 수 있었다.

대회든 훈련이든, 프로든 아마추어든 상관없었다. 한국골프 발전을 위해 우리가 할 수 있는 일이 있다면 힘닿는 데까지 돕는 것이 우리의 사명이라고 생각했다.

7 국내 최고 권위의 동해오픈 개최

대구CC는 1983년 국내 최고 권위의 남자 프로대회인 제3회 동해오픈을 지방 골프장으로는 최초로 개최함으로써 골프장의 위상을 드높였다. 성공적인 대회 개최를 위해 클럽하우스를 증축하고, 국내 최초로 자석식 대형 스코어보드를 설치했으며, 별도로 캐디 교육을 실시했다. 동해오픈은 신한동해오픈이라는 명칭으로 2022년까지 38번째 치러졌으며, 유구한 역사 속에 국내 남자골프 4대 메이저대회 중 하나로 자리 잡았다. 그리고 그 과정에는 지방 골프 활성화와 발전에 기여해 온 대구CC의 역할도 고스란히 녹아 있었다.

'신한동해오픈' 역사 속에 새겨진 대구CC

국내 남자골프 4대 메이저대회의 하나인 신한동해오픈은 1981년 시작된 동해오픈에 뿌리를 두고 있다. 동해오픈은 재일동포 골프동호인들이 골프의 국내 보급과 전파를 통해 모국의 사회체육 발전에 이바지하고자 하는 염원으로 시작됐다. 첫 개최 이후 골프에 대한 대중적 관심을 높이고, 국내 선수들의 기량을 꾸준히 향상시킬 수 있는 환경을 조성해 한국골프 발전에 중요한 역할을 맡아오고 있다.

42년이라는 세월, 38회라는 회차는 시간이 흐른다고 그저 쌓아지지 않는다. 수많은 관계자들과 골퍼들, 숨은 조력자들이 크고 작은 업적들을 오랫동안 새겨 넣은 결과물이다. 창설 당시의 한국골프 발전을 위하는 마음은 우리 스스로 골프 강국 반열에 올라서는 기회를 제공했다. 최경주·배상문·안병훈 등 신한동해오픈 우승자들이 세계 최고의 무대인 PGA 투어에서 한국골프의 위상을 드높인 사실이 이를 방증한다.

유서 깊은 대회의 역사 속에 대구CC도 당당히 한 자리를 차지하고 있다. 대구CC는 1983년 제3회 동해오픈을 개최했다. 이는 대한골프협회가 대회 창설 후 처음으로 지방 골프장에서 여는 최초의 사례였다는 점에서 한국골프계에 시사하는 바가 크다. 이와 함께 그해에 PGA챔피언십 수권 대회도 열게 됨으로써 대구CC는 1983년에 열린 국내 4대 골프대회 중 2개 대회를 개최하는 성과를 거뒀다. 더 이상 권위 있는 국내 대회가 서울이나 수도권 골프장의 전유물이 아니라는 것을 보여준 것이었다.

동해오픈은 어떻게 국내 최대 대회가 됐나

동해오픈이 있기 전까지 한국골프에 있어 스폰서 대회 역사는 5년이 채 되지 않았다. 한국 최초의 사기업 스폰서 대회는 1976년 동아식품이 총상금 150만 원을 걸고 만든 오란씨오픈이었다. 동아제약 강신호 사장의 남다른 골프 사랑에 힘입어 창설된 오란씨오픈은 한국 프로 골프의 새로운 전기를 마련했다. 오란씨오픈이 관심을 끌자 기업 스폰서 대회가 줄줄이 창설됐다. 쾌남오픈과 삼양오픈, 그리고 연합오픈이 생겼다. 1978년에는 프로 대회가 6개 열렸으며 다음해 1979년에는 부산오픈이 새로 생겨 7개 대회가 치러졌다.

이렇듯 1970년대 후반 들어 투어 대회가 10개 이상으로 늘어나면서 골프를 대중에 알리는 계기가 됐다. 덩달아 프로선수들의 입지가 넓어지는 데도 큰 역할을 했다. 선수들이 기량을 발휘할 기회가 많아지면서 다른 부업을 하지 않고 상금만으로 선수생활을 영위할 수 있게 됐다. 스폰서 투어 대회의 증가는 1980년대 들어 1981년 동해오픈을 시작으로 1982년 매경오픈, 1983년 한국프로골프 챔피언시리즈 등 메이저급 대회가 창설되면서 프로골프대회를 활성화하는 견인차가 됐다.

한국골프 역사에서 재일동포들의 영향력은 지대했다. 골프 초창기 골프 용품이나 정보, 그리고 대회에 대한 다양한 지식들이 재일동포를 통해서 많이 전파됐다. 그들 중에 탁월한 실력을 보였던 선수들은 실제 징검다리 역할을 크게 했다. 1981년 아시아서키트대회 한국오픈에 참가했던 한장상과 김승학 등 한국 프로들이 재일동포 김홍수·오기복(아마추어) 등과 필리핀 등지를 순회하면서 오픈대회 창설을 논의했던 것이 계기가 돼 일본 간사이(關西) 지방에 사는 재일동포 골프 동호인들이 모국의 골프 발전을 위해 기꺼이 마음을 모았다. 국제무대에서 뛸 수 있는 우수한 선수를 배출해 한국골프 발전에 이바지하고 싶다는 염원으로 개최 자금을 조성하기로 한 것이었다.

그들은 귀국 후 대회 창설 준비에 착수, 스폰서는 간사이 지방 교포들이 공동으로 맡고 대회 운영을 위해 별도로 실행준비위원회를 구성했다. 대회장은 재일교포 모국투자협의회 회장을 맡고 있던 이희건이었다. 그는 간사이이홍은(大阪興銀)의 이사장과 제일투자금융 회장을 맡고 있었다. 경북 경산 출신이었던 그는 1982년 재일교포 사업가 371명과 함께 국내 최초의 시중은행이자 민간은행인 '신한은행'을 창립해 초대 회장을 역임했다.

대회 이름은 '동해오픈골프선수권대회'로 결정했다. 재일동포들이 일본에서 고국을 바라볼 때 보이는 곳이 바로 동해였다. 동해를 사이에 두고 교포들이 상금을 내고 국내 프로골퍼들이 기량을 겨루게 되는 대회라는 의미를 담아 한국프로골프협회 김득모 회장이 명명했다고 한다.

여기에 김한수·안성기·김무웅·홍두창·오기복 등 재일동포 금융인과 실업가들이 한국프로골프협회에 기금 1억 원을 희사해 총상금 1,500만 원, 우승상금 300만 원을 내건 동해오픈선수권대회가 창설됐다. 당시로서는 최대 상금 규모였다. 1981년 당시 국내에서 열리고 있던 쾌남오픈이나 오란씨오픈의 총상금 규모가 1,000만 원에 불과했다. 상위 입상자에게는 상금 외에 일본 원정 특전도 주어져 침체된 국내 프로 골프계에 큰 활력소가 될 것으로 기대를 모았다.

이로써 국내에는 쾌남오픈·오란씨오픈·부산오픈에다 동해오픈이 더해져 오픈대회가 4개로 늘어났다. 골프대회 신설만으로 화제를 모았던 시절이었다. 그동안 국내 프로골프대회는 한국프로골프협회가 주관하는 챔피언대회, 대한골프협회가 주최하는 아시아서키트대회와 프로골프 월례경기 정도가 고작이었으나 동해오픈에 이어 1982년에 매경오픈이 창설될 예정이어서 본격적인 황금시대를 예고했다.

이렇게 탄생한 동해오픈 첫 대회는 1981년 9월 남서울CC에서, 제2회 대회는 1982년 6월 관악CC에서 열렸다. 2회 대회에는 한국 선수뿐만 아니라 일본의 프로와 아마 선수까지 참가했다. 한장상이 1회에 이어 2회 대회에서도 연거푸 우승하며 2연패를 달성했다.

재일동포 회원들과 힘 합쳐 제3회 대회 개최

제1회와 제2회에 이어 제3회 대회는 대구CC가 개최할 수 있는 기회를 얻었다. 그 단초 또한 나와 재일동포, 그 사이의 소중한 인연에서부터 시작된 것이 아닐까 싶다. 1970년대 말에서 1980년대 초에 이르기까지는 여전히 한국 프로골프대회나 프로골퍼에 대한 인식이나 지위이 빈약했다.

한국골프의 도약을 위한 계기가 필요한 때였다. 마침 나는 국내 프로 골퍼들과는 끈끈한 친분으로 연결돼 있던 터였다. 더구나 대구CC의 회원 모집을 위해 긴밀히 내왕하던 재일동포 사회와의 연결은 동해오픈으로 연결됐다. 고향이 경산이라 선친과 각별한 친분을 가졌던 이희건 회장께서 적극적으로 이끌어 주셨다.

어느 날 이희건 회장이 선친에게 짧지만 강하게 한 마디를 건넸다고 한다. "그럼 대구CC에서 합시다."

바로 제3회 동해오픈 개최지를 말한 것이었다. 당연히 우리는 흔쾌히 받아들였다. 우리에게는 큰 영광이었다. 당시 한국에서 제일 큰 대회인 동해오픈의 개최지는 매년 기획에 따라 선정하고 있었다. 사실 지방 골프장인 대구CC로 결정한 것은 특별한 경우였다.

때마침 대구CC의 클럽하우스 증축공사를 시작해 동해오픈을 앞둔 1983년 5월에 완공될 예정이었다. 클럽하우스 증축에 따라 목욕탕·락카룸·회의실·직원 숙소·캐디실 등을 추가하거나 확장할 수 있었다. 특히 대회에 참가할 인원을 대략 150명 정도로 예상해 락카 수를 150개 이상으로 늘리는 데 초점을 맞췄다. 이어 국내 최초로 자석식 대형 스코어보드를 설치했다. 대회 규격에 맞게 페어웨이와 그린, 티잉그라운드를 손질했다. 대회 진행을 위한 캐디 교육도 별도로 실시해 대회 준비에 만전을 기했다.

이렇게까지 대회 유치와 준비에 신경을 쓴 이유는 동해오픈이라는 좋은 대회를 개최하고픈 마음에서이기도 했지만, 결과적으로는 대구CC가 한 단계 성장하는 계기가 될 수 있었기 때문이었다.

함께 손잡고 고품격 대회를 만들다

마침내 1983년 6월 30일부터 7월 3일까지 대구CC에서 동해오픈을

동해오픈에서 시타하고 있는 이희건 대회장

동해오픈은 재일교포들이 모국의 골프 발전에 기여하기 위해 만든 대회였다. 대회에 앞서 시타를 하고 있는 이희건 대회장은 재일교포로서 신한은행의 설립자이기도 하다.

개최함으로써 지방 골퍼들의 관심을 집중시켜 지방 골프 붐 조성에 큰 몫을 했다고 자부한다.

3회 우승은 1회와 2회 우승자 한장상과 준우승자 최상호를 제치고 신예 이명하 프로가 차지했다. 여자부문에서는 강춘자가 3연패를 노리던 구옥희를 제치고 우승했다. 아마추어부에서는 김성호가 우승을 차지했다.

대회를 성황리에 치르면서 대구CC는 한층 성장했다. 대규모 대회에서 벌어지는 골프 경기의 규격에 맞게 골프코스를 고민하는 과정에서 더 나은 골프장으로 발전할 수 있는 아이디어가 떠오르기도 했다. 그렇게 대회, 그 다음 대회를 이어가다 보면 더 훌륭한 규격, 더 나은 골프코스가 만들어질 것이었다.

제3회 동해오픈 개최는 대구·경북 지역사회에도 많은 영향을 끼쳤다. 4대 메이저 중 하나인 골프대회 장소가 대구·경북지역으로 옮겨짐에 따라 지방 골퍼들의 관심이 집중됐고, 지방 골프 붐도 더 활성화됐다.

제3회 동해오픈과 제26회 한국프로골프선수권대회 현장을 기억하는 수많은 갤러리들, 숨막히는 승부를 펼쳤던 선수들, 대회를 지켜보던 사람들에게 좋은 추억을 선사했다는 것만으로도, 그리고 그들의 마음과 뇌리에 '대구CC'라는 이름 하나 새겨지는 것만으로도 자랑과 흥분이었다.

동해오픈을 성공리에 마친 대구CC는 그해 9월 프로 챔피언의 명예가 걸린 제26회 한국프로골프선수권대회와 제6회 한국여자프로골프선수권대회를 같이 열었다. 동해오픈과 한국프로골프선수권대회 개최로 1983년에 열린 4대 골프대회(한국오픈·동해오픈·매경오픈·한국프로골프선수권대회) 중 2개 대회를 개최함으로써 지방 골프 붐 조성에 크게 이바지했으며, 대구CC로서도 자랑스러운 역사의 한 페이지를 장식했다.

8 골프장 개방, 페어웨이를 동심으로 물들이다

"어린이 여러분~ 골프장으로 소풍 오세요."

대구CC는 1990년 가을부터 인근 초등학교 소풍장소로 골프장을 제공하기 시작했다. 골프에 대한 부정적인 시각을 변화시키는 계기와 함께 골프장의 진면목을 일반인들에게 보이고 싶었다. 골프에 대한 인식 부족과 골프장에 대한 이해 부족이 사회 전반에 자리 잡고 있던 시기라 귀족 스포츠라는 낙인 속에 일반인들과는 멀어져 있던 것도 현실이었다.

마침 인근 초등학교에서 소풍을 원하는 날이 월요일이었다. 그 날은 골프장의 휴일이므로 직원들이 쉬는 날이었다. 하지만 기꺼이 모두가 개인 시간을 할애해서 학생들과 같이 해 주었다. 학생들을 위해 텐트를 쳐 놓고 식수와 간이 화장실을 준비하고, 처음 와본 손님들을 안내했다.

우리 골프장을 방문한 손님인데 빈손으로 보낼 수 없어 연필과 노트 등 학용품을 준비했다. 소풍을 온 어린이들은 잔디밭 위에서 마음껏 뛰놀며 한쪽에서는 그림을 그리고, 옹기종기 모여 앉아 목청 높여 노래를 부르기도 했다. 이른바 자연 학습 시간이 마련된 것이다.

당시 사회적 시각을 보여주는 웃지 못할 일화가 있다. 노태우 대통령이 내무부장관 자리에서 물러나 쉬고 있을 때라고 하니 1983년 7월쯤으로 짐작된다. 노대우 전 내무부장관이 대구에 내려오사 골프장 건설 승

제4장. 골프와의 인연, 보고 듣고 경험한 이야기 261

인을 신청했으나 승인이 나지 않아 애를 태우던 지역 유지가 찾아가 도움을 요청했더니 이런 말을 했다고 한다.

"내가 이전에 대구컨트리클럽에 가다가 길을 몰라 들에서 일하는 농부에게 물은 적이 있는데, 돌아보지도 않은 채 퉁명스럽게 한마디 하더라. 말인즉 '아, 그 미친 사람들 작대기 흔드는 데 말이오, 저쪽으로 가 보시오'라면서 손짓을 하더라."

노태우 대통령의 이 말은 "골프에 대한 우리네 정서가 아직 이 정도인데, 조금 더 기다려 보라"는 의미로 받아들여졌다. 그렇지만 이 말은 당시 일반인들이 골프를 어떻게 인식하는지를 알 수 있는 사례이기도 했다.

그런데 1980년대 말, 특히 1989년부터 골프장은 '환경 파괴와 오염의 주범'이라는 부정적 인식이 하나 덧붙기 시작했다. 골프장 캐디 출신 여성들이 농약 중독과 관련이 있을 것으로 추정되는 기형아와 미숙아를 출산했다는 보도(한겨레 1989년 9월 1일자)를 계기로 골프장에 대한 부정적 관심이 높아지고 있었다. 경기도가 도내 20곳 골프장에 대한 농약 사용 실태를 조사한 결과 무려 72가지 농약을 뿌리고 있는 것으로 밝혀졌다는 보도도 있었다.

골프장 건설을 반대하는 주민들의 집단 민원이 뒤따르고 있기도 했다. 주민들의 집단 민원은 골프장 건설에 따른 농업용수와 식수 고갈, 환경오염, 산림 및 농지 훼손 등으로 집약되고 있었다. 경북지역에서도 골프장 건설에 반대하는 주민들의 농성이 잇따랐다. 그래서 지역주민을 2대의 버스에 태워 와 우리 대구CC가 환경오염 없이 골프장을 잘 관리하고 있다는 것을 보여주기도 했다. 특히 서코스 6번 홀에 있는 연못인 상곡지에서 어른 팔뚝보다 큰 잉어가 유유히 헤엄치는 것을 보고는 골프장이 환경오염의 주범이 아니라는 것을 알게 됐다며 돌아가기도 했다.

봄소풍 온 어린이들(1991년 5월)

•

대구CC 개방에 따라 대구CC로 소풍을 와서 즐거운 시간을 보내고 있는
진량초등학교 학생들

이 지역 출신인 장병국 대구CC 전무의 중계로 진량초등학교와 긴밀하게 협조가 이루어져 학교와 골프장 모두가 밝고 환한 따뜻한 시간을 갖는 계기가 마련됐다. 한번 연결이 되자 주변에 있는 다른 학교에서도 요청이 들어왔다. '골프장은 지역사회와 같이 가야 한다'는 정신으로 직원과 골프장 식구 모두가 가족 같은 마음으로 앞장섰다.

다음해 봄에도 인근 진량국교와 다문국교 전교생에게 골프장 일부를 소풍 장소로 개방했다. 이들 학교 학생 전원과 학부모 등 1,000여 명은 개방한 3개 홀의 넓은 잔디밭에서 이어달리기와 보물찾기 등 다채로운 놀이를 즐기면서 흥겨운 하루를 보냈다. 이후에도 계속 골프장을 인근 학교의 소풍 장소로 개방했으며, 사생대회를 개최하기도 했다. 심지어는 야외 예식장으로 빌려주기도 했다. 2004년부터 지역의 각종 단체와 주민들에게도 골프장을 견학 코스로 제공하기 시작했다. 그야말로 골프장이 주민들과 먼 거리에 있는 별천지가 아니라 바로 함께 호흡하고 느낄 수 있는 이웃으로 다가갔다.

1990년대 초까지만 해도 골프는 소수의 특권·부유층의 전유물이고 농약 과다 사용으로 환경오염을 유발한다는 오해를 받았다. 대구CC가 골프장을 학생들에게 개방해 지역민들에게 좋은 반응을 얻자 한국골프장사업협회는 다른 골프장들도 일반인들에게 개방하도록 권장했다. 일반인에게 골프장을 개방하는 것은 골프에 대한 부정적 시각을 해소하고 지역민과의 유대를 강화하는 좋은 계기였기 때문이었다. 협회는 아울러 각급 교육기관 및 기업체를 대상으로 골프에 관한 책자·VTR테이프를 제작해 골프장 건설과 지역개발 촉진 성공사례 등을 엮어 배포하기로 했다.

대구CC가 지역주민들에게 골프장 개방의 물꼬를 트자 다른 골프장에서도 골프장 개방 프로그램을 도입하기 시작했다. 1993년 경기도 광주

군에 있던 뉴서울CC는 초·중학생들을 위한 사생대회와 소년소녀가장돕기골프대회, 부부팀대항자선골프대회 등을 열었다. 경기도 여주군의 클럽 700CC도 휴장일에 인근 주민들에게 야유회 등의 각종 행사장과 학생들의 글짓기 장소 등으로 골프장을 무료 대여하기도 했다.

9 클럽대항전 우승, 내친김에 세계대회 우승까지

한국골프협회에 가입한 회원제 골프장들이 최고수 골프장을 가리는 클럽대항전의 역사는 벌써 53년이나 된다. 반백년을 넘은 이 대회는 국내 클럽챔피언들의 실력 다툼의 역사라 해도 과언이 아니다.

골프장은 사람들이 한데 모여 커뮤니티를 이루는 골프클럽이며, 비유하자면 하나의 성(城)이다. 스포츠 정신에 입각해 골프로서 겨루고 선의의 경쟁을 하는 것이다. 대회에 참가하기 위해 연습하고 실제 경기하는 과정에서 클럽들, 즉 골프장과 그 회원들이 친목을 도모하고 끈끈한 정을 쌓아나갈 수 있다는 점이 무엇보다 의미가 있는 것이다.

한국골프 역사에서 골프장 간의 치열한 전투, 골프클럽끼리의 물러설 수 없는 승부가 시작된 것은 1968년 한국골프협회 창립 3주년 기념 제1회 한국골프협회장배경기다. 협회에 가입한 회원의 상호 친선과 우의를 다지기 위해 열린 것이었다. 현재까지도 클럽대항전으로 맥을 이어오고 있는 이 대회는 개최 때마다 골프클럽의 대표 챔피언들이 전원 참가하는 전국 규모의 골프 축제이기도 하다.

1974년에는 구락부대항 골프팀경기로 대회명을 개칭했으나 2006년에는 다시 '전국골프장대항팀선수권대회'로 바뀌어 오늘에 이르고 있다. 이 대회는 50여년 이상 국내 골프장과 그 회원들이 자발적으로 계승해

온 전통임과 동시에 모두 즐겁게 향유, 교류할 수 있는 골프문화의 하나로 자리 잡고 있다.

우리 대구CC는 1981년 이 대회를 개최했으며, 단체전 우승까지 차지하는 기염을 토했다. 이후 1993년, 1994년, 그리고 2006년 등 4번의 우승을 차지했다.

즐거운 전장에 뛰어들어 4번 우승의 위업

개장 다음해인 1973년 대구CC도 골프장 간 치열한 전투에 뛰어들었다. 그해 6월 10일 안양CC에서 개최된 제6회 한국골프협회장배 쟁탈 클럽대항골프대회에 첫 출전한 것이었다. 팀당 12명 중 상위 성적 10명의 점수를 합치는 방식으로 이루어졌다. 그 결과 단체전에서 8위를 차지했다. 당시 나도 선수로 참가했는데, 대구CC 선수 중 가장 적은 81타를 쳐 전체 144명 가운데 10위 이내에 들었다. 개인전 1위는 뉴코리아CC 소속의 김기수였다. 한국인 최초의 프로복싱 세계 챔피언에 올랐던 김기수는 사실 나와 같은 골프 모임의 지인이었는데, 아마추어 골프계에서도 화려한 전적을 자랑하고 있었다.

대구CC는 이후 매년 참가하는 열의를 보였으나 성적은 그리 좋지 않았다. 1975년 제8회 6위, 1976년 제9회 공동 6위, 1977년 제10회 11위를 기록하더니 1978년 제11회에는 급기야 13위로 당시 13개 팀 중 꼴찌를 하기도 했다. 이후에도 1979년 제12회 11위, 1980년 제13회 12위에 그치며 하위권 성적을 면치 못했다. 물론 클럽대항전이라는 것이 어떤 골프장이 더 나은지 우열을 가리는 장은 아니었지만, 아쉬움이 남는 것은 사실이었다.

클럽 회원들은 각고의 노력 끝에 제14회 대회에서 첫 우승의 쾌거를

클럽대항 골프대회 우승 후 기념촬영

1981년 제14회 대회에서 첫 우승을 차지한 대구CC 선수와 관계자들이 기념촬영을 했다.
(2열 오른쪽에서 첫 번째가 우기정 당시 전무, 일곱 번째는 우제봉 당시 사장)

이뤄냈다. 1981년 7월 2일 대구CC에서 열린 대회에는 홈팀인 대구CC와 전년도 우승팀 남서울CC를 비롯한 13개 팀이 참가했다. 치열한 승부의 결과 대구CC가 출전선수 6명 중 5명의 합산타수 394타(18홀 스트로크 플레이)로 우승했다.

이후에는 좋은 성적을 거두지 못하고 중하위권을 맴돌았다. 그러다 12년 후인 1993년 9월 뉴서울CC에서 열린 제26회 대회에서 두 번째 단체전 우승의 영광을 안았다. 모두가 함께 이뤄낸 성과이기도 했지만 86아시안게임 금메달리스트인 재일교포 김기섭이 우승의 주역이었다. 54세의 노장으로서 대회에 참가해 전체 참가선수 중 4위의 성적을 기록하며 대구CC 회원들과 함께 우승을 일궈낸 것이었다.

대구CC는 전년도 우승팀 자격으로 대회를 대구CC에서 열었고, 내친 김에 다시 단체전 우승을 차지했다. 이 대회에서 뉴코리아CC의 오기택이 개인전 2위를 차지했는데 그는 '고향무정'과 '아빠의 청춘'이란 노래로 이름을 날리며 1960년대를 대표하던 국민가수 출신이었다.

2연패의 기염을 토하는 데 너무 많은 힘을 빼서였을까. 이후 대구CC가 네 번째 우승을 이룬 해는 12년이 지난 2006년이었다. 2006년 6월 창원CC에서 열린 제39회 대회에서 단체전 1위에 오르며 대회 통산 4번째 우승을 차지했다.

네 번의 우승을 거머쥔 30여 년 동안 대구CC는 무려 3번이나 대회를 개최했다. 그중 두 번이나 홈팀으로서 1위를 차지했다. 1996년부터 전년 대회 우승팀 골프장에서 차기 대회를 개최하기로 규정이 바뀜에 따라 2007년에는 2006년 우승팀 자격으로 3번째인 제40회 대회를 개최했다.

골프장들끼리 즐거운 경쟁을 펼치는 클럽대항전도 1960년대 후반 구락부대항 시절에는 그리 흥행하지 못했다. 한 해 두 해 시간이 흐르는 동안 유명 골프장은 물론 이름 있는 명사나 아마추어골퍼 등이 참가하면서 대회의 재미나 명성도 더해졌다. 대회를 여는 골프장들 수를 늘리는 것도 중요했지만 그에 못지않게 대회에 참가하는 골퍼의 수 또한 대회를 활성화시키는 데 있어 관건이었다.

한 사람 한 클럽이라도 많은 출전자들이 대회에 참여해 주기를 기대한다. 골프클럽과 선수들이 대한민국 골프의 발전을 이끌고 있다는 생각을 하면 그들이 자랑스럽고 존경스럽다.

세계 클럽선수권 대회에 참가해 우승 차지

1993년 클럽챔피언에 오른 우리 대구CC에 국제골프선수권대회에 참가 자격이 주어졌다. 대구CC는 1993년 11월 중국 선전의 중산CC에서 열린 조니워커 인터네셔널대회에 출전해 세계 각국의 골프팀들과 자웅을 겨루며 '코리아(Korea)'와 대구CC의 이름, 그리고 한국 아마추어 골프의 위상을 전 세계에 알렸다.

스포츠를 통해서 국가의 위상을 알리는 일은 우리 모두에게 자랑스럽고 신나는 일이었다. 한국도 세계대회에 나가 실력을 발휘하고 견문을 넓혀야 할 때가 왔다고 생각했다. 그 자신감으로 대구CC는 세계 각국 명문 골프장 회원 간의 기량 대결과 친선의 한마당인 제3회 조니워커 인터내셔널 클럽선수권대회에 한국대표로 출전해 우승을 차지했다. 나도 단장으로서 선수들을 이끌고 대회에 참가해 팀의 우승을 도왔다.

제1회 대회는 국내 팀이 참가하지 못했고, 1992년의 제2회 대회에는 광주CC가 참가해 7위를 차지한 바 있었다.

당시 단장 겸 감독으로 선수단을 이끌고 대회에 참가한 나는 초빙인사로 참석한 세계적인 골퍼 게리 플레이어와 개인적인 친분을 쌓기도 했다. 1935년생인 그는 남아공 출신의 세계적 프로골퍼로서 '세계 골프 명예의 전당'에 헌정됐으며, 메이저 대회 9승을 포함해 PGA투어에서 24승을 거뒀다.

우연한 기회에 게리 플레이어와 이야기를 나눌 수 있는 자리가 마련됐는데 그는 긴 퍼터를 가져와서 시범 스윙도 보여주었다. 시상식 파티 중 그가 자신의 신념처럼 말하던 "연습을 하면 할수록 그만큼 행운은 생긴다"던 말은 아직도 나의 뇌리 속에 깊이 박혀 있다

그밖에도 우승을 차지한 대구CC팀을 두고 게리 플레이어 등 세계 유수의 골퍼들에게 '코리아(Korea)'에서 왔다고 소개하자 "코리아 원더풀(Korea Wonderful)!"을 외치던 것을 떠올리면 아직도 흥분된다. 이처럼 아마추어 대회에서 보기 드물게 프로골퍼들을 호스트로 초청했고 나 같은 아마추어골퍼는 살면서 한번 볼까 말까한 전설적인 선수들을 한자리에서 보고 환담을 나누며 친교를 쌓을 수 있었다.

나는 지금도 당시 우승의 감격을 잊지 못하고 있다. 마지막 홀이 끝나며 우리가 간발의 차로 우승했을 때 선수들과 포옹을 하며 환호했다. 시상식에서 태극기가 게양될 때에는 우리 선수들은 물론 나 또한 환희와 조국에 대한 자부심을 가슴 깊이 새겼다. 그리고 그 기분은 지금도 그날처럼 생생히 느껴진다.

우리는 다음해에도 국내 클럽챔피언에 올라 인도네시아에서 열린 같은 대회에 참가했으나 준우승에 머물러 아쉽게도 2연패 달성의 대기록을 놓쳤다. 그때의 세계대회 출전 경험은 이후 나에게 많은 도움이 됐다. 특히 이안 우스남(Ian Woosnam)과 비제이 싱(Vijay Singh) 등 세계적인 프로골퍼들과 어깨를 나란히 하고, 그들에게 한국 아마추어골프의 맛을 보여줄 수 있어 기뻤다.

1995년 제5회 조니워커 대회는 11월 5~6일 한국 제주의 중문CC에서 열렸다. 이 대회에는 우리 대구CC팀이 참가하지 못했고, 한국대표로 여주CC가 참여해 2위를 차지했다. 이후 대만에서 열린 제6회 세계대회에서는 제주 오라CC가 한국 대표로 출전해 세계 3위에 올랐다.

10 송암배 창설, 골프인재 육성의 큰 걸음

2022년 8월 17일부터 19일까지 대구CC에서 송암배 아마추어골프선수권대회(이하 송암배)가 열렸다. 1994년에 시작했으니 제29회였다.

첫 대회에서 선친이 하셨던 말씀이 아직도 생생하다.

"이 대회가 대구·경북지역을 바탕으로 시작됐으나 앞으로 한국을 대표하는 유능한 선수들이 배출돼 세계를 제패할 날이 오기를 기대한다."

제29회 대회를 마치면서 그 말씀을 다시 한 번 되새겼다. 이 대회에서 배출된 선수들이 세계를 제패하는 것을 보면서 선친의 30년 전 혜안에 감탄할 따름이다. 그동안 선친의 바람대로 LPGA투어 통산 25승의 박세리를 비롯해 8승의 김미현, 세계 최초로 커리어 그랜드슬램을 달성한 박인비, 그리고 유소연·박성현·김효주·장하나·고진영·최혜진 등 일일이 열거할 수 없는 세계적인 선수들이 이 대회에서 기량을 뽐냈다. 남자부에도 배상문·강성훈·안병훈·노승열·김시우 등이 이 대회를 거쳐 세계무대로 나아가 이름을 빛내고 있다.

한국골프, 그리고 송암배에 나는 자부심을 가진다. 1994년 송암배를 만들자 이 대회가 얼마나 갈 것인가 사람들은 고개를 갸우뚱했지만 작년에 제29회를 맞았다. 올해는 제30회를 맞게 된다. 이제는 '스타 산실'이라는 수식어가 붙어 다니는 한국 최고 권위의 아마추어골프대회로 자리매김했다.

2004년 돌아가신 선친께서 돌아가시기 얼마 전 말씀하셨다.

"네가 나한테 준 선물 중에 제일 큰 것이 송암배다."

송암배로 인연을 맺은 선수들 중 세계 곳곳을 투어하다 내게 전화를 하는 경우가 종종 있었다. 모든 스포츠가 그렇지만 골프는 특히 정신력이 중요하다. 스코어가 좋지 않은 SOS 전화를 받으면 어디든 달려간다.

송암배의 목표는 한국골프의 발전을 위해 세계 정복을 꿈꾸는 유망주들의 도전 무대가 되는 것이다. 세계적인 선수로 가는 징검다리 역할을 하고자 송암배를 만들었다.

골프인재 육성의 디딤돌을 놓고 싶었다

골프와 함께 60년을 지내는 동안 나는 대회 만드는 것을 좋아하는 사람이 돼 버렸다. 그도 그럴 것이 대학 시절엔 한국대학골프연맹을 만들어 대회도 열었고, 전국체육대회 골프경기의 전신인 시·도대항전도 여러 사람들과 뜻을 모아 만들었다. 그리고 송암배를 만들었다. 송암배 다음에연 매일여자오픈의 탄생에도 관여했다.

선친 덕분에 일찌감치 골프를 시작한 나는 골프장을 경영하면서 가랑비에 옷 젖는 줄 모르듯 자연스레 선친의 뜻을 이어받게 됐다. 선친은 골프가 우리 한국인과 잘 맞는 운동으로 한국인은 재능이 있다고 강조하셨다. 우리 한국인의 골프가 지속력 있게 발전할 수 있도록 발판을 만드는 일에 앞장섰다.

언젠가부터 한국 골프 선구자들의 발자취와 선친의 미래를 향한 희생과 열정을 보면서 그 뜻을 한데 모아 우리 골프계에 초석이 될 수 있는 아마추어골프대회를 만들었으면 하는 희망이 자리 잡기 시작했다. 그것도 선친이 살아 계시는 동안 우리 골프의 인재를 길러내는 아마추어대회를 구상하고 있었다. 당시만 해도 주니어와 체계화된 골프 인재들을 길러 내는 대회는 거의 없었다. 대회 창설은커녕 대회장을 빌리는 일조차 아주 힘들었다.

더욱이 어린 학생들이 참여하는 아마추어 대회는 거의 없었다. 송암배보다 3년 앞서 1991년 시작된 '그린배 중고골프대회' 정도였다. 이 대회는 학생선수 대상이어서 어린 아마추어골퍼를 아우르는 대회는 송암배가 처음이나 다름없었다. 그리고 학생들은 경제적 부담으로 골프장 접근이 힘든 시기였다.

재단 설립은 지속 개최 위한 '신의 한수'

어떻게 해야 흔들림 없이 지속적으로 영구히 대회를 이끌어갈 수 있을까. 대회 개최에 우선해 그 길을 찾아야 했다. 일단 개최 장소는 우리 대구CC가 있으니 해결됐다. 문제는 지속적인 자금 투자인데 한 개인이나 기업에 의존하면 부침을 겪을 수밖에 없다고 생각했다. 돈을 대던 모체가 흔들리면 자신의 생존도 장담할 수 없는 마당에 지원하던 골프대회를 끝까지 안고 가겠는가.

재능 있는 선수들을 일찍 찾아내어 앞날을 뒷받침 해줄 수 있는 영구한 대회가 되려면 오롯이 그 대회와 그 뜻에 전념할 든든한 조직이 필요했다. 최선의 방법은 아마추어대회의 동력원이 될 재단을 설립하는 것으로 가닥을 잡았다. 골프장학재단과 아마추어골프대회 이름은 선친의 호인 '송암(松庵)'을 따오기로 했다. 한국의 골프 발전을 위해 평생을 매진해 온 선친의 공로를 기리자는 뜻이었다.

선친은 1965년 뉴코리아CC를 창설하는 것을 시작으로 초창기 한국골프의 발전에 초석을 다지는데 힘을 쏟은 것은 물론, 1972년 직접 설계·시공한 대구CC를 탄생시켜 골프장 지방화의 계기를 마련하셨다. 또 동해오픈 등 우리나라 프로골프대회의 초창기를 이끌었으며, 주니어·아마추어대회 등 각종 대회를 유치개최해 골프 저변을 확대하고 우수선수를 발굴·육성하셨다.

골프 초창기 골프 발전에 기여한 바도 컸다. 1965년 설립된 대한골프협회 초대 이사에 선임돼 1984년 제7대까지 이사를 역임한 다음 1992년 제10대까지는 부회장을 지내셨다. 한국골프장경영협회 설립에 관여해 1979년까지 3기에 걸쳐 이사를 지내기도 하셨다. 그밖에도 경북골프협회 창단과 대구·경북 주니어들을 적극 지원하는 등 한국골프 발전과 중흥에 기여한 바는 이루 다 말할 수 없다. 선친은 2002년 1월 24일 이의근 경북지사의 주청으로 국가로부터 운동선수가 아닌 일반인으로는 처음으로 대한민국 체육훈장 기린장을 수훈하셨다.

대회 창설을 위해 다음 할 일은 사람들과 뜻을 모으는 일이었다. 아들이기 전에 한국골프의 발전을 염원하는 후배 골프인으로서 추진하는 사업이었기에 여러 사람과 뜻을 함께 해야 진정한 의미를 살릴 수 있었다. 무엇보다 영구적으로 재단과 대회를 운영하려면 지속적인 운영 시스템도 필요했다.

주변 사람 몇몇에게 솔직하게 말했다. 중심은 내가 설 테니 얼마씩이라도 내서 골프인재 양성을 함께 해보자고 했더니 고맙게도 대구·경북지역 인사들이 기꺼이 십시일반으로 자신의 이름을 걸고 동참했다. 5억 원의 기금을 모아 1994년 7월 '재단법인 송암'을 창립했다.

처음엔 사단법인으로 설립하려 했으나 여러 가지 여건상 재단법인으로 하는 것이 좋겠다는 관계기관의 조언을 받아들였다. 장병국 당시 전무가 사무총장 자격으로 뛰어다니며 재단법인 송암을 만들었다. 한국에서 처음으로 문화체육관광부로부터 법인 인가를 받은 순수 골프장학재단이 탄생했다.

이름이나 아호를 내건 첫 골프대회

이름을 내건다는 것은 자신감과 책임감이다. 요즘 제품의 생산자나 판매자의 이름을 밝히는 실명제가 유행한다. 제품의 품질에 대해 자신감을 드러내며 책임을 진다고 선언하는 것이다. 나는 이런 실명제를 골프대회를 통해 추진하고자 했다. 한국골프계에서는 첫 시도였다. 이는 모험이었고, 도전이었고, 자신감이었으며, 책임감의 발로였다.

유망선수 발굴과 육성을 위해 송암배를 연다고 하자 응원과 우려의 시선이 뒤섞여 쏟아졌다. 그럼에도 나의 용기 있는 도전에 대한 격려가 더 많았다. 대회 취지가 알려지자 대한골프협회가 대회 주관을 자청하고 나섰고, 참가 자격도 한국아마선수권 등 국내 최고 아마대회 수준으로 격상시키는 이례적인 호응을 받았다. 시도 골프협회로부터 유망 선수 2명을 추천받아 전국적인 대회로 만들었다. 대구·경북지역 학생선수들의 대회가 아닌가 하는 의구심을 불식시킬 필요가 있었다. 그럼에도 '과연 이 대회가 얼마나 가겠냐'는 의구심 어린 시선이 사라지지 않았다. 하지만 나와 대구CC 모두 송암배에 대한 열정으로 이겨냈다.

어쨌든 송암배는 대구CC라는 지방 골프장에서 치러지는 대회라는 것만으로도 준비과정에서부터 많은 화제와 관심을 모았다. 대회 취지에 맞게 국가대표와 상비군의 체재비와 그린피는 매년 송암재단이 부담했다. 우승 선수뿐만 아니라 상위 입상자 중 학생에게는 장학금을 지급해 훈련에 전념하도록 했다.

대회는 선수권부와 미드아마추어부로 나누어 치르기로 했다. 핸디캡 5 이내의 국내외 아마추어를 대상으로 하되 국가대표들도 출전할 수 있도록 했다. 미드아마추어부 출전 자격은 만 55세 이상의 아마추어로 했다. 선수권부는 4라운드, 미드아마추어부는 3라운드 경기를 벌이도록 했다.

첫 단추를 성공적으로 꿰다

한국 최고의 아마추어골퍼 탄생을 기원하며 송암배는 이렇게 시작됐다.

1994년 10월 20일부터 23일까지 열린 제1회 '송암배'에는 166명이 출전했다. 최종 우승자가 탄생하는 순간까지 마치 내가 출전선수인 양, 감독인 양 긴장하고 환호하며 3박 4일을 보냈다.

첫 대회는 남자부와 미드아마부로 진행했다. 선수권부는 국가대표와 신예 유망주와의 접전이었다. 김창민(상무)이 제1회 송암배 초대 챔피언이 됐다. 54홀 경기로 승부를 가린 미드아마부는 백문일이 토털 229타로 1위를 차지했다. 우승은 못했더라도 이 기록들이 동기부여가 돼 선수들이 계속 정진하길 바라는 마음이었다.

시작이 반이라 했지만 첫 걸음을 떼었을 뿐 갈 길은 멀었다. 1995년 열린 제2회 대회부터는 여자부도 신설해 규모를 확대했다. 여자부는 시작부터 큰 화제를 모았다. 크리스찬디올오픈 등 3개 프로대회를 휩쓸며 '무서운 여고생' 돌풍을 일으킨 국가대표 박세리가 우승을 거머쥐었다. 국가대표이자 퀸시리키트컵 챔피언 김미현은 1타차 준우승에 머물렀다.

IMF 외환위기로 한차례 연기되는 어려움 속에서도 1998년 제5회 대회를 치렀다. 송암배는 다른 대회와는 달리 재단이 모든 것을 준비하기 때문에 천재지변이 아니면 영구히 치를 수 있는 기반을 다져놓고 있다.

이 무렵 송암배는 국내 3대 아마추어대회로 완전히 자리 잡았으며,

우승컵을 수여하는 송암

대구CC의 창업자인 송암 우제봉 명예회장이 자신의 이름을 따 만들어진 제1회 송암배의 우승자인 김창민에게 우승컵을 수여하고 있다.

한국골프 발전에 크게 기여했다는 평을 받았다. 무엇보다 남녀 국가대표·상비군을 선발하는 기준이 되는 대회로 승격돼 송암배의 수준과 권위를 입증했다.

2000년 제7회 대회부터 골프 꿈나무 육성을 강화하기 위해 초등부를 신설했다. 어린 학생들이 참여할 수 있는 아마추어대회는 송암배가 처음이었다. 2007년까지 계속된 초등부를 통해 노승열·장하나·김시우·박인비 등을 배출했다. 2002년의 제9회 대회는 국내 단일대회로는 처음으로 국제 대회로 개최하기도 했다.

국내 최고 권위의 아마추어대회로 성장

송암배는 변별력 높은 코스 세팅과 운영으로 주니어 골퍼들에게는 꼭 우승하고 싶은 대회로 자리 잡았다. 세계 정복을 꿈꾸는 유망주들에게는 멋진 도약대로 권위를 인정받고 있다. 송암배가 한국 골퍼 총상금 1억 달러 시대의 물꼬를 텄으며, 국가대표 선발전을 겸한 국내 최고 권위의 아마추어골프선수권대회로 평가받고 있다.

무엇보다 선수들을 여러 방면으로 지속적으로 지원하는 것이 송암배를 성공으로 이끄는 자양분이었다.

송암배와 대구CC는 한 몸과도 같다. 역사와 전통을 지닌 대구CC는 송암배를 통해 대구·경북지역 골프의 위상을 높이는 데도 노력을 기울이고 있다. 지역의 우수 골퍼를 키우기 위해 대구와 경북골프협회 소속 상위 랭커들에게 골프장의 문호를 개방한다.

2001년 골프부를 창단한 자인중과 경산 자동차고에 대해서도 창단 때부터 현재까지 적극 지원하고 있다. 제1회 대회부터 30년간을 줄곧 지켜보신 대한골프협회의 임영선 고문과 박진헌 전 경기위원장은 한결같이 입을 모으신다.

"정말 처음에는 송암배에 대해 크게 기대는 안했어요. 하지만 한 해 한 해 발전하는 것을 보면서 우리에겐 경이로움으로 다가왔어요. 어떻게 이렇게 멋지게 이어올까! 정말 대단하죠. 우리 모두의 자랑이고 기쁨입니다."

12 송암배가 맺어준 깊고 오랜 인연

　제1회 송암배를 마치고 나서 내가 못내 아쉬웠던 것은 여자부를 개최하지 못한 것이었다. 사실 그때는 여자아마추어대회에 대해 골프계의 관심이 그리 높지 않았다. 여자아마추어대회라고는 강민구배의 전신인 한국여자아마추어골프선수권대회 하나가 있을 뿐이었다. 이 대회도 남자대회인 한국아마추어남자선수권대회보다 12년이나 늦게 만들어졌다. 골프는 남성의 전유물처럼 여겨지고 있을 때였다.

　때문에 송암배를 창설하고 제1회 대회를 개최하면서 남자들만의 대회인 선수권부와 미드부로만 경기를 했다. 하지만 제2회부터는 어떻게든 여자부도 넣자고 선친과 의기투합했다.

　그런데 제2회 송암배의 여자부는 요즘 표현대로라면 그야말로 '대박'이었다. 왜냐하면 당시 여자골프계를 뒤흔들던 무서운 아마추어 선수들인 박세리·김미현·강수연·한희원이 출전해 자웅을 겨뤘고, 이들은 나중에 세계 최고의 무대인 LPGA투어에 진출해 우승을 거둠으로써 한국여자골프의 위상을 드높였기 때문이었다.

　사실 나는 박세리도 김미현도 그때 처음 만났다. 제2회 송암배에 여자부를 넣지 않았더라면 어땠을까? 송암배 29회를 통틀어 가장 잊지 못할 최고의 경기가 바로 1995년 제2회 대회의 초대 여자부 우승 경쟁이었다.

엄청난 실력을 보여주며 상승세를 타고 있던 '무서운 아이들', '프로 잡는 아마'로 불리던 박세리와 김미현이 참가했다. 뿐만 아니라 이 둘과 어깨를 나란히 하며 여자골프계를 뜨겁게 달구던 강수연과 한희원도 참가했다. 단숨에 대회의 포커스는 남자부가 아니라 여자부로 모아졌다.

여자부 첫 대회에 준우승한 김미현

어렸을 때부터 천재성을 보인 박세리는 1992년 중학교 3학년 때 초청받아 참가한 KLPGA투어 대회인 '라일앤스콧 여자오픈'에서 원재숙 프로를 연장전 끝에 꺾고 우승을 차지해 일대 파란을 일으키며 한국골프계를 놀라게 했다. 다음해 고등학교 1학년 때는 제2회 톰보이오픈여자골프대회에서 우승해 일회성 폭우가 아닌 태풍의 조짐을 보였다. 그리고 1995년에 들어서는 4월에 톰보이오픈, 6월에 미도파여자오픈과 크리스챤디올오픈에서 우승을 차지해 1995년 개최한 4개 여자프로대회 중 참가한 3개 대회를 모조리 휩쓸었다. 특히 송암배 일주일 전에 열린 크리스챤디올오픈에서는 3라운드 합계 16언더파로 1978년 여자프로골프대회 출범 이후 공식대회 최저타 기록을 세울 정도였다. 이처럼 무서운 기세를 타고 있었기에 박세리의 독주를 예상하는 사람이 많았다.

김미현은 1991년 그린배 중고골프대회 여중부에서 1위 강수연에 이어 2위를 차지하며 유망주로 첫 눈도장을 찍었다. 이후 1994년 제3회 톰보이여자오픈에서 우승해 박세리에 이어 프로를 꺾은 아마추어 여고생이 됐고, 94아시아태평양 주니어골프대회 여자 17세부에서도 우승컵을 안았다. 1995년 5월에는 제17회 퀸시리트컵 아시아태평양여자골프팀선수권대회에서 한희원·강수연과 함께 출전해 단체전뿐만 아니라 개인전에서도 우승을 차지해 2관왕의 주인공이 됐다.

아마골프 양강 구도를 형성하고 있던 박세리와 김미현은 용호상박의 대결을 펼쳤다. 3라운드로 진행된 여자부 1라운드는 김미현이 박세리를 3타차로 제치고 1위에 올라섰다. 2라운드는 박세리가 남자도 힘든 8언더파 64타를 기록하며 김미현을 앞섰다. 박세리가 세운 8언더파는 한동안 대구CC의 여자 베스트 스코어로 기록됐다. 마지막 라운드에서도 박세리의 독주와 돌풍은 그치지 않았다. 박세리는 3라운드 합계 11언더파 205타의 놀라운 성적으로 우승했다. 김미현도 마지막 라운드에서 4언더파 68타를 치며 끝까지 선전했으나 합계 1타 차로 준우승에 머물렀다. 3위에는 2언더파 214타를 기록한 강수연이 올랐다.

당시 여자아마추어골퍼로는 이들 셋이 제일 뛰어났다. 훗날 송암배가 한국골프의 스타 산실로 자리매김하게 해준 것은 이들 선수가 프로선수가 돼 한국은 물론 세계무대로 나가 그 위세를 떨쳐 주었기 때문이다.

송암배 초대 우승과 준우승을 차지한 박세리와 김미현, 그리고 강수연과 한희원은 앞서거니 뒤서거니 세계 최고의 무대인 LPGA투어에 입성해 엄청난 위업을 쌓았다. 박세리는 25승, 김미현은 8승을 기록했다. 강수연도 LPGA투어 1승을 차지했다. 1997년 제4회 송암배에서 우승한 한희원도 세계무대에 도전했다. 1999년 JLPGA투어 신인왕, 2001년 LPGA투어 신인왕에 올라 세계 골프사상 양국에서 신인왕을 받은 첫 골프선수로 기록됐다. LPGA투어에서 6승을 따내며 박세리·김미현·박지은과 함께 2000년대 한국여자골프가 황금기를 구가하는데 일익을 담당했다.

송암배로 맺은 김미현과의 인연을 지금도

나는 제2회 송암배를 통해 김미현과 오랜 인연을 맺었다. 지금도 나는 미현이를 딸처럼, 미현이는 나를 아빠처럼 여기며 인연을 이어가고 있다.

제2회 송암배에 앞서 연습을 하는 김미현을 지켜본 선친께서 하시던 말씀이 기억난다.

"미현이 조거 키는 쪼매 해도 골프를 잘 친데이."

그래서 나도 눈여겨보게 됐다. 내가 봐도 작은 체구에도 골프를 야무지게 잘 쳤다. 미현이 아버지가 인천에서 신발공장을 하다 부산으로 옮겼는데 부도를 맞아 어려운 상태에서 미현이가 골프를 하고 있다는 것을 알게 됐다. 대회 기간 중에 자연스럽게 미현이 아버지하고 이야기를 나누다 그런 사정을 알게 된 것이었다.

미현이의 아버지가 딸이 재능은 있는데 자신의 사업 부도로 충분히 뒷바라지를 못해 주고 있는 것을 자탄하는 것을 보고 "미현이는 앞으로 내가 물심양면으로 도울 테니 너무 걱정하지 말라"고 했다. 선친에게도 미현이를 후원하겠다고 했더니 흔쾌히 허락을 해 주었다. 그래서 미현이에게 연습하고 싶으면 언제든지 대구CC에 와서 하라고 했다. 골프장 안에 선친이 지어놓은 한옥이 있는데 거기서 숙식하며 훈련을 하게 했다. 그후 미현이는 여름과 겨울철 1개월 정도 대구CC에서 숙식을 하며 훈련을 했다.

나는 그해 11월 일본 시즈오카(靜岡)에서 열렸던 전(全)일본 산스포 아마추어골프선수권대회에 미현이를 출전시켜 준우승하게 하는 등 해외 전지훈련까지 전폭적인 지원을 아끼지 않았다. 일부러 대회 주최 측에 부탁을 해서 자리를 얻어 전지훈련 겸해서 참가시켰는데 준우승을 차지한 것이었다. 대회 중에 아내와 같이 미현이를 따라다니며 열심히 응원을 하기도 했다. 그러다 보니 정이 들었고, 가족 같은 마음이었다. 일본의 대회 관계자나 선수들의 가족들은 나와 집사람을 미현이의 "엄마, 아빠"라고 불렀다.

미현이의 별명은 '슈퍼 땅콩'이다. 이것은 내가 송암배에 출전했을 때 지어준 것이다. 그것을 어느 언론과의 인터뷰에서 자랑스럽게 말해 주어 고마웠다.

"인기가 있어야 별명도 있는 것 아닙니까. '슈퍼 땅콩'이란 별명은 송암배에 출전했을 때 대구CC 우기정 회장님이 지어주신 것입니다. '껍질은 부서지기 쉽지만 속은 야무지면서도 달콤한 땅콩 같은 아이'라며 방학 때면 필드에서 마음껏 훈련할 수 있도록 지원해 주셨어요."

1999년 미현이가 LPGA투어 '올해의 신인상'을 받고 난 뒤 미국 골프채널은 미현이의 이름 앞에 '피넛(땅콩)'이란 수식어를 즐겨 붙이곤 했다. 한 해설자는 아예 "땅콩"이란 한국 발음으로 미현이를 부르기도 했다. 신체적 조건을 꼬집어 불쾌할 수도 있는 '땅콩'이란 별명을 미현이는 정말 좋아했다.

미현이는 "LPGA투어에서 성공을 거둔 데에는 우기정 회장님을 비롯한 후원자들의 도움이 큰 힘이 됐다"며 고마움을 감추지 않았다. 나도 "미현이를 지원한 것은 당시 유망주를 돕고 싶다는 순수한 마음에서 비롯된 것"이라며, "그동안 정이 들어 지금은 마치 한가족 같은 느낌"이라고 말하기도 했다. 지금도 미현이와는 부녀처럼 연락을 주고받으며 인연을 이어가고 있다.

"송암배는 우리나라 골프스타들의 산실이다"

"아마추어 골프가 커야 한국골프가 클 수 있다"는 선친의 뜻처럼 송암배는 명실공히 한국 스타플레이어의 산실로 자리매김했다. 특히 한국이 세계 여자골프 강국이 된 저변에는 송암배와 대구CC가 있었다고 자부하고 있다.

송암배에 출전해 자웅을 겨룬 많은 선수들이 국내뿐만 아니라 세계 무대를 정복했다. 여자선수들의 경우 그 위상이 놀랍다. 여자프로의 세계 최고 무대는 LPGA투어다. 여자프로라면 누구나 진출해 보고 싶은 무대다. 한국선수로서 이 무대에 본격적으로 도전한 선수가 송암배 여자부 초대 챔피언인 박세리다. 박세리는 진출 첫해이던 1998년 메이저 2승을 포함해 4승을 거두고 신인왕에 뽑힘으로써 세계를 놀라게 했다. 특히 최

송암배 여자 입상자의 LPGA투어 승수

회차(연도)	이름	승수
제2회(1995)	박세리(1위)	25승
	김미현(2위)	8승
	강수현(3위)	1승
제3회(1996)	장정(2위)	2승
제4회(1997)	한희원(1위)	6승
	김영(3위)	1승
제5회(1998)	김주미(3위)	1승
제6회(1999)	임성아(2위)	1승
제8회(2001)	안시현(1위)	1승
제10회(2003)	김인경(2위)	7승
	유선영(3위)	2승
제11회(2004)	오지영(3위)	2승
제12회(2005)	신지애(1위)	11승
제16회(2009)	박성현(3위)	7승
제18회(2011)	김효주(1위)	5승
합계		80승

고 권위의 US여자오픈에서 보여준 '맨발의 투혼'은 IMF 외환위기의 시름에 잠겨 있던 우리에게 '하면 된다'는 희망을 안겨주었다.

박세리의 성공에 힘입어 그 뒤로 수많은 여자프로들이 태평양을 건넜다. 1995년 송암배에서 박세리와 자웅을 겨뤘던 김미현을 비롯해 강수연과 한희원도 앞서거니 뒤서거니 LPGA투어에 도전장을 던졌다. 이러한 LPGA투어 러시는 계속됐고, 한국선수들이 LPGA투어에서 거둔 승수는 지난해 말 200승을 넘겼다. 70년(1950년 창설)이 넘는 LPGA투어 역사에서 미국을 제외하고 가장 많은 승수를 쌓은 나라가 바로 대한민국이다.

송암배에서 입상했던 선수들이 LPGA투어에서 쌓은 승수가 어느 정도일까 호기심을 갖고 조사해 보았다. 정말 놀라웠다.

우선 박세리가 25승을 거뒀다. 뒤이어 김미현이 8승, 강수연도 1승을 거뒀다. 제3회 대회 2위의 장정 2승, 제4회 대회 우승자인 한희원 6승, 3위 김영 1승, 제5회 대회 3위의 김주미 1승, 제6회 대회 2위 임성아 1승, 제8회 대회 1위 안시현 1승, 제10회 대회 2위 김인경 7승, 3위 유선영 2승, 제11회 대회 3위 오지영 2승, 제12회 대회 1위 신지애 11승, 제16회 대회 3위 박성현 7승, 제18회 대회 1위 김효주는 5승을 거뒀다. 합해 보면 무려 80승에 달한다.

제7회(2000) 대회부터 제14회(2007)까지 8년간 시행했던 초등부 출신자들도 LPGA투어에서 많은 우승을 거뒀다. 제7회 대회 3위를 차지했던 박인비가 21승을 거둔 것을 비롯해 제8회 대회 2위 허미정 4승, 제9회 대회 2위 유소연 6승, 제11회 대회 1위 장하나 5승, 제14회 대회 3위 백규정이 1승의 승수를 쌓았다. 모두 합해 보니 37승이었다. 앞서 이야기한 여자부와 합치면 117승이었다. 지금까지 한국 여자골퍼가 206승을 거뒀으니 전체 절반 이상을 송암배 출신이 거둔 셈이다.

고진영·최나연·지은희·김세영·전인지 등은 비록 3위 이내 입상하지는 못했지만 송암배에 출전해 우승을 다투며 기량을 쌓았고, LPGA투어에서 수많은 우승컵을 들어올렸다. 고진영(14승)·최나연(9승)·지은희(6승)·김세영(12승)·전인지(4승)가 거둔 승수만도 45승에 달한다.

이들이 아마추어 시절 송암배를 통해 세계무대의 꿈을 키워 LPGA투어에서 우승을 거둠으로써 송암배는 '대한민국 골프스타의 산실'로 자리매김했다.

나는 송암배를 개최하면서 어린 선수들이 자신의 꿈을 이루기 위해 경기에 매진하는 모습을 보는 것이 매우 좋았다. 송암배를 통해 많은 선수들이 배출됐고 한국을 넘어 세계로 나아갈 때 큰 보람을 느꼈다.

12 여자 프로선수들의 소망 담아 대회를 만들다

KLPGA가 발행하는 〈KLPGA 멤버스〉라는 월간지가 있다. 이 잡지 2022년 5월호에는 'KLPGA, 찬란한 역사의 첫 발걸음'이라는 기사가 실려 있다. 세계 골프계를 주름잡고 있는 한국여자골프의 모태라 할 수 있는 KLPGA의 탄생과 초기 어려움을 이야기하고 있다.

"1978년 5월, 경기도 양주시에 위치한 로얄 컨트리클럽에서 13명의 여성골퍼가 프로테스트를 받았다. 당시 한국프로골프협회가 주최하는 '제9회 프로후원경기'는 국내 골프 역사상 처음으로 여자프로테스트를 겸했는데 이때 총 13명의 선수가 '대한민국 최초의 여자프로골퍼'가 되고자 테스트에 참가했다. 이틀간 진행된 프로테스트 끝에 강춘자·한명현·구옥희·안종현까지 4명의 '대한민국 최초의 여자프로골퍼'가 탄생했다.

입회 테스트는 남자대회가 진행 중이던 경기장 한쪽에서 진행됐고, 최초로 여자프로골퍼가 된 네 명의 선수들에겐 화장품 한 세트만이 부상으로 주어질 정도로 작은 규모로 진행됐지만, 이는 이후 대한민국 국민에게 행복을 전달할 한국여자골프가 시작된 위대한 첫걸음이었다.

그로부터 70여 일 뒤에는 김성희·이귀남·고용학·배성순이 프로테스트를 추가로 통과했다. 한국프로골프협회에 소속된 80명의 선수 중 여자 선수가 8명이 되자 협회 내에 여자프로부를 신설했고, 같은 해 9월 4일에 이사회를 열어 김성희를 여자프로부 초대 부장으로 선출해 본격적인 활동을 시작한다.

여자프로부 창설은 여자 골프 최초의 골프대회 개최로 이어졌다. 1978년 9월 남서울CC에서 '제21회 프로골프선수권대회'를 겸해 '제1회 여자프로골프선수권대회'가 개최됐다. 남자 프로대회의 일부로 치러진 여자부 대회는 상금과 대회 규모가 남자 대회에 비해 턱없이 작았지만 여자골프대회의 첫 단추를 성공적으로 꿸 수 있었다.

하지만 아직 여자선수들이 출전할 수 있는 대회는 여전히 찾기 힘들었다. 여자선수들은 활동영역을 확보하기 위해 일본으로 무대를 옮겼다. 1983년 한명현과 구옥희가 일본 프로자격증을 획득한 데 이어 1984년엔 강춘자와 정길자가 프로테스트를 통과해 본격적인 일본 활동에 시동을 걸었다. 이윽고 1984년 3월, JLPGA투어 '미즈노오픈'에서 구옥희가 우승을 차지하며 한국여자프로골프의 자존심을 세웠다. 구옥희는 1988년엔 LPGA투어 대회인 '스탠다드 레지스터 더콰이즈 오픈'에서 한국인 최초로 LPGA투어 대회 우승이라는 기적을 일구어내기도 했다. 여자선수들이 뛰어난 활약을 펼치던 가운데 여자프로부는 남자 위주의 한국프로골프협회로부터 독립을 꿈꾸고 있었다."

여자 프로들의 소망을 이뤄 주고 싶었다

어려운 역사를 거쳐 뿌리를 내린 우리나라 여자프로골프는 1995년이 황금기의 서막으로 기록될 만하다. 매일여자오픈을 선두로 3개 대회가 잇따라 창설되면서 대회수와 상금규모 등에서 세계 수준으로 올라설 수 있는 발판이 마련됐던 것이다.

당시 누구도 여자프로대회의 지방 개최를 생각조차 못하고 있을 때 대구에 있던 〈매일신문〉이 대우자동차와 손잡고 여자오픈대회를 개최했다. 당시 여자프로골프계의 지도자들은 사회 각계각층에 후원을 부탁하고 다녔다. 한국프로골프협회 초대 여자프로부장을 지낸 김성희 프로는 사방팔방으로 프로대회 후원을 호소하고 다니다 나와 만나게 되고, 〈매일신문〉 사장이던 김부기 신부와도 연결돼 매일여자오픈을 개최하는데 힘을 보태기도 했다.

1994년에 첫 대회를 개최하려 했으나 시간이 촉박해 1995년 7월 첫 대회를 열 수 있었다. '매일여자오픈'이 개최되면서 여자골프대회가 여러 개 창설됐다. 당시 여자프로들이 뛸만한 대회가 별로 없었던 한국여자골프계에 활기를 불어넣는 경사였다. 1980년대 중반 이후 연간 9개 대회에 그쳤던 여자프로대회는 1995년 한 해에 매일여자오픈을 비롯해 3개 대회가 신설됨으로써 모두 12개의 대회가 열렸다. 남자프로대회도 1995년 무려 5개 대회가 새롭게 열려 골프의 인기가 급상승하고 있음을 증명했다.

대구CC에서 자발적으로 장소를 제공하고 여자프로대회를 활성화하는 인큐베이터 역할을 했던 매일여자오픈은 아쉽게도 IMF 외환위기의 여파로 1998년 중단됐다. 단 3회로 막을 내린 매일여자오픈이지만 거둔 수확은 꽤 쏠쏠했다. 우선 국내 여자골퍼들의 무대가 비좁아 해외 진출 러시를 이루던 프로선수들에게 국내에서도 활동 영역을 확보할 수 있는 가능성을 열어주었다는 점이다.

그리고 개막전 프로암대회에 포항·안동·대구 등지의 아마추어골퍼들을 초청함으로써 지방 아마추어골퍼들의 관심과 기대를 높여주었다. 골프대회 관전의 기회가 거의 없던 지역 골프 팬들에게는 다양한 볼거리를 제공하는 최고의 골프 축제였으며, 스포츠로서의 골프에 대한 이해의 폭을 넓혀준 대회로 평가받았다.

성공적 개최로 여자 프로골프 활성화 견인

1995년 7월 6일부터 9일까지 열린 제1회 대회는 1억 3,000만 원의 상금을 내걸고 국내 여자프로 80명과 국내 정상의 여자아마추어 6명이 참가한 명실상부한 국내 정상급 대회로 출발했다. 개막전 특별 이벤트인 프로와 아마추어 간의 프로암 친선 경기로 국내 첫 지방 여자프로대회의 개막을 빛냈다.

대구CC 중·동코스에서 펼쳐진 경기는 54홀 스트로크 플레이 방식으로 7일과 8일 이틀 동안 예선을 거친 50명의 선수가 9일 대망의 결선을 펼쳤다. 그 결과 국내랭킹 1위 이오순이 원년 우승의 영광을 안았다. 아마추어 국가대표 김미현은 2위를 차지했다. 일주일 전에 열린 송암배에서 준우승을 거뒀던 김미현은 프로대회에서도 아쉽게 준우승에 머물고 말았다. 김미현을 열렬히 응원하던 선친이 안타까워하시던 모습이 지금도 눈에 선하다.

1996년 7월에 열린 제2회 대회는 총상금이 2,000만 원 늘어난 1억 5,000만 원으로, 당시 12개 여자프로대회 중 세 번째로 규모가 컸다. 상반기 국내 여자프로대회를 결산하는 최대의 접전장다운 명승부와 최고의 플레이가 펼쳐졌다. 프로 6년생 박현순과 신예 박세리가 연장 두 번째 홀까지 가는 숨 막히는 경기 끝에 박현순이 우승을 차지했다. 박현순은 당시 미국 메이저리그에서 주가를 올리고 있던 박찬호 선수의 사촌누나로 알려지며 화제를 모았다.

1997년 6월 열린 제3회 대회는 총상금 1억 7,000만 원, 우승상금 3,060만 원으로 국내 여자대회 최고 상금으로 규모를 키웠다. 정일미가 우승컵을 안았다. 2라운드까지 선두를 달리던 김미현은 퍼팅 실수가 겹쳐 1타 차로 2위에 머무는 아쉬움을 맛봤다.

매일여자오픈에 대한 팬들의 관심 또한 최고였다. 여자대회라는 한계에도 불구하고 본경기 3일 동안 3,000명이 넘는 갤러리들이 선수들의 플레이를 관전했다. 특히 대회 마지막 날에는 500여 명이 선수들과 18홀을 동행하는 열의를 보였다. 한국여자프로골프협회 관계자는 "상반기 최대 규모의 대회라는 위상에 걸맞게 대회 준비·경기 내용·갤러리 등 3박자가 완벽하게 맞아 떨어졌다"며 "한국여자프로골프의 지방화·세계화는 매일여자오픈에 달렸다고 봐도 과언이 아니다"라고 평가했다.

팬들의 관심이 급증함에 따라 TBC(대구방송)와 PSB(부산방송) 양사 공동제작으로 대회 본선 2일째(27일)와 최종일(28일) 경기를 녹화 중계했다. 지역방송으로는 최초, 민영방송사간의 합동 제작도 처음이었다.

매일여자오픈은 1995년 제2회 송암배에서 혈전을 치렀던 박세리와 김미현이 활동한 무대이기도 했다. 공통점은 두 선수 모두 아쉽게 우승을 놓치고 준우승에 머물렀다는 것이다. 1995년 제1회 대회에는 당시 아마추어이던 김미현이 2위에 올라 프로선수에 못지 않은 빼어난 기량을 과시했다. 1996년 제2회 대회에서는 박세리가 아쉬움을 삼켰다. 그해 프로가 돼 시즌 최고 신인으로 평가받던 박세리는 데뷔 후 2연속 준우승에 이어 매일여자오픈마저 우승 문턱에서 주저앉아 아쉬움을 샀다. 1997년 열린 제3회 대회에서는 프로가 된 김미현이 또 다시 준우승에 머무는 아쉬움을 달래야 했다. 2라운드까지 선두를 달리던 김미현은 마지막날 보기 4개를 범하는 퍼팅 실수가 겹쳐 1타 차로 정일미에게 우승을 내주고 말았다.

매일여자오픈은 3회 개최에 머물고 말았다. 대회 창설에 힘을 보탰던 나로서는 아쉬움이 컸지만 불가항력의 힘 앞에서는 어쩔 수 없었다. 1997년 말에 들이닥친 IMF 외환위기라는 거대한 파고에 수많은 골프대회가 폐지되거나 중단되는 상황에서 매일여자오픈의 폐지를 안타까운 마음으로 받아들일 수밖에 없었다.

13 해외골프장 건설
한국골프의 혼을 심다

중국 대련CC

1990년대 중반 골프장 사업에 대한 기대가 커지기 시작해 전국적으로 많은 골프장들이 생겨나기 시작했다. 골프를 즐기려는 사람이 갈수록 늘어나는 데 비해 골프장 수는 그만큼 부족했기 때문이다. 당시 국내 골프장에서 주말에 골프를 치기란 하늘에 별 따기라는 말이 나올 만큼 부킹 전쟁이 치열했다.

그러면서 나타난 현상이 해외 골프여행 바람이었다. 골프를 보다 여유 있고 편하게 즐기려는 사람들이 외국 골프장으로 빠져 나가는 것은 어찌 보면 당연해 보였다. 골프에 대한 곱지 않은 시선과 과도한 세율로 인한 높은 그린피도 자연스럽게 해외 골프로 눈을 돌리게 했다.

'어차피 골프가 대중화되기 시작하는 추세라면 국가가 긍정적으로 수용하는 정책을 펴서 골프에 관계되는 산업을 내수화하면 정말 멋지겠다'는 생각을 해 봤지만 정부는 세계로 열린 한국을 외치며 경제적·사회적 여건을 글로벌 스탠더드로 만든다는 청사진만 내놓고, 실제로는 전혀 움직이지 않았기 때문에 골프에 관계하는 나로서는 안타까울 뿐이었다.

'아예 외국에 우리가 골프장을 만드는 것은 어떨까. 한국에서 온 골프 관광객들을 유치하면 그들이 골프 치는데 드는 경비로 쓰는 외화의 대부분을 다시 국내로 되돌려 올 수 있지 않을까 하는 생각이 중국 진출의 시발점이었다.

나의 전공은 '도전학'

이때까지 살아오면서 현실적으로 부딪치는 일마다 나의 결정을 위한 단계는 길다. 그렇기에 주변에서 좀 더 빠른 결정을 요구할 때도 있었지만 마음의 준비를 위한 단계는 성격상 뛰어넘을 수가 없다. 그러나 한번 결론을 내리면 두려워 않고 도전했다. 나의 전공은 '도전'이요, 신조는 '결심하면 즉시 실행'이다.

우선 건설 대상국을 물색했다. 내심 염두에 두고 있던 나라가 있었다. 그때까지만 해도 한국과 교류나 왕래가 뜸했던 중국이었다. 1995년이니 한·중수교가 맺어진 지 3년째 되던 해였지만 양국 간 교류가 미처 활성화되지 못한 시기였다. 죽(竹)의 장막이 완전히 걷히지 않았지만 중국은 무한한 매력을 가진 나라였다.

내가 경영하던 자석 관계 회사 일로 1988년부터 중국 전역을 다녀본 경험상 중국은 틀림없이 자본주의 경제로 간다고 판단하고 있었다. 일본과 더불어 한국과 가장 가까운 위치에 있는 나라이면서 광대한 국토와 무궁무진한 발전 가능성을 가진 나라였으므로 골프산업의 발전 가능성도 매우 높고, 골프나 경제뿐만 아니라 정치·사회·문화 등 모든 분야에서 앞으로 한국과 긴밀한 교류·협력 관계를 맺을 것으로 내다봤다.

처음에는 수도인 베이징(北京) 일대를 물색했으나 적당한 부지가 쉬이 나지 않았다. 중국 최대의 도시 상하이(上海)로 눈을 돌렸다. 상하이를 비롯한 지방 정부에서는 세수를 늘려 재정을 확충하기 위해 적극적인 자세로 먼저 협상을 제안하고 나왔다. 생각보다 호의적인 그들의 태도에 마음이 조금 놓였다. 탐색 끝에 상하이와 인접한 지역에 괜찮은 부지가 있어 계약을 맺기로 합의했다. 현장의 흙을 채취해 와서 잔디 생육에 적합한지 전문적 분석까지 마쳤다. 골프장 건설이 눈앞에 보이는 듯했다.

그러나 일이 그렇게 쉽게 풀리지 않았다. 중앙정부로부터 제동이 걸렸다. 골프산업이 사치성 업종이라 허가를 내줄 수 없다는 것이었다.

천년 만에 재현된 대륙 진출의 꿈

순순히 물러설 수는 없었다. 나는 '용기 있는 도전에는 준비가 필요하다'는 말을 되새기며 실패를 발판 삼아 더욱 세심하게 준비를 해 나갔다. 그러던 때 다롄(大連) 지역에 이미 건설 허가가 난 골프장 입지가 있다는 정보를 입수했다. 부랴부랴 다롄으로 달려갔다.

다롄에서도 외국인 투자자를 대하는 공무원들은 매우 호의적이었다. 담당 직원이 현장으로 나와 즉석에서 투자유치 설명회를 했다. 다롄 일대에 들어와 있는 외국 기업은 주로 일본 기업인데 그 수가 3,000개에 달한다고 자랑스럽게 말했다. 일본기업이 3,000개면 일본인 직원이 최소 한 명씩만 있다고 쳐도 3,000명의 일본인이 있는 셈이고, 그중에 반만 골프를 쳐도 1,500명이라는 계산이 얼추 나왔다. 거기에다가 그들과 거래하는 바이어나 고객과 함께 골프장을 찾는 수요까지 포함하면 사업성은 충분하다는 확신이 섰다.

협상이 진행됨에 따라 내가 만나는 담당 공무원의 직급도 올라갔다. 나중에는 보시라이(薄熙來) 다롄시장이 우리와 만나 투자를 직접 권유했다. 중국을 이끌어 갈 차세대 지도자로 부상하고 있던 인물이었다. 다롄시장으로 있을 당시 만났을 때도 그의 기개와 포부가 범상치 않아 보였다. 그 자리에서 그는 다롄을 '북방의 홍콩'으로 만드는 게 자신의 목표라고 밝히기도 했다. 다롄공항에 '북방의 홍콩'이라는 큰 사인보드를 이미 달아놓고 있었다.

라오닝성·헤이룽장성·지린성 등 동북 3성의 인구는 당시만 해도 무려 1억여 명이었다. 이 거대한 인구가 살아가는 광대한 만주 벌판의 관문과 같은 곳이 바로 다롄이었다. 동북 3성에 드나드는 물자와 인력의 대부분이 이곳을 거쳤다. 역사적으로도 다롄은 해양으로 진출하려는 대륙세력과 대륙을 넘보는 해양세력 간에 여러 번의 무력 충돌과 갈등이 빚어졌던 요충지였다. 지난 세기 들어서는 태평양전쟁을 일으킨 일본군이 이곳에 관동군을 주둔시키고 시내 중심가에 있는 다롄호텔을 관동군사령부로 쓰기도 했다. 이러한 지리적 이점과 국제적 관심을 살려 동북3성 경제성장의 견인차로 삼겠다는 것이 바로 보시라이 시장의 '북방의 홍콩' 구상이었다.

이미 다롄과 투자처에 대한 정보를 어느 정도 가지고 접근했던 데다 다롄시가 적극적으로 투자를 희망했기 때문에 협상은 일사천리로 진행됐다. 마지막 가부를 결정짓기 위해 현장을 방문했다. 다롄 날씨의 특징답게 안개가 약간 낀 현장에 도착하자 축축한 기운이 물씬 느껴졌고, 간지러울 정도의 안개는 앞에 펼쳐진 정경을 더욱 낭만적으로 만들고 있었다.

"다롄에도 이렇게 멋진 호수가 있는 줄 처음 알았네요."

"선생님, 이건 호수가 아니라 바다입니다."

깜짝 놀랐다. 파도가 전혀 없고 잔잔했기 때문에 호수인 줄로만 알고 있었는데 의외였다. 정작 제대로 놀란 것은 그 다음이었다. 춘천호처럼 안개 낀 '바다'를 바라보며 무심코 혼잣말하듯 무슨 바다인지 물었다. 그러자 그들의 입에서 "보하이(渤海)!"라는 대답이 나왔다. 통역은 '발해'라고 또렷이 말했다. 그 말을 듣는 순간, 온몸에 소름이 돋는 듯했다. 발해는 7

세기 말부터 10세기 초까지 200여 년간 만주와 연해주 일대를 호령했던, 고구려의 정신을 이어 받은 국가가 아니던가. 요동반도와 산동반도 안으로 움푹 들어간 바다를 옛날 발해의 이름을 따서 '발해'라고 부르고 있었다. 지금으로부터 천년이 넘는 세월 이전에 한때 우리 민족이 누렸던 땅을 오늘 내가 두 발로 딛고 서 있다고 생각하니 순간적으로 나도 모르게 전율하고 흥분했다.

현장 답사를 마치고 호텔로 돌아왔지만 밤이 깊었는데도 잠을 이룰 수가 없었다. 낮에 내가 디뎠던 땅과 마주했던 바다는 옛날 우리 선조들이 대륙을 향해 웅비했던 역사의 현장이었다는 생각에 좀처럼 흥분을 가라앉힐 수가 없었다. 다롄이라는 도시를 다시 한 번 생각하게 했다. 왜 그랬을까? 나도 모르게 몸에 퍼져왔던 전율은? 우리 선조들이 활약했던 무대로 천년 만에 진출한 한국인, 혹시 보이지 않는 손이 있어 선조들의 뜻으로 내가 이 자리까지 오게 된 건 아닐까?

한국 기업인으로서 '대륙의 꿈'을 품다

잠은 훨훨 날아가고 낮에 보았던 장면이 자꾸만 눈앞에 펼쳐졌다. 호텔 창가에 서서 밑을 내려다보니 늦은 밤에도 저 멀리 부둣가를 분주히 오가는 사람들의 모습이 눈에 들어왔다.

'그 옛날 발해의 무역상들도 저렇게 바삐 이 거리를 오가며 무역을 펼쳤겠지?'

로마시대 철학자 세네카는 "운명에 순응하면 무등을 태우고 가고, 거부하면 목덜미를 잡고 간다"고 했다. 나는 운명을 믿는 운명론자가 아님에도 불구하고 운명에 이끌려 이곳까지 오게 됐다는 막연한 생각이 들었다. 운명은 그렇게 천년의 세월을 뛰어넘어 또 한 명의 한국인을 만주 땅에 서게 했다.

그렇다. 운명이 나를 이끌지 않았다면 드넓은 중국 땅에서 하필이면 이곳까지 올 수 있었을까? 그리고 중국 중앙정부의 규제와 견제에도 불구하고 외자 유치를 강력히 희망하는 다롄시장을 만날 수 있었을까? 만약 우리가 만주에 100만 평이 넘는 땅을 소유하려면 얼마나 힘겨운 과정이 필요할까? 그러나 운명은 이 모든 것을 다 가능하게 했다. 전쟁도 없이. 그것도 서로 기분 좋게 웃으며.

그래서 나는 나의 일을 사랑하고 내가 기업인이라는 사실에 자부심을 느낀다. 50년 동안 남의 나라 영토에 대한민국 깃발을 휘날릴 수 있는 것은 무력과 같은 강제적 수단으로는 절대 해 낼 수 없는 일이었다. 또한 다른 게 애국이 아니라 적극적으로 해외시장을 개척하고 상대 국가와 협력 관계를 구축해 한국의 국위를 선양하는 것이 바로 기업인들이 할 수 있는 최선의 애국이라는 생각을 한다.

국가를 대표한다는 자부심을 가지고 우리 대구CC가 골프장 설계에서부터 공사까지 최선을 다해 골프장을 만들었다. 이러한 노력을 인정받았는지 성공적인 대중국 투자 및 진출 사례로 알려져 우리 정부로부터 표창을 받았고, 중국 진출에 관심 있는 사람들로부터 강연 요청도 많이 들어왔다. 마침내 다롄CC가 완공됐다. 개장기념일은 1996년 8월 24일, 이 날은 한·중 수교 기념일이기도 했다. 1992년에 수교가 맺어진 지 4년만인 1996년 한국기업이 해외에 직접 투자해 건설하고 경영하는 최초의 골프장이 중국 땅에 들어선 것이었다.

골프장 건설 이후 30년 가까운 세월 동안 운영해 오며 웃고 우는 기막힌 이야기는 지산GIS 우승태 사장의 역사로 남아 유종의 미를 향해 힘든 시간을 보내고 있다.

14 "원망하지 말라"던 평생의 귀한 말씀

인생을 살다보면 불가항력적인 위기에 봉착할 수도 있다. 나 또한 살아오면서 여러 어려움을 겪기도 했고, 이를 슬기롭게 극복하기도 했다. 그런데 1997년 말에 불어닥친 IMF 외환위기는 나에게 엄청난 시련을 안겨 주었다. 나라마저 위기에 빠져 있던 때였으니까.

새로운 1,000년, 즉 밀레니엄을 앞두고 변화된 골프장의 새 길을 향해 여러 가지 시도를 계획하고 있었다. 클럽하우스를 새로 짓고, 코스 조형과 조경을 새롭게 해서 제2의 도약을 위한 행보를 시작할 참이었다.

이때에 IMF 외환위기로 인한 경제적 격동에 빠지게 된 것이었다. 클럽하우스 건설공사를 중단해야 했고, 대구CC의 모기업인 경산개발은 화의라는 질곡에 빠져버렸다. 내가 운영 중이던 건설회사 인산종합개발의 부도로 인한 도미노 현상이었다.

거대한 격랑과도 같았던 IMF 외환위기의 파고를 여느 기업과 마찬가지로 대구CC도 피할 수 없었다. 대구CC는 초창기의 어려움을 극복하고 해외 진출의 첫발도 내디딘 상황에서 한참 국내 수주도 활발한 상태였다. 그러나 하루아침에 수십억 원의 자금을 마련해야 하는 예상하지 못한 상황에 맞닥뜨렸다.

1989년 동코스를 증설하면서 설립했던 인산종합개발이 문제였다. 인산종합건설은 해외로는 중국 다롄CC를 건설하고, 국내에서도 상가·건물을 지으며 차근차근 노하우를 익혀 아파트 건설 진출을 노리던 우량 건설회사였다. 당시 정부는 우량회사에서 채권을 발행하도록 독려했다. 은행권에서는 인산종합건설을 우량기업으로 평가해 제2금융권에서 인산종합건설의 어음을 사들일 정도였다.

그 당시의 상황은 모두가 더 잘 아는 내용이기에 더 언급할 필요가 없다. 그러나 천신만고 끝에 역경을 넘어서 재생했다.

대구CC는 1998년 9월 화의절차 개시를 신청해 1999년 1월 30일 화의 인가를 받음으로써 부도위기에서 벗어날 수 있었다. 그 후 경영 정상화에 매진해 2003년 4월 화의를 졸업할 수 있었다.

그동안 위기를 극복하기 위한 힘든 노력은 필설로 다할 수 없지만 아직도 내 인생에 항상 귓전에 맴도는 그분의 말씀은 꼭 새겨두고 있다. 인생의 전부를 바친 대구CC가 문을 닫을 수도 있다는 위기감으로 눈앞이 캄캄하던 시절, 대구CC의 운영위원장이었던 백병석 어른으로부터 차라도 한잔 하자는 연락이 왔다.

무슨 사연인가 하고 궁금하기도 하고 평소 가깝게 지내던 어른의 부름에 큰 생각 없이 범어로타리 한편의 커피숍으로 나갔다. 오랜만에 밝은 얼굴로 대면을 하고 보니 가슴속에 뭉클함이 솟았다. 한참동안 커피를 나누면서 격려 겸 일상적인 대화가 오가던 중 정색을 하며 말씀하셨다.

"이 사람아. 얼마나 힘드노. 나도 여러 번 그런 경우를 당해 봐서 아는데 사람이 할 노릇이 아니제. 그래도 우짜노 사람은 살아야제. 그리고 살다보면 사는 만큼 세월이 찾아온다네. 오늘 보자고 한 건 남 같지 않아서 내 경험을 이야기해 주려는 것이네. 이런 일이 생기면 정말로 기가 막힌 일들이 많이 일어나지. 겪어보니 알겠지만 생각지도 못한 일이 많이 생기지. 그거 다 갚을라 카면 사람 몬 산다. 내 딱 한 가지만 이야기할게. '원망하지 마'라는 말이네. 원수 같은 인간도 많을 기고 말 같잖은 사연도 많겠지만 모두 잊게. 그리고 일일이 원망하지 말게. 그렇게 하면 자네가 사네. 참 힘들겠지만 마음을 가지면 스스로가 편해진다네. 힘들더라도 넘어서야 하네. 이걸 해 낼 수 있으면 자네가 자네를 살리는 거네."

"남을 원망하지 말라"는 말씀을 듣고 몇날 며칠을 나 자신과 싸웠다. 그렇게 쉽게 되지 않기 때문이었다. 그러나 시간이 지나면서 머리가 맑아지기 시작했다. '이유를 불문하고 무조건 용서하자. 무조건 원망하지 말자.' 피눈물 나는 마음 다스리기 노력 끝에 마음의 안정이 조금씩 찾아오는 것 같았다.

지금도 그분의 음성이 육성 그대로 생생하게 들려온다.

"원망하지 말라."

그 후로는 골프를 칠 때나 일상사 생활에서도 노래처럼 되뇐다.

"원망하지 말자, 누구 탓하지 말자."

이 말은 골프뿐만 아니라 모든 면에서 신기할 정도로 마음에 평화를 준다. 그리고 희망이 담겨 있는 골프는 위기와 역경을 겪어내는데 항상 현실적인 교훈으로 내게 다가온다. 트리플보기를 했다가도 자신도 감탄하는 버디가 실제 다가오기 때문이다.

백병석 위원장님 감사합니다. 내 인생과 같이 해 준 희망의 골프! 감사합니다.

15 KGA 경기위원장으로서의 소중한 추억

나는 2002년부터 2년간 대한골프협회 경기위원장을 역임했다. 골프를 하는 사람으로서 국가를 대표하는 경기위원장은 최고의 영예다.

경기위원장은 내셔널 타이틀 대회의 경기를 운영하는 사령탑이다. 경기장 제반 여건의 점검에서부터 전체적인 경기의 흐름을 조직하고, 경기 현장의 문제점을 일일이 챙기는 일에 이르기까지 모든 것을 해내야 한다. 대회기간 중 일어나는 경기상의 문제점, 선수들의 원활한 경기를 위한 진행, 룰과 매너 등 골프규칙이 정하고 있는 전반적인 문제를 관리해야 한다.

내가 50여 년간 골프인으로 살아오면서 가장 자랑스러웠던 기간이었다. 돌이켜 보면 20년 전의 일이지만 지금도 그 당시의 내가 경기위원장으로서 주관했던 한 경기 한 경기의 모습이 눈에 선히 떠오른다.

우선 생각나는 것은 자신들의 골프장에서 경기가 진행되는 만큼 정성껏 코스를 정리하고, 한 곳이라도 미비한 점이 없나 챙기던 골프장의 책임자와 관리요원들, 경기의 생명인 그린 스피드를 위해 노심초사 노력하던 그린키퍼들. 당시 골프장 관계자들은 마치 대회마다 전쟁을 치르는 전사와 같았다.

참가하는 선수들의 면면은 가히 한국을 대표할 만한 실력의 소유자들과 외국에서 초청된 세계적인 선수들이었다. 어느 대회든 선수들이 보여주는 뛰어난 기량과 발군의 실력은 진행하는 나로서도 야릇한 흥분과 기대감으로 가득 차게 만들었다.

경기위원장을 수행하는 동안 각별히 도와주고 힘을 보태준 대한골프협회의 임영선 당시 부회장과 오의환 룰 위원장, 경기위원들 한 분 한 분의 희생과 봉사는 한국골프 역사에 꼭 기록돼야 할 것이다.

2002년 아시안게임 경기위원장을 맡다

전 아시아 선수들이 참가하는 아시안게임 경기종목 중의 하나인 골프의 경기위원장은 너무나 자랑스럽고 긴장과 염려가 함께하는 중압감으로 대회 일주일이 어떻게 지나갔는지 모를 정도였다.

2002년 아시안게임은 부산에서 열렸다. 한국에서는 1986년 서울에서 열린 지 16년만의 두 번째 개최였다. 아시안게임의 골프 경기는 부산의 아시아드CC에서 열렸다. 아시안게임을 위해 새로 만든 골프장이었다. 이 골프장은 2019년부터 2021년까지 LPGA투어의 BMW레이디스오픈을 개최한 곳으로도 널리 알려져 있다.

특별히 기억되는 것은 경기 역사상 처음으로 북한선수들이 참가해 대회기간 중 북한의 인공기가 게양됐다는 사실이다. 처음 각 나라의 국기가 게양되는 게양식에서의 감회는 참으로 벅찼다. 한국에서 북한선수들이 인공기를 앞세워 출전한다는 것은 골프인의 한 사람으로서 감개가 무량했다.

물론 북한선수들은 조총련 출신이었지만 그중에는 북한의 지도급 인사 두 명도 직접 참여했다. 북한골프대표단은 성적에는 관계없이 많은 사람들의 환호와 격려를 받았고, 모두의 가슴 속에는 언젠가 우리 남북한이 하나가 돼 출전하는 골프경기를 기대하고 상상해 보았으리라.

참가한 선수 중에는 나중에 세계를 호령한 선수도 있었다. 일본여자 대표로 참가한 미야자토 아이와 요코미네 사쿠라는 후에 일본 무대를 평정하고 미국 LPGA투어에 진출해 한국 선수들과 선의의 경쟁을 펼치며 기량을 뽐냈다.

10월 3일부터 6일까지 4일간 열린 골프경기에 한국은 여자선수로 김주미·임성아·박원미가 출전했고, 남자선수로는 성시우·권기택·김현우·김병관이 출전해 열전을 펼쳤다. 골프에 걸려있는 금메달은 개인전과 단체전(남녀)을 포함해 4개로 4라운드 스트로크플레이로 승부를 가렸다. 단체전은 4명의 출전선수 중 3명의 베스트스코어(여자는 3명 중 2명)를 합산해 결정했다.

한국은 여자단체전에서 일본을 제치고 금메달을 따냈다. 여자골프가 아시안게임에서 금메달을 딴 것은 1990년 베이징대회 이후 12년만이었다. 그러나 3라운드까지 선두를 달리던 김주미가 마지막날 부진으로 개인전 금메달을 일본의 미야자토 아이에게 넘겨주고 은메달에 머물러 아쉬움을 자아냈다. 박원미는 개인전 동메달을 따냈다. 남자대표팀은 단체전에서 대만에 이어 은메달을 따냈다. 김현우는 개인전 동메달을 보탰다. 이로써 한국은 금메달 1개, 은메달 2개, 동메달 2개를 수확하는 성과를 거뒀다.

김주미와 임성아는 그 후 LPGA투어로 진출해 2006년 나란히 필즈 오픈 앳 터틀베이와 플로리다스 내추럴 채리티챔피언십에서 우승을 거뒀다.

외국 유명 선수들과의 추억은 덤

나의 재임기간에 치러졌던 한국오픈선수권대회, 신한동해오픈, 매경오픈 등 국제적인 명성을 떨친 대회는 물론이고, 한국이라는 이름을 걸고 열린 각종 아마추어대회에서 기록되고 배출되는 뛰어난 선수들을 보면서 나름대로 뿌듯한 자부심을 갖고 경기위원장에 임했다.

한 경기 한 경기가 모두 인상적으로 기억되지만 그래도 세계적으로 이름을 떨치던 스페인의 세르지오 가르시아, 미국의 존 델리와 프레드 커플스, 남아공의 어니 엘스, 피지의 비제이 싱 같은 선수들은 지금도 그 경기 모습이 손에 잡힐 듯 눈앞에서 아른거린다. 그들과 나눈 환담과 즐거운 시간들은 잊을 수가 없다. 기회가 돼 몇 번 라운드를 같이 했던 프레드 커플스와는 지금도 경기장에서 만나면 반갑게 인사를 나눈다. 돌이켜 보면 한국골프 역사에서 이 당시가 세계적인 무대로 도약하는 중요한 시기가 아니었나 생각한다.

16 스페셜올림픽, 천사들에게 골프를 선물하다

물질 만능의 사고와 순위 위주의 현실에서 살아가는 우리들의 세상. 그러는 속에서도 천사 같은 마음을 가진 사람들이 사는 사회가 있으니 스페셜올림픽의 세상이다. 2005년 2월 어느 날 라이온스 활동의 후배인 김병득이 찾아왔다. 성선경·신경환 박사와 함께 자리하며 간곡한 부탁을 했다. 우리나라 스페셜올림픽 활동을 맡아달라는 것이었다. 스페셜올림픽은 지적발달장애인들의 스포츠 제전이다.

이렇게 시작된 인연으로 나가노동계스페셜올림픽을 참관하게 됐다. 그때 나는 국제라이온스협회의 집행이사를 맡고 있던 터여서 스페셜올림픽과는 인연이 있었다. 그러나 속속들이 내용은 모르고 있던 터라 어리둥절한 상태에서 직접 확인하고자 하는 뜻으로 겸사겸사 나가노로 갔다. 현장에서 일어나고 있는 동화 같은 이야기들을 실제 목격하면서 결심을 굳혔다.

아이스링크를 내내 1위로 질주하던 선수가 결승점 앞에서 갑자기 멈춰 섰다. 코치와 관중들은 빨리 골인하라고 함성을 지르며 성화였다. 그런데 그 선수는 뒤에서 쫓아오고 있는 선수들에게 어서 오라고 손짓하며 서 있었다. 뒤의 선수들이 가까이 오자 그제야 함께 골인했다. 나는 이 장면을 TV에서 본 것이 아니라 바로 '나가노동계스페셜올림픽'에서 직접 목격했다. 장내 아나운서의 설명은 처음 출발할 때 같이 출발했는데 어떻게 혼자 들어가느냐는 것이었다.

이어지는 시상식에서는 한 선수가 자신이 받은 금메달을 동메달리스트와 바꿔야 한다며 막무가내로 고집을 부렸다. 동메달을 딴 선수가 시합 전에 꼭 금메달을 따서 어머님께 드리고 싶다고 했다며, 금메달은 "저 선수의 것이지 내 것이 아니"라는 것이었다. 스타디움을 꽉 메우고 있던 1만 2,000명의 관중들이 모두 일어나 박수를 쳤다. 나를 비롯한 관중 모두의 눈에는 물기가 반짝거렸다. 바로 감동의 눈물이었다. 메달이 어찌 중요하지 않을까마는 이렇게 지적발달장애인들의 올림픽은 순수하고 아름다웠다. 엘리트주의나 상업주의에 빠져 금메달만 따면 최고라고 생각하는 세상과는 전혀 다른 세계가 거기 있었다.

지적발달장애인들에게 삶의 행복을

생전 처음 접해 보는 감동적이고 행복한 경험은 한국스페셜올림픽위원회의 회장을 맡는 결정적 계기가 됐다. 나가노에서 돌아온 뒤인 그해 5월 나는 스페셜올림픽 한국조직위원장이란 중책을 맡았다.

스페셜올림픽은 케네디 전 미국대통령의 누이동생인 슈라이버(Eunice Kennedy Shriver) 여사가 1962년 메릴랜드에서 지적발달장애인(정신지체장애인)들을 위한 일일 캠프를 개최한 것이 시초였다. 자신의 집 뒤뜰에서 놀러온 장애인 아이들에게 공을 가지고 놀게 했더니 의외로 서로가 협동하고 이해하며 사회성을 띠는 것을 보고 그들의 캠프를 마련했던 것이다.

1968년 시카고에서 제1회 국제대회를 개최함으로써 스페셜올림픽이 정식으로 시작됐다. 스페셜올림픽은 IOC로부터 올림픽으로 공인 받아

180여 개국이 참가하고 있는 비영리 국제스포츠기구가 됐다. 전 세계적으로 올림픽이라는 용어를 사용할 수 있는 경기는 IOC가 주최하는 동·하계올림픽과 스페셜올림픽의 동·하계 대회뿐이다.

한국에 처음 소개된 것이 1978년이니 40년 이상의 역사가 있다. 2005년 내가 회장을 맡은 후부터 한국스페셜올림픽 운동을 더욱 활성화하기 위해 자체 예산으로 매년 전국대회를 개최해 왔다. 뿐만 아니라 폭넓은 국제 교류를 통해 한국스페셜올림픽을 국내외에 알리고 있다. 다른 나라들의 경우 대통령이나 영부인이 회장을 맡는 경우가 많은 데 비해 한국에서 스페셜올림픽의 위상은 그만큼 높지 않은 것이 현실이며, 스페셜올림픽 자체를 모르는 국민들이 대부분이었다.

스페셜올림픽은 스포츠를 통해 지적발달장애인들의 사회 적응력을 기르고 신체적 능력을 향상시켜 그들에게 인간으로서 삶의 행복을 안겨주기 위한 활동이라는 측면에서 우리 사회 전체의 관심과 지원이 필요하다. 이 일은 우리 스스로의 행복을 위한 일이기도 하다.

"Let me win. But if I can not win, let me be brave in the attempt.(나는 승리합니다. 그러나 만약 이길 수 없더라도 용기를 잃지 않고 도전하겠습니다)"

스페셜올림픽의 선수 선서다. 나는 이 선서문을 항상 가슴에 품고 다니며 만나는 사람마다 들려준다. 한편으로는 이것이 지적발달장애인들만의 선서가 아닌, 이 시대를 사는 모든 사람들의 '인간선서'라고 생각한다. 누구나 살면서 인생의 굴곡이 있겠지만 세상이 어려울수록 용기를 잃지 말아야 한다. 어려운 때일수록 지적발달장애인 선수들이 외치는 '인간 선서'를 더욱 가슴에 되새기며 인간다움을 잃지 않았으면 한다.

장애인들에게 골프를 선물하고 싶었다

스페셜올림픽 한국조직위원장을 맡은 나는 사비로 성수동에 사무실을 얻고 직원도 채용했다. 그런 다음 전국대회를 열기로 했다. 당시 스페셜올림픽은 정부에 정식으로 등록돼 있지 않아 제대로 지원을 받지 못하고 있었다. 정식 등록의 필수 요건이 전국대회 개최였다.

첫 전국대회였던 '2005 스페셜올림픽 한국대회' 겸 '2007 상하이 세계 스페셜 올림픽 대표선발전' 등 여러 대회를 운영하고 스펙을 만들어 나갔다. 그렇게 5년을 공들인 끝에 2010년 정부의 승인을 받았다. 드디어 사각지대에 있던 한국의 지적발달장애인들을 양지로 이끌어 줄 활동의 장이 마련된 것이었다. 이를 위해 스페셜올림픽의 활로를 찾는 데 내가 할 수 있는 모든 노력을 아끼지 않았다. 나는 늘 원 없이 골프나 치면 좋겠다고 염원하던 사람이었는데 그마저도 뒷전으로 미뤄 놓았다.

한국스페셜올림픽위원회 활동 정상화와 함께 나가노동계스페셜올림픽 경기를 보면서부터 구상했던 지적발달장애인을 위한 골프대회를 바로 추진했다. 2005년까지 골프는 스페셜올림픽 세계대회 공식 종목이 아니었다. 2006년 대회 개최를 목표로 1년 정도밖에 시간이 없는데 갈 길은 참으로 멀었다.

한국 사람들은 스페셜올림픽이 뭔지도 모르는 데다 장애인 골프대회를 지방에서 유치하려면 넘어야 할 산이 많았다. 경기 장소부터 운영비용까지 모두가 어려운 숙제였다. 무언가 막힐 때마다 지적발달장애인들이 그린에서 골프하는 모습을 머릿속에 그려보면 이내 힘을 받을 수 있었다. 골프장 운영하랴 라이온스 활동하랴 여기에다 스페셜올림픽을 준비하랴 몸이 열 개라도 부족한 상황이었지만 장애인 골프대회 개최에 매달렸다.

경기장은 마지막 보루인 우리 대구CC를 무상으로 사용하노록 했다.

선수의 이동과 숙박, 자원봉사자 운영 등 대회 비용은 기존 후원금과 경북골프협회 등 각계의 도움을 받았다. 그리고 지적발달장애인과 비장애인이 함께 참여하는 대회로 기획했다.

그렇게 탄생한 대회가 바로 '스페셜올림픽 동아시아골프대회'다. 2006년 제1회 대회에는 한국 23명을 비롯해 중국·대만·홍콩·마카오 등 5개국 64명의 선수들이 참가했다. 2년 후인 2008년에는 한국·마카오·홍콩·대만 등 4개국 72명의 선수들과 지도사·운영요원·심판·지원봉사 200여 명 등 270여 명이 참가했다.

스페셜올림픽 동아시아골프대회를 두 차례 치르면서 지적발달장애인도 골프를 칠 수 있다는 분위기가 만들어졌다. 또 당시 한국도 골프문화가 많이 확산돼 있었다. 이참에 골프와 장애인에 대한 잘못된 인식을 바꿔줄 수 있는 터닝 포인트를 만들 좋은 시점이었다. 그렇게 해서 동아시아골프대회가 끝나자 전국 차원에서 공식 골프경기를 추진하기로 다시 가닥을 잡았다. 2011 스페셜올림픽 세계하계대회부터 골프가 공식 종목으로 채택된 상황이라 국내에서는 별도의 골프대회보다는 기존 전국하계대회를 활용하는 편이 효과적이었다.

2010년 8월 대구에서 개최된 스페셜올림픽 전국하계대회에 골프를 정식종목으로 채택해 대구CC에서 치렀다. 선발된 선수들은 2011년 아테네 스페셜올림픽 하계대회 골프 종목에 출전했다. 참가만으로도 값진 일인데 금메달 1개, 은메달 2개, 동메달 1개를 목에 걸었다.

2011년 5월 한국스페셜올림픽위원회 위원장을 물러난 후에도 전국하계대회 골프경기만큼은 우리 대구CC에서 이어오고 있다. 대구CC가 한국 지적발달장애인 골퍼들이 참여하는 메카가 된 것이 뿌듯하다. 그들과 같이 골프를 할 수 있어 즐겁다.

스페셜올림픽 동아시아골프대회를 계기로 2006년에 'Tee-up 골프단'이 창단됐으며, 2007년 '이글 골프단', 2009년 'We can 골프단' 등 지적발달장애인 골프 모임이 하나둘 생기며 장애인 골프문화 확산에 가속도가 붙었던 것을 감사하게 생각한다.

세상은 스페셜올림픽 동아시아골프대회를 지적발달장애인을 포함한 장애인 스포츠 역사에 기념비적인 선례이자 초석이라 평가했다. 또 서울이 아닌 지방에서 골프대회를 열었다는 점에서 체육계는 물론 지자체와 장애인 복지기관에 적지 않은 영향을 주었다.

5년 후인 2011년에는 인천지역에서 제1회 포트메리온배 지적장애인 골프대회가 개최됐다. 2012년에는 지적발달장애인들과 그 가족들로 구성된 사단법인 대한지적장애인골프협회가 창립됐다. 지적발달장애인들이 골프를 배우고 훈련할 수 있는 환경을 조성하고, 장애인 골프대회를 지속적으로 열어 지적발달장애인 골프선수를 육성하고 있다.

마치 사막에 씨앗을 심듯 시작한 스페셜올림픽 골프대회는 2021년 제15회 스페셜올림픽코리아 전국하계대회 겸 전국골프대회로 뿌리를 내렸다. 미디어에서 주목하는 걸출한 지적발달장애인 골프선수가 나올 정도로 한국 지적발달장애인 골프 스포츠의 위상이 높아졌다.

나는 제1회 스페셜올림픽 동아시아골프대회 개회사에서 "이 대회를 통해 우리 선수들도 비장애인들과 마찬가지로 골프를 할 수 있다는 것을 모든 사람들에게 알리는 계기가 될 뿐만 아니라 스페셜올림픽에 대한 사회의 인식을 한층 높이는 기회를 만들겠다"고 공언했다.

그날의 공언(公言)이 빈말(空言)이 아니라 현실이 돼 다행이고, 이에 자부심을 느낀다.

우기정 회장은 지적발달장애인들에게 골프를 선물하기 위해 스페셜올림픽 동아시아골프대회를 만들었다. 2006년 열린 제1회 대회에서 시상대에 올라 수상을 기뻐하는 입상자들.

장애인 US오픈 우승으로 "할 수 있다"를 보여준 이승민

지난해 7월 신문에 실린 장애인 선수의 장애인 US오픈 우승 기사를 읽던 당시의 감회가 지금도 새롭다. 골프를 통해 장애인들에게 세상과 소통하는 길을 열어주고자 했던 나로서는 감격스러운 기사였다.

자폐성 발달 장애 프로골프선수 이승민(25)이 제1회 장애인 US오픈 정상에 올랐다. 이승민은 20일(현지시간) 미국 노스캐롤라이나 파인허스트 리조트 6번 코스(파72)에서 열린 대회 최종 라운드에서 펠리스 노르만(스웨덴)을 연장전 끝에 물리치고 우승했다. 이승민은 최종 3라운드에서 1언더파 71타를 쳐 3타를 줄인 노르만과 최종 합계 3언더파 213타로 연장전을 벌였다. 이승민이 공식 대회에서 우승한 것은 안양 신성고 재학 때 전국체전 단체전 이후 두 번째다. 개인전 우승은 처음이다. 특히 미국골프협회(USGA)가 이번에 창설한 첫 번째 장애인 US오픈에서 초대 챔피언에 올라 의미가 더했다. 장애인 US오픈 남자부에는 세계 각국에서 온 장애인 골퍼 78명이 참가했다.

발달장애 3급인 이승민은 2017년 한국프로골프(KPGA) 정회원 자격을 획득했고, 지금까지 세 차례 프로 대회에서 컷을 통과했다. 초등학생 때 아이스하키를 했던 이승민은 중학교 1학년 때 골프에 입문했다. 자폐성 발달장애를 지닌 이승민에게 골프는 세상과 소통하는 통로다. 발달장애 2급이었던 이승민은 골프를 치면서 사회성이 발달해 3급으로 조정되기도 했다.

이승민의 그림자가 되어 헌신적으로 뒷바라지해 온 어머니 박지애 (56) 씨는 "국내 프로대회에서 여러 차례 초청해 줘서 이런 큰 대회에서도 흔들림 없이 경기를 할 수 있었다"며 "드라마 '이상한 변호사 우영우'로 자폐성 장애인에 관심이 높아졌다. 많은 분이 승민이를 보면서 '자폐성 장애를 가진 사람들이 현실 세계에 잘 적응할 수 있구나' 생각하는 계기가 되었으면 좋겠다"고 했다.(<한국일보> 2022년 7월 22일자)

얼마 전 이승민과 그의 부모님이 대구CC를 방문한 일이 있었다. 승민이의 아버지 이명렬 씨와 어머니 박지애 씨는 이런 날이 오리라고 언제 생각이나 했겠냐며 마냥 기뻐했다. 아버지가 외교관으로 여러 군데 근무지를 바꾸는 가운데도 열성으로 아들을 가꾼 어머니는 "지금도 꿈같다"는 말을 그치지 않았다. 이승민의 코치 겸 캐디인 윤슬기 프로도 같이한 자리에서 가족들은 마냥 즐거워했다.

아버지는 아들이 우승했다는 것이 대단한 것이기도 하지만 그보다 더 가슴을 흥분시키고 행복감을 느끼게 하는 것은 골프를 하면 할수록 아들과 의사 소통을 할 수 있다는 것이었다. '언제 아들하고 오순도순 정겨운 이야기를 할 수 있을까?' 하는 소망이 이제 눈앞에 펼쳐진 것 같아 너무도 행복하다는 것이었다.

"아직 완벽하지는 않지만 승민이와 정감 있는 소통을 할 수 있다는 것이 너무너무 감사합니다."

골프를 통해서 함양된 사회성과 가족 간의 친교성이 꿈같다는 승민이 부모들의 떨리는 목소리에 나의 가슴속으로부터 올라오는 뜨거운 흥분과 함께 우리 모두의 큰 박수를 보낸다. 자랑스러운 트로피를 보면서.

골프를 통해서 스페셜올림픽 선수들이 한걸음 더 사회에 편안하게 접근하고 대한민국 국민으로서 각자의 역량을 발휘하고 사회적 유대감이 마음 속에 자리 잡기를 간절히 기대한다.

17 필드에 울려 퍼진 가곡의 선율

　우리의 대중음악은 가요다. 대중가요는 쉽게 접할 수 있고 따라 부르기가 쉬워 일반인들이 누구나 즐겨한다. 반면에 가곡이나 고전음악은 가까이 하기가 쉽지 않다. 우선 음악에 대한 기본적인 이해를 바탕으로 소리를 내려면 교육이 필요하기 때문이다. 수반되는 발성에 대한 기초공부도 일단은 최소한의 과정을 필요로 한다. 지나고 보면 그리 어려운 과정은 아니더라도 처음 대하는 사람들에게는 생소할 수밖에 없다. 그러한 연유로 고전이나 가곡은 일반인들에게 가요보다는 멀다.

　요즘 대중들에게 친숙하게 다가가기 위한 신 가곡을 추구하는 음악인들의 노력이 활발하다. 특히 가곡 부르기는 작곡가와 지도자들의 노력으로 한결 가깝게 다가왔다. 정통음악계의 이해가 완화되는 데에도 그동안 적지 않은 과정이 필요했다.

　고전적인 정형에서 좀 더 대중화돼 가는 데는 어려운 산맥들이 여러 군데 도사리고 있었다. 그러나 용기 있는 새로운 음악가들의 노력으로 오늘에 이르러 이제는 가곡을 대중화시키는 일이 크게 퍼져 나가고 있다.

골프장에서 '가곡의 밤'을 열다

　2003년으로 기억한다. 집사람이 "가곡을 부르니 기분도 좋아지고 스트레스도 풀린다"며 가곡 동아리에 같이 참여하기를 간곡히 권유했다. 마침 어머님이 입원하고 계시던 요양병원 지하실에 본인이 참여하는 동아리가 있으니 병문안 오는 길에 같이 하자는 것이었다. 며칠 망설이다가 겸사겸사 잘 됐다고 시작한 것이 나의 '가곡 부르기'의 출발점이었다.

가곡이란 한 편의 시에 얹어진 멜로디이다. 가곡 부르기를 하면서 스스로 쾌감을 느끼는 치유의 시간이 됐다. 정말 잘 시작했다고, 고맙다고 집사람에게 인사를 하고 또 했다. 시를 쓰듯 시를 부르니 가슴 깊은 곳으로부터 무언가 샘솟는 카타르시스를 느낄 수가 있었다.

박범철 교수의 지도 아래 동아리 회원들과의 즐거운 시간은 행복했다. 나 스스로 행복을 느끼던 중 언뜻 우리 골프장에서 같이 모여 '자연 속에 음률과 소리가 섞이면 어떨까' 하는 상상을 해 봤다.

여러 날을 혼자서 궁리하다 박범철 교수와 의논했다. 박 교수는 뛸 듯이 기뻐했다. 골프장에서 음악회를 열다니…. 평생을 가곡 보급에 앞장서 온 사람으로서 이렇게 특별한 계획이 만들어지는 것에 대해 환호하면서 자신의 경험을 바탕으로 여러 가지 그림을 그리는 것이었다. 의기투합한 우리 두 사람은 드디어 클럽하우스 앞 잔디밭에서 가곡 동호인들과 함께 '대구 컨트리클럽 박범철 가곡 아카데미'의 밤을 열기로 했다. 이렇게 시작한 음악회가 20년째 이어져 오고 있다.

그 뒤 코스를 바꿔가며 음악회를 열면서 지금은 동코스 1번홀 페어웨이 한 가운데로 자리 잡았다. 코로나의 여파로 3년이나 쉬다가 다시 시작한 지난해에도 1,500여 명이 넘는 청중과 동호인들이 모여 성악가들의 연주를 듣고 서로 목청을 돋워 가곡을 같이 불렀다.

매년 해 오듯이 저녁식사를 제공했다. 이것은 대구CC 직원들의 봉사가 없으면 불가능하다. 일과도 끝난 시간에 늦은 시간까지 봉사하자는 나의 제안에 임직원 모두 흔쾌히 찬성해 주고 마음을 모아주어 가능한 일이었다. 이것이 기업과 사회가 같이 가는 따뜻한 세상이라고 직원들은 모두 즐거워한다. 모든 비용은 대구CC가 준비하지만 이것도 하나의 사회봉사라고 모두들 뿌듯해 한다.

평소 대구CC를 기억하고 응원해 주는 모든 분에 대한 보답의 마음으로 땀 흘리며 정성을 다해 주는 직원들, 한국가곡의 미래를 위해 합심하는 가곡반의 멤버들과 리더들, 이런 분들이 어우러져 초원 위의 가곡의 밤은 환상적으로 무르익어간다.

언뜻 생각하면 골프와 음악은 이질적으로 느껴지지만 현장에서 보면 묘한 조화를 이루고 있음을 나는 가곡의 밤을 열 때마다 느낀다. 나름 자연경관을 갖추고 있는 골프장의 넓고 푸른 잔디 위에서 가을밤 가곡의 선율이 흐르는 정경은 저절로 행복감을 느끼게 한다. 단지 음악을 좋아하는 사람들이 모여서 노래 부르고, 또 듣고 즐기는 행사의 의미를 넘어서 잠시라도 자연과 음악이 함께하는 '해피 아워'인 것이다.

이제는 나와는 특별한 인연이 된 바리톤 김동규 교수와 소프라노 강혜정 교수가 특별한 일이 없으면 가족처럼 출연하고 있다. 우리 지역의 빼어난 성악가들과 가곡 동호인들도 한마음 한뜻으로 참여한다.

매년 9월 첫 번째 목요일에 열렸는데 2019년부터 첫 번째 월요일에 열고 있다. 가을밤 야외에서 하는 행사이지만 이때까지 날씨 때문에 문제가 있었던 적이 한 번도 없었다. 매번 날씨가 좋아서 그야말로 '가을밤 가곡'을 즐기는 시간이 됐다. 모두들 하늘도 돕는다고 한다.

3년 만에 다시 연 무대에의 감흥

2022년 9월 19일 저녁 7시, 대구CC 동코스 1번홀 페어웨이에서는 다시 '가곡의 밤' 무대가 펼쳐졌다. 예전처럼 대구CC에서 제공하는 뷔페로 식사를 마친 청중들은 무대 앞에 자리를 잡고 설레는 마음으로 개막을 기다렸다. 식사 음식에는 예전처럼 전북 전주 송광사 법진 주지와 신도들이 정성을 다해 만들어 보내준 연잎밥도 올라와 있었다.

음악회에서 박범철 가곡아카데미 동호인들이 '그리운 금강산', '떠나가는 배' 등을 불렀다. 특히 나는 여섯 번째로 무대에 올라 함기선의 시에 신귀복이 곡을 붙인 우리 가곡 '백두산'을 불렀다. 청중들이 힘껏 쳐준 박수갈채 덕분에 그동안 연습하고 준비하느라 힘들었던 모든 아픔이 한순간에 사라짐을 느꼈다. 이후에도 성악가인 소프라노 전선미·김혜현·이주희, 바리톤 이호준·제상철, 테너 김동녘이 출연해 가을밤 아름다운 가곡 선율을 선보였다.

특별 출연으로 대한민국 대표 성악가 바리톤 김동규가 '무정한 마음(Core 'Ngrato)', '사공의 노래'를 부른 후 소프라노 이주희와 함께 오페라 돈 조반니의 '저기서 우리 손 잡아요(La ci darem la mano)'를 선사하기도 했다.

노래를 마친 나는 인사말을 통해 "코로나19로 어려운 시기를 보냈다. 소중한 시간에 함께 모여서 가곡의 향연을 즐길 수 있어 감사하다"면서 "특히 박범철 지도교수가 30여 년 걸쳐 만들어 온 가곡의 동산 대구는 더 멋지고 훌륭한 가곡의 도시가 될 것으로 믿는다"고 소회를 밝혔다.

가장 뿌듯한 것은 출연하는 성악가들이나 코스에서 골프를 즐기는 사람들, 귀한 시간을 내어 열심히 귀 기울여 주는 청중들 모두가 이 시간만큼은 한마음이라는 것이다. 자연스럽게 정리되고 가꾸어진 페어웨이, 거기에 펼쳐지는 예술의 향연. 전체적인 작품을 이끄는 공간 창조자들, 바로 우리 골프장에서 펼쳐지는 '가곡의 밤' 주인공들이다.

대구CC 임직원들과 '박범철 가곡 아카데미'의 집행부, 출연하는 성악가들과 아마추어 예술인들, 이 모든 것을 사랑하는 마음으로 성원해 주는 시민들과 가곡 동아리 회원들이 어우러져서 스포츠 마당에 문화의 꽃이 핀다.

좀 더 많은 사람들과 공유하고 싶어서 시작한 가곡의 밤은 초청장도 없고 유명인사에 대한 의전도 없다. 처음에는 사람이 많이 안 모이면 어쩌나 걱정했는데 이제는 그런 걱정이 전혀 없이 알음알음 매년 1,500여 명이 모인다. 그 많은 사람이 그날만큼은 가곡을 부르고 듣고 즐기며 흠뻑 가곡의 향연에 취해 보는 것이다.

특히 가곡은 사람을 고품격화 시킨다. 이러한 효과는 모르는 사이에 사회문화로 번지고 그런 품성들이 사회를 품위 있게 만든다고 생각한다. 그래서 나는 이 가곡의 밤을 대구CC가 존재하는 한 이어갈 생각이다. 그리고 대한민국의 품위 있는 문화 창조를 위해 다 같이 노력할 것이다. 대한민국이 문화강국이 되는 때를 간절히 기원하면서.

18 들고양이들에게 보낸 경고장

이 세상에서 나보다 집이 넓고 자식이 많은 사람이 있을까? 내가 살고 있는 집은 넓이가 132만㎡(40만 평)이고, 자식들은 수를 헤아리기 어려울 정도다. 대구CC는 1972년부터 피와 땀을 흘려 일궈낸 삶의 터전으로 내겐 정말 집과도 같은 곳이다. 그리고 50년이 넘는 세월 동안 애지중지 아끼며 보살펴온 골프장 안의 나무 한 그루, 풀 한 포기, 바위 하나가 모두 내겐 가족이나 다를 바 없다. 그야말로 동고동락하며 지내왔기 때문이다. 1972년 개장 직전에 진주에 직접 가서 분양 받아온 비단잉어 치어들은 이제는 왕성하게 번식해서 명물로 자라고 있고, 우리 골프장이 자리가 좋아 둥지를 틀고 사는 새들은 특별한 식구들이다.

예로부터 자식이 많은 것은 오복(五福) 중에 하나라고 했는데 그 복을 흡족히 누리고 있는 나는 행복한 가장이라는 생각이 든다. 자식들 중에서도 특히 사람들로부터 총애를 받고 있는, 수령 300년이 넘은 모과나무는 대구CC의 자랑거리다. 오래된 나무라 영기(靈氣)가 있다고 믿는 사람들이 매년 기도를 드리러 찾고 있다.

또 하나는 지금으로부터 30여 년 전에 바위 틈 사이에서 애처로이 고개를 내밀었던 소나무. 동코스 9번홀 티박스 뒤편에 있는 이 소나무는 뿌리 내린 환경이 열악해 얼마 못 가 말라죽을 것 같아 걱정이 많았는데 지금은 한 그루의 늠름한 소나무가 돼 풍광을 빛내고 있다.

숲과 개울이 어우러진 '우리집'에는 날짐승 들짐승 식구들도 많이 살고 있다. 인간과 짐승들이 함께 먹고 자고 쉬며 한데 부대껴 살고 있다 보니 한 가족이라는 생각이 저절로 든다.

골프를 치다가 이름 모를 날짐승이 푸드득 날아오르거나 들짐승이 페어웨이를 가로지르는 것이 눈에 띄면 반갑게 손을 흔든다. 그러면 가끔 달음박질을 멈추고 나를 휙 돌아보는 녀석들이 있다. 나를 알아본 것일까? 혹 그들도 나를 가족처럼 여길지도 모를 일이다. 수십 년을 함께 살아왔으니까.

"우리 신사적으로 해결할까요?"

10여 년 전의 일이다. 라운드를 하는데 코스에 낯선 물체들이 바람에 이리저리 흩날리고 있었다. 다가가 보니 새의 깃털이었다. 그날은 대수롭지 않게 넘겨버렸는데 그 후 계속 그런 일이 발생했다. 아마도 들짐승이 새에게 해를 가한 것이라는 생각이 들었다. 가끔 있는 일이라면 그냥 넘어갔겠지만 지속적으로 변고가 발생하니 이대로 가만히 있을 수 없었다. 우선 진상조사에 들어갔다.

담당자를 시켜 자세히 알아보니 범인은 들고양이로 밝혀졌다. 길을 잃거나 버림받은 집고양이들이 야산을 떠돌다 야생화돼 무리를 지어 골프장 내를 배회하다가 밤이 되면 새들을 잡아먹고 있었던 것이다. 외부 불청객에 의해 우리 식구가 힘없이 당하고 있다고 생각하니 너무나 안타깝고 분했다.

무언가 조치를 취해야 했다. 적절한 방편을 찾다가 문득 머리를 스치는 생각이 있었다. 내가 지금 느끼는 분노를 그들에게 전할 수만 있다면 분명 내가 원하는 반응을 그들이 보이리라는 묘한 확신이었다. 짐승이라 할지라도 자기에게 향하는 인간의 분노를 느낄 수만 있다면 목숨이 있는 동물일진대 자신을 돌보기 위해서라도 알아서 떠나지 않겠냐는 것이었다.

동물들도 사람과 눈이 마주쳤을 때 저 사람이 내게 살기(殺氣)를 띠는지 안 띠는지 다 안다고 하지 않는가. 풍기는 분위기나 기운이 심상치 않음을 본능적으로 알아차린다는 것이다.

개장수가 멀리서 나타나면 동네 모든 개들이 알아차리고 짖어대는 것을 봐도 알 수 있다. 개장수의 손에 붙잡혀 끌려가는 개가 사시나무 떨듯 온몸을 떠는 이유도 죽음의 공포를 직감했음에 틀림없다. 동물은 물론, 심지어 식물들도 자기에게 매일 비료를 주던 사람이면 어느 날 빈손으로 다가가도 어김없이 반응한다니 생명의 세계는 신비로운 것이다.

비록 말없는 동물이라 할지라도 인간이 자신의 의지를 강력하게 전하고자 한다면 소통이 가능하리라는 생각이 들자 그 뜻을 전할 방법을 찾기로 했다. 대원칙은 신사적으로 하는 것이고, 그 원칙은 상대가 말이 통하지 않는 들고양이라도 예외가 없어야 한다는 것이었다.

그러나 직원들의 의견은 나와 달랐다. 개체수가 너무 많으니 인위적으로 줄이지 않으면 안 된다는 주장이었다. 그렇지만 그렇게는 할 수 없었다. 일단 말로 해서 안 되면 어쩔 수 없지만 해 보기도 전에 폭력적인 수단을 써서는 안 된다고 직원들을 설득하며 소신껏 밀고 나가기로 했다. 일종의 경고장이라 할 수 있는 '방(榜)'을 골프장 요소요소에 써서 붙였다.

"들고양이들은 보아라. 경내의 조류를 무차별적으로 살상하고 있는 너희들은 지금 즉시 살상을 중지하고 이곳을 떠나라. 일주일의 시간을 줄 터이니, 만약 스스로 떠나지 않는다면 그 이후에 일어날 일의 모든 책임은 너희가 져야 한다."

들고양이들의 만행을 규탄하고 그들이 스스로 이곳을 떠나감으로써 서로 원만한 해결점을 찾자는 취지였다. 하단에는 골프장, 관리부 직원, 각종 조류 등 들고양이 때문에 직간접적으로 피해를 본 피해자들의 명단도 넣었다.

때는 2006년 가을 무렵이었다. 옷깃을 파고드는 스산한 갈바람을 맞으며 들고양이들이 주로 다니는 길목, 우범지대(?) 세 곳에 방을 붙였다. 행여 내장객들이 방을 보면 불편해할까봐 눈에 띄는 장소가 아닌 숲속 후미진 곳에 붙였다.

어떻게 될까? 과연 들고양이들은 방을 보고 잘못을 뉘우칠까? 궁금한 가운데 열흘이 흘렀다. 아니나 다를까 들고양이의 행적이 눈에 띄게 뜸해졌다는 보고가 있었다. 그들이 잘못을 뉘우쳤는지, 방을 봤는지 모르겠지만 어쨌든 골프장 내 조류들이 해를 입는 사태가 수그러든 것만은 분명했다.

모든 생물이 평화롭게 살아갔으면

그러던 어느 날, 골프공을 찾다가 외진 길로 들어서서 우연히 그 방을 발견한 내장객이 있었나 보다. 아마 휴대폰 카메라로 사진을 찍었던 것 같고, 여기에 그치지 않고 방송국에 그 사진을 보내며 재미있는 에피소드로 제보를 한 모양이었다.

2006년 12월 갑자기 전화가 걸려왔다. SBS-TV의 '있다 없다'라는 프로그램을 연출하는 PD라고 자신을 소개하며, 대구CC와 들고양이에 얽힌 사연이 제보로 들어왔는데 이것이 사실인지 확인해 달라고 했다.

전후사정을 이야기했다.

"아무리 말없는 짐승이지만 그것도 생명인데 함부로 대한다는 것은 온당치 못하다. 하지만 이놈들이 먼저 살생을 하고 있는 상황에서 가만히 있을 수는 없다. 우리가 할 수 있는 최소한의 예의는 갖추고 그래도 통하지 않을 때는 할 수 없는 것 아닌가?"

나 혼자만의 생각은 아니고 우리 직원과 이 주변 동네 주민들의 공통된 생각이라고 말했더니, PD가 이야기를 보다 재미있게 재구성해서 방송이 됐다. 본래의 그 내장객이 아닌 동네 주민들이 처음 발견하고 제보해 동네 근처에서 벌어진 일로 연출한 것 같았다. 골프장에서 일어난 일이라 하면 방송하기가 좀 그렇다고 판단한 모양이었다. 나는 직접 방송을 보진 못했고 그 방송을 본 직원들과 지인들로부터 나중에서야 전해 들었다.

그 뒤로 방을 한 번 더 붙였다. 한번만 붙여서는 혹시 그때 못 본 들고양이가 있을까봐 앞으로 5일간 시간을 더 줄 테니 어서 우리 곁을 떠나라는 내용이었다. 이것 역시 '신사답게' 라는 원칙에 따른 것이었다. 이렇게 두 차례에 걸친 '방 이벤트'를 통해 들고양이들은 눈에 띄게 사라졌다. 내 기분이 그래서 그런 건지 골프장에 다시 평화가 찾아왔다.

그 일이 있고 난 후부터 항상 나와 우리 임직원들 가슴 속에는 그 방이 붙어 있다. 골프장에 말썽을 일으키는 고약한 불청객이라 할지라도 최소한의 신사도 정신과 존중하는 태도를 가지고 대하려고 한다. 골프장, 나아가 자연의 모든 생물들이 항상 평화롭게 살아갔으면 하는 소망이 내 마음 속 그 방에 담겨져 있다. 이것은 비단 자연 세계에서뿐만 아니고 인간 세계에서도 마찬가지가 아닐까.

19 세계시니어골프 준우승, 한일 교류로 연결하다

2009년 9월 3일부터 5일까지 3일간 미국 콜로라도주에 있는 브로드무어 CC에서 열린 세계시니어골프선수권대회에 참가했던 기억은 아직도 새롭다.

만 50세 이상의 골퍼를 회원으로 하는 국가적 단체로서 1960년 세계시니어골프협회가 발족했다. 회원국이 늘어나자 1973년에는 세계시니어골프연맹으로 개편했다. 한국은 1975년에 정식 가입했다. 연맹은 발족 당시부터 세계시니어골프선수권대회를 개최해 오고 있다. 한국은 1973년부터 참가했고, 1981년에는 김영창 선수가 동양인으로는 최초로 개인전 우승을 차지했다.

선친이 권유했던 세계시니어대회 출전

나보다 20년 정도 앞서 선친도 이 대회에 참가해 3위에 오른 일이 있었다. 선친이 이 대회에 다녀오신 뒤 입버릇처럼 "너도 나중에 이 대회만큼은 꼭 다녀와 봐라"고 권유하셨다. 당신이 직접 참가해 보니 세계적인 수준의 골프코스에 대한 안목이 넓어졌다는 것이었다. 세계 일류 경기를 위한 골프코스 세팅, 그린 빠르기와 대회 진행 등 모든 것을 꼭 한번 경험해서 한국골프의 수준 향상에 기여하라는 당부셨다. 20여 개가 넘는 나라에서 참가하는 선수들과의 교류를 통해서 미래를 내다볼 수 있다는 말씀도 곁들이셨다.

　차일피일 미루다가 2009년에야 대한골프협회와 상의 끝에 대한민국 팀을 결성해 출전하기로 결정했다. 우선 떠오른 선수는 나보다 여섯 살 위이지만 우리 대구CC 클럽챔피언에 두 차례 올랐고, 일본 클럽챔피언에 10회나 오를 정도로 한일 아마추어골프계 강자이던 김선길(당시 재일본 한국인골프협회 회장)이었다. 나와는 호형호제하는 사이이니 함께 대회에 나가면 호흡이 잘 맞을 것 같았다.

　다음에 떠오른 사람은 전국 4곳의 골프장에서 12차례나 챔피언에 올랐을 정도로 한국아마추어골프계 강자였던 공병채(당시 은화삼CC 회장)였다. 나보다 네 살 위로 친하게 지내던 공병채 회장은 나의 요청을 흔쾌히 수락했다. 그런 다음 미국에서 의사로 있던 친구 조황환에게 출전하자고 해서 승낙을 받았다. 조황환도 미국 뉴욕에서 아마추어골퍼 고수로 이름을 날리고 있었다. 그렇게 나를 합해서 4명의 출전선수가 결정됐다.

　준비를 마친 뒤 우리 4명은 대한민국 대표 유니폼을 갖춰 입고 미국 콜로라도로 향했다. 우리가 도착한 대회장소인 브로드무어CC는 나중에 유소연과 서희경이 연장 혈투를 벌인 2011년 US여자오픈의 격전장으로 널리 알려진 곳이다.

　그런데 모든 일이 다 좋을 수 없듯이 아니나 다를까 미국에 도착하자 문제가 생겼다. 김선길 선수가 미국 음식을 전혀 먹지 못한다는 것이었다. 대회를 치러야 할 선수가 식사를 제대로 못하니 기운이 날 리도 없었다. 난감한 상황이었다. 그래서 급한 대로 보스턴에 유학 중이던 막내아들(우승수 현 대구CC 부사장)에게 SOS를 쳤다.

　막내아들은 한국팀의 매니저라는 명분을 내세워 학교로부터 허락을 받고 급히 합류해서 선수들 통역은 물론이고 개인적인 문제까지 해결해 주었다. 식사를 못하던 김선길 선수를 위해 콜로라도 다운타운을 샅샅이 뒤져 한식당을 찾아냈고, 거기서 만든 김치찌개와 육개장을 김선길 선수의 아침과 저녁 식사로 공수해 주었다. 덕분에 기운을 차린 김선길 선수는 개인전 우승을 차지했으며, 우리는 단체전 준우승을 일궈냈다.

김선길 선수는 우승 후 막내아들에게 "승수야 정말 고맙다. 네 덕분에 우승한 것 같다"며 진심으로 고마워했다. 양식을 먹지 못해 얼마나 고생을 했으면 그런 말을 했을까. 거기에다 그동안 대회 참가를 목표로 한 달간 혹독한 개인훈련을 하고 온 터라 음식도 제대로 먹지 못하던 차에 한식을 만나자 눈이 확 떠졌다고 했다.

단체전 준우승과 개인전 우승 거둬

2009년 9월 3일 제50회 세계시니어골프선수권대회의 막이 올랐다. 이틀간 36홀 스트로크플레이를 치러 4명 중 3명 스코어 합산으로 단체전을 겨룬 다음 마지막 날 개인전을 홀 매치 방식으로 가리는 대회였다.

우리 네 명은 처음부터 뜻이 잘 맞았다. 첫날 경기에서 성적이 좋은 선수는 개인전 입상 쪽으로 전념을 하고, 단체전에는 한 사람 한 사람 한 점 한 점이라도 끝까지 지켜보자고 굳게 다짐했다. 단체전에서 495타를 기록해 486타를 기록한 일본에 이어 2위에 올랐다. 16개국 107명의 선수가 출전한 개인전에서는 김선길이 엎치락뒤치락하다 일본의 아오끼 료헤이를 2홀차로 꺾고 우승을 거머쥐었다.

김선길의 개인전 우승은 한국선수로는 다섯 번째였다. 1981년에는 김영창이 첫 우승을 거뒀으며, 재일교포 아마추어 고수였던 김홍수가 1986년과 1992년 두 차례나 우승을 했다. 그리고 우리보다 2년 앞서 2007년에는 대구CC의 클럽챔피언에 네 차례나 올랐던 아마추어 절대 강자 이

준기도 우승을 차지했다.

태극기를 앞장세워 진행된 국기게양식에서 우리의 성적이 발표될 때의 감격은 우리 모두의 눈에 맺힌 눈물로 반짝였다. 김선길 선수는 개인전 우승컵을 받았고, 나와 공병채, 김선길, 조황환은 단체전 은메달과 은제 쟁반을 받았다.

한국 시니어선수단의 눈부신 활약상은 참가 선수들의 많은 관심을 끌었고, 박수와 함께 큰 환호를 받았다. 보름 앞서 열린 PGA투어 메이저대회인 'PGA선수권'에서 양용은 선수가 천하의 타이거 우즈를 꺾고 한국인 최초일 뿐만 아니라 동양인 최초의 메이저 우승을 차지한 여운이 아직 남아 있었던 것이다.

뿐만 아니었다. 양용은의 쾌거보다 일주일 앞서 송민영(제니퍼 송)이 US여자아마추어골프챔피언십에서 우승했으며, 우리가 참가한 대회 나흘 전에는 안병훈이 US아마추어골프대회 정상에 오름으로써 온통 한국골프가 화제의 대상이었다. 거기다 우리가 단체전 준우승과 개인전 우승을 차지하자 대회 주최국인 미국의 관계자들도 놀라움을 금치 못했다.

우연한 만남을 한일 친선골프대회로

대회가 끝나고 각국 선수단이 서로 교류하는 자리가 마련됐다. 그 자리에서 나는 일본대표인 전 세계 챔피언 이마다와 고오토 선수를 만나게 됐다. 김선길 선수와 이들은 일본에서도 여러 번 큰 대회에서 만나면서 익히 알고 있던 사이였다.

반갑게 인사를 나눈 뒤 골프에 대한 여러 가지 이야기가 오고가던 중 자연스레 한일 골프에 대한 이야기가 나왔다. 이번을 계기로 서로 친선교류를 하는 것이 어떻겠느냐는 제안에 모두들 큰 관심을 보였다. 한국에서는 대구CC를 홈그라운드로 해서 개최를 하면 쉬울 것이라는 나의 제안과, 일본도 당시 시니어협회 회장 지역이던 나고야를 기점으로 서로 오고가는 것이 어떠냐는 김선길 선수의 제안에 모두들 흔쾌히 마음을 모았다. 양국 선수들은 그동안 경쟁자이던 때와는 다른 분위기에서 서로를 소개하며 한일친선골프대회를 기약했다.

국가 간 국민들끼리의 교류는 예체능 등 여러 방면을 통해 이루어진다. 민간 차원의 스포츠 교류는 각 종목별로 오래전부터 있어왔다. 올림픽이나 아시안게임, 세계선수권대회 같은 큰 대회가 아니더라도 민간교류의 스포츠 활동은 그 종목의 활성화는 물론 상호 국민 화합에도 지대한 영향을 끼친다. 나는 골프를 통해 아픈 역사를 지닌 양국의 국민들이 친선하는 길을 열고 싶었다.

'쇠뿔도 단김에 빼랬다'고 나는 미국에서 돌아오자마자 곧바로 준비에 들어갔다. 우선 대구·경북지역 뜻있는 경제인과 골프동호인들에게 취지를 알리고 동참하도록 권했고, 김선길 선수를 통해 일본선수들을 초청했다. 그렇게 해서 10월 14일과 15일 이틀간 대구CC에서 '대한민국·일본·재일동포 시니어대표 친선골프대회'를 열었다. 김선길 선수의 주선으로 재일교포 선수들도 참가해 자리를 더욱 빛냈다. 한국대표 7명, 일본대표 7명, 재일교포 7명 등 21명이 참가해 골프를 통한 우의를 다졌던 것이다.

이것이 계기가 돼 경북지역 경제인과 골프동호인, 재일교포, 일본골프협회 소속 선수 등으로 구성된 한일친선교류회가 만들어졌고, 한일친선골프대회가 성사됐다. 이 대회는 벌써 10회를 넘어 한일 간의 민간교류 차원에서 매년 참가 범위와 숫자가 늘어나 지금은 전국 대회로 그 폭을 넓혔다.

부디 이 대회가 오랫동안 지속돼 골프를 통한 양국의 친선우호가 이어지기를 희망한다.

세계시니어골프선수대회 준우승 후 기념촬영

미국 콜로라도에서 열린 제50회 대회에서 우기정 회장을 비롯한
한국 선수단은 단체전 준우승과 개인전 우승을 차지했다.
좌로부터 재일교포 김선길, 공병채, 우기정, 조황환.

20 시니어아마추어골프에 활력을 불어넣어 보자

한국을 대표하는, 이른바 내셔널 아마추어골프대회는 3개가 있다. 1954년 한국 최초의 골프대회로 창설된 한국아마추어골프선수권대회, 1976년 시작된 한국여자아마추어골프선수권대회, 그리고 1972년 만들어진 한국시니어아마추어골프선수권대회가 그것이다.

한국시니어아마추어골프선수권대회는 골프에 대한 사회적인 인식 증진과 골프 대중화를 위해 창설됐다. 첫 대회는 1972년 10월 7일과 8일 이틀간 뉴코리아CC에서 열렸다. 15명의 노장들이 참가했으며, 점차 늘어나 1975년 제4회 대회에는 30여 명, 제8회 대회에는 50여 명이 참가했다. 이 대회는 세계시니어골프연맹의 규칙에 준한 대한골프협회 회원사의 추천을 받은 만 55세 이상의 남자아마추어골퍼에게만 참가자격이 주어졌다.

시니어골프 중흥에 팔을 걷어 부치다

한국아마추어골프선수권대회는 '허정구배'라는 명칭을 달고 2003년부터 남서울CC에서, 한국여자아마추어골프선수권대회는 '강민구배'라는 명칭을 달고 2005년부터 유성CC에서 지속적이고 안정적으로 개최되고 있다. 남서울CC와 유성CC가 골프장 설립자의 이름을 대회명에 추가하는 조건으로 대회 장소를 계속 제공하고 있는 것이다. 참고로 사람의 이름이나 아호를 딴 골프대회는 내가 만든 송암배가 최초이다.

그러나 한국시니어아마추어골프선수권대회는 해를 거듭할수록 대회 장소 확보에 애를 먹더니 대회 자체가 위축되고 있었다. 1996년 제26회 대회부터는 그해 창설된 한국시니어오픈선수권과 공동으로 개최됐다. 그 야말로 더부살이 신세였다. 신생 시니어프로대회의 부설대회로 여겨지며 제주 오라CC에서 12번이나 계속 열렸다. 프로대회와 공동개최라 참여율이 저조했고, 대회 출전을 위해 제주도까지 가는 선수도 드물었다.

골프 인구가 늘어나면서 전국 규모의 아마추어골프대회도 급증했다. 주니어·대학·미드아마 등 연령대에 맞는 단체와 조직도 덩달아 생겨났다. 그러자 대한골프협회는 2000년대 후반에야 시니어골프에 관심을 갖기 시작했다. 제주도에서 열리는 대회라 참가율이 떨어진다고 판단하고 대회를 내륙으로 옮겨오는가 하면 참가선수 분야도 확충했다. 지역별 단체전 형식을 도입하고, 65세 이상의 참가를 유도하기 위해 그랜드시니어부를 신설했다.

2008년 제37회부터 개최 장소를 내륙으로 옮기긴 했으나 정작 이름 있는 골프장이 대회장소 제공에 난색을 표하면서 순천·담양·무주 등 지방을 떠돌았다. 하지만 제40회를 맞이한 2011년에는 전통의 명문 골프장인 대구CC에서 열렸다. 대구CC는 1978년 제8회 대회와 1990년 제19회 대회를 개최하는 등 이 대회와 인연이 깊었다.

나는 골프 붐이 일고 골프 인구가 늘어나는 상황에서 유서 깊은 이 대회가 개최 장소를 확보하지 못해 어려움을 겪는 것이 안타까웠다. 그래서 각 지역의 시니어골프협회에서 지역별로 돌아가며 개최해서라도 대회를 살려야 한다고 주장했다. 그러나 누구도 선뜻 나서서 대회를 개최하려고 하지 않았다. 앞장서려는 사람도 없고, 대회 장소를 내주는 곳도 없었다.

상업적인 문제가 이유였다. 대회 참가 선수들의 그린피에 대해 회원 대우를 하느냐 마느냐 하는 것이 쟁점이었다. 두 번째는 대회 기간 중에는 내장객을 받지 못하므로 영업적 손실의 부담이 큰 것이 문제였다.

시니어대회가 여러 가지 사정으로 활성화되지 못하고 있던 시점에서 무언가 획기적인 방법이 나와야 했다. 사회는 점점 고령화되고 있는데 그 중심에 서 있는 시니어들을 위한 프로그램이 절실한 시점이었다. 나는 대구CC를 시니어대회의 개최지로 할 것을 선언했다. 일회성에 그치는 것이 아니라 지속적으로 대회를 대구CC에 두고 대회 규모나 발전을 같이 연구하기로 한 것이다. 그 이후 2011년부터 계속 대회를 열면서 점차 활기찬 대회로 나아가고 있다.

50세 이상인 시니어 아마추어골퍼는 전체 골프인구 400만 명 중 절반이 넘는 200만 명에 이르는데 정작 국내 시니어아마추어대회는 활성화되지 못하고 있었다. 매년 대회 장소를 구하기 어려워 겨우 명맥을 유지할 정도였다.

세계적인 추세가 고령화 사회로 가고 있다. 한국도 마찬가지이다. 앞으로는 골프인구도 자연히 고령사회로 가게 돼 있다. 실제 미국에서의 프로골프 경기를 보면 PGA투어 정규 시합에 더해 시니어대회도 무척 활성화돼 있다. 챔피언스투어라는 이름으로 열리고 있으며, 상금도 LPGA투어보다 더 많다. 한국의 최경주 프로도 나이 50을 넘기면서 시니어투어에 참가해 우승을 하는 등 실력을 뽐내고 있다.

대회 지속 개최로 시니어골프 활성화

한국시니어아마추어골프선수권대회는 2011년부터 대구CC에서 지속적으로 개최되고 있다. 이제는 송암배처럼 대구CC의 상징적인 대회로 자리

잡았다. 그렇게 해서 전통의 아마추어 3개 대회가 모두 안정적인 개최를 보장받게 됐다. 아마추어골프 남자·여자·시니어의 트로이카 체제가 정립된 것이다.

나는 2011년 제40회 대회를 개최하면서 대한골프협회에 "전국에 있는 시·도 협회를 다 불러 모아서 시·도 대항전을 만들자"고 제안했다. 이 제안이 받아들여져 제40회 대회부터 시·도 대항 단체전이 추가됐다. 그 다음에 일본에 연락해서 "일본팀(재일교포팀)도 시니어 대회에 참가하라. 한국시니어골프선수권대회이니 모국 대회에 선수로 출전하러 오는 것이 의미 있지 않겠느냐"고 했다. 그렇게 해서 매년 일본에서 한 30명씩 오면서 약 150명이 참가하는 대회로 자리 잡았다.

이때 한국과 일본 아마추어 골프인들이 뜻을 모아 만든 모임이 '한친회(韓親會)'이다. 일본 쪽은 재일동포와 세계 챔피언 출신인 이마다·고오또·니시하라 세이기·남무 등의 선수가 핵심이 되고, 오사카 쪽의 김선길·정부웅·김건오랑·하봉기·허정안·고창국·야마모토 야스지로·남이명·시바 마코토·최종광·오먀마 요시히로·가마타 사토시·니시오 이사오·시게미츠 게이미·고창국·최인덕·하봉기·가이모토 도시오·신창준·조영진·백운봉 등이 참여하고 있다.

한국 쪽에서는 전태재·김종률·김규범·정규운·강신천·노성열·박용균·권찬호·배이석·김현수·박병면·김양우·송창식·김태형·김진하·이재용·우승수·임준우·최현석·황준호·우승주·안상운이 주축이 돼 양국의 친선은 물론이고 한국 시니어 발전을 위해 힘을 모으고 있다. 이들은 개인적인 이해관계를 떠나 각자가 사비를 들여 한일 양국의 민간외교 차원에서 미래를 향한 스포츠 활동에 적극 참여해 주는데 대해 깊은 존경의 마음과 함께 감사를 드린다.

코로나19 때문에 2020년과 2021년에 대회를 열지 못해 아쉬움이 컸다. 그러나 코로나19 사태가 일단 잠잠해진 시기인 2022년 8월 23일과 24일 양일간 제49회 대회를 개최했다. 코로나19로 두 해를 쉬지 않았으면 제51회가 됐을 터였다. 코로나19의 상황이 완전히 멈추지 않아 재일교포와 일본선수들이 참가하지 못해 다소 아쉬웠지만 대회를 다시 열었다는 것에 감회가 새로웠다.

이 대회가 다시 본래의 모습을 되찾아 국제적 친선과 한국 시니어 골프의 미래를 위해 기여하기를 간절히 빈다.

21 평창동계스페셜올림픽 유치

4년마다 열리는 스페셜올림픽 세계대회는 올림픽만큼이나 뜻깊은, 세계 지적발달장애인들의 스포츠를 통한 화합과 축제의 장이다. 그렇기에 국제적으로 세계대회 개최는 각국 스페셜올림픽위원회의 숙원이며 매번 대회 유치를 위한 각축전이 벌어질 정도였다.

2005년의 첫 스페셜올림픽 한국대회가 성황리에 막을 내리고 한국에도 스페셜올림픽 문화가 차츰 자리 잡기 시작하던 2008년 나는 다음 목표로 '스페셜올림픽 세계대회'를 노리고 있었다. 목표는 하계스페셜올림픽 세계대회였다. 조직위원회의 인지도나 규모 면에서 한국스페셜올림픽위원회만으로는 역부족이었기에 한국 단독이 아닌 아시아지역 내 세계대회 유치를 스페셜올림픽국제본부(SOI)에 신청하기로 했다.

동계 스페셜올림픽 유치에 도전

우선 아시아 개최권을 가져온 후 동양 및 동남아시아 권역에서 강원도 평창을 세계대회 개최지로 관철시킬 전략이었다. 이를 위해서는 동양 및 동남아시아 대회 이사회의 추천이 필요했다. 나는 사비를 들여 미국·캐나다·아프리카·남미 등 각 지역의 이사진을 한국으로 초청하고 이들의 추천서를 받아냈다. 그런데 막상 신청서를 제출하려고 하니 하계스페셜올림픽은 개최 규모나 그에 따른 부담이 만만치 않다는 것을 알게 됐다. 세계대회를 포기할 수도, 무턱대고 하계대회 유치부터 하겠다고 나설 수도 없는 상황이었다.

이때 머릿속에 묘안이 하나 떠올랐다. 강원도가 평창동계올림픽을 어떻게든 유치하겠다는 의지로 기존 시설 외에 경기장 등을 짓고 있는 상황이었다. 그 시설들이나 경기장을 활용한다면 동계스페셜올림픽은 한국에서 충분히 열 수 있을 것이었다. 곧바로 강원도지사를 직접 만나 평창에 동계스페셜올림픽 세계대회를 유치하자고 제안했다.

김진선 강원지사는 내 제안을 흔쾌히 받아들였다. 한국스페셜올림픽위원회와 강원도청은 평창동계스페셜올림픽 유치를 결의하고 2008년 SOI에 신청서를 제출한 다음 본격적인 유치전에 돌입했다. 제9회 동계스페셜올림픽 세계대회를 2009년 미국 아이다호주에서 열리기로 예정된 상황에서 다음인 2013년 제10회 개최지 경쟁은 오스트리아·이탈리아·한국의 삼파전으로 진행됐다.

한국스페셜올림픽위원회는 평창에서 2008 한국스페셜올림픽 전국하계대회를 성공적으로 개최하면서 세계대회 개최에 어느 정도 자신감을 갖고 있었다. 강원도 역시 2018 평창동계올림픽 유치에도 도움이 될 것으로 판단하고 있었다.

나는 발 빠르게 움직였다. 바깥으로는 해외 각국의 이사회를 직접 방문해 한국스페셜올림픽 세계대회의 당위성을 피력했다. 안으로는 유관 지자체와의 협력해 경기장을 비롯한 인프라와 프로그램을 준비하고 SOI 현장실사단을 맞이하는 데 만전을 기했다. 2008년 9월과 2010년 2월 한국에 방문한 SOI 현장실사단은 두 차례 현장실사를 실시했다. 알펜시아를 비롯해 용평·강릉 등지의 경기장, 교통·숙박 등 각종 시설인프라, 그리고 정신건강 증진 프로그램 운영계획 등을 철저하게 확인했다.

그해 2월 16일 SOI이사회는 제10회 동계스페셜올림픽 세계대회 개최지로 대한민국의 강원도 평창을 선정했다. 평창의 스페셜올림픽 운영 준비가 가장 잘 돼 있는 것이 큰 점수를 받는 요인이었다. 이로써 한국은 아시아에서 세 번째로 스페셜올림픽 세계대회의 개최국이 됐으며, 일본에 이어 두 번째로 동계스페셜올림픽 세계대회를 여는 아시아 국가가 됐다.

대회 성공 개최에 힘 보태

개최지로 선정된 기쁨을 누릴 틈도 없이 내 마음은 조급해졌다. 정부의 개최 승인을 받아내야 하는데 한국스페셜올림픽위원장 임기가 얼마 남지 않았기 때문이었다. 곧장 3월 체육과학연구원에 의뢰해 대회 유치 타당성 조사를 실시하고, 3월 8일 대한장애인체육회의 국제행사 유치 승인과 4월 강원도의회의 대회 평창유치 동의안 가결을 받아냈으며, 6월에는 기획재정부의 대회 유치 정부승인까지 일사천리로 얻어냈다.

스페셜올림픽을 위한 준비를 진행하면서 나는 스스로 난관에 봉착했다. 임기가 임박함과 동시에 민간인으로서 여러 가지 한계점을 느끼기 시작한 것이었다. 그러던 중 마침 나경원 의원을 만나게 됐다. 나경원 의원은 가족 중에 스페셜올림픽 선수도 있고, 무엇보다 사회적으로 나보다는 발이 넓기 때문에 적임이었다. 우리의 부탁에 선뜻 조직위원장을 허락해 주었다.

2010년 8월 26일 한국스페셜올림픽위원회와 강원도는 국회에서 '2013 평창 동계스페셜올림픽 준비위원회'를 발족하고 나경원 의원을 준비위원장으로 선출했다. 9월 15일에는 '유치 선포식'을 갖고 '2013 평창동계스페셜올림픽 조직위원회'를 발족했다.

우리 모두가 전력을 다해 힘을 모은 결과로 2013년 1월 29일 제10회 동계스페셜올림픽 세계대회가 강원도 평창 용평에서 개회식을 치르고 성대한 막을 올렸다. 대회는 가족과 자원봉사자, 후원자가 모두 힘을 합쳐 참가 선수들을 격려하고 지적발달장애인에 대한 사회적 인식을 개선해 나가자는 의미를 담아 'Together We Can(함께하는 도전)'을 슬로건으로 내걸고 2월 6일까지 열렸다. 세계 120여 개국 3,300여 명의 선수단·임원진이 참가한 가운데 알파인스키·크로스컨트리·스노우보드·스노우슈잉·스피드스케이팅·피겨스케이팅·플로어하키 등 7개 종목 세부 59가지 경기를 벌였다.

열흘간 성대하게 치러진 평창동계스페셜올림픽은 동계스페셜올림픽 세계대회 사상 최대 규모였으며, 지금까지도 성공적인 대회 중의 하나로 손꼽히고 있다. 2018 평창동계올림픽을 앞둔 시점에서 지적발달장애인을 넘어 장애인과 일반인이 함께 어울릴 수 있는 축제의 장을 펼침으로써 한국이 글로벌 복지국가로서의 위상을 한 단계 높이는 계기를 마련하기도 했다.

내가 한국에 스페셜올림픽의 토대를 만들고 대회를 유치했고, 나경원 조직위원장이 대회를 성공적으로 마칠 수 있도록 열과 성을 다했지만 모든 과정과 결과는 참여한 체육계 지도자와 자원봉사자들의 어려운 여건을 뛰어넘는 힘과 노력으로 이루어졌다고 말할 수 있다.

2013년 스페셜올림픽 세계동계대회의 평창유치선포식

●

우기정 회장은 스페셜올림픽 세계동계대회를 평창에 유치하는데 앞장섰다. 유치선포식에 참석한 우기정 회장(좌측 두 번째)과 관계자들. 좌측 세 번째부터 유인촌 문화체육관광부 장관, 이광재 강원도지사, 아놀드 슈워제네거 캘리포니아 주지사, 나경원 준비위원장을 비롯해 바트 코너 스페셜올림픽위원회 이사, 스페셜올림픽 홍보대사 배우 장쯔이, 대회홍보대사 배우 김윤진 등이 참석했다.

제5장
살아온 골프 인생 뒤에
남는 이야기

골프는 스포츠이자 인문학이다 ·············· 348

골프장 경영자는 시인(詩人)이어야 한다 ············ 354

명문 골프장, 빠른 그린과 변별력 높은 코스 관리 ··· 359

포스트 코로나 시대 한국골프의 위상 ············ 364

골프를 국가 브랜드로 ························ 372

1 골프는 스포츠이자 인문학이다

대학에서 철학을 공부했으나 선친이 설립한 대구CC에 입사해 골프장 경영에 매진했던 나는 고희가 넘어 가슴에 간직해 왔던 꿈의 자락을 풀어냈고, 그것은 시로 철학으로 현신(現身)했다. 그리하여 골프라는 스포츠 속에서 내 인생의 꽃을 피우게 됐다.

골프가 건조하기만 했던 내 삶에 건강한 활력을 불어 넣었다면, 문학은 청소년 시절 나도 모르게 세상을 향해 채웠던 내 마음의 빗장을 하나씩 열어 주었다. 덕분에 나는 어엿한 골프장 경영자로 성장할 수 있게 됐고, 등단 시인으로서 시를 쓸 수 있는 기회를 가질 수 있었다. 시 전문지 〈시와 시학〉 2015년 여름호에 '우기정'이라는 이름으로 시 5편을 실으며 신인상을 수상했다. 그동안 이동순 교수의 지도아래 펼치고 다듬어오던 시작 활동이 조그마한 결실을 본 것이다.

'문학'이라는 창을 통해 세상을 따뜻하게

문학에의 열망은 서울 동성중학교 다닐 때 시를 쓰면서부터 시작됐다. 동성고등학교에 진학해서는 문예반장을 지내는 동안 국어교사이자 문예반 지도교사였던 황금찬 시인에게 작문을 배우고, 스승과 가깝게 지낸 박목월·조지훈·박희진 시인과 최정희 소설가 등의 어깨너머로 문학을 접했다. 교과서에 나오는 세 명의 문인과 한 자리에 함께하고 있다는 것만 으로도 황홀했다.

연세대학교 철학과에 진학하고 나서는 동문인 최인호(영문과)·윤후명 (철학과) 등과 어울리며 본격적으로 시인을 꿈꾸었다. 그 둘은 실제로 한국을 대표하는 작가가 됐고, 나는 졸업 후 선친의 뜻에 따라 가업인 골프장 경영에 뛰어들었다. 대학교에서 철학을 전공한 후 고향으로 돌아와 부친과 함께 골프장을 경영하는 사업가가 된 것이다. 그렇게 친구들과 다른 길을 걸으면서 시는 비즈니스 경쟁에 지친 내가 틈틈이 쓰며 마음에 위안 삼는 취미 중 하나로 지속됐다.

중요한 것은 내가 골프장을 경영하면서도 펜을 끝까지 놓지 않았다는 사실이다. 이를 일깨워준 건 영남대학교 철학과 최재목 교수였다. 경영에 참여한 후 문학은 물론 철학과도 거리가 멀어졌던 내가 라이온스를 비롯한 사회활동을 하면서 또 다른 나의 재능들로 우리 사회에 기여할 수 있는 방법을 고민했는데, 그중 하나가 철학공부였고 최재목 교수는 나의 철학 선생님이었다.

시를 다시 쓰라며 나의 시심에 불을 지핀 것도 그였다. 채워지지 않는 허전함이나 공허감, 문득문득 벅차오르는 감정들을 '시 쓰기'로 달래며 대구CC의 CEO로서 약 30여 년의 시간을 보냈다. 노트에 한 자 한 자 시를 정성껏 써 내려가며 "넌 시인이 돼라. 시는 세상을 아름답게 한다"고 하시던 황금찬 선생의 칭찬과 격려를 늘 상기했다. 단순히 시를 쓰는 것에만 그치지 않고 "CEO는 시인이 돼야 한다"는 음유시인의 경영학을 바탕으로 대구CC를 누구나 편안하고 즐거운 시간을 보낼 수 있는 문화의 마당으로 만들어 왔다.

그리고 고희(古稀)가 될 무렵 그동안 쓴 시가 한두 편씩 쌓여 가면서 나는 어릴 적부터 간직해 왔던 꿈 하나를 다시 꺼내 도전해 보기로 마음 먹었다. 나의 시들, 아니 내가 고스란히 담긴 시집 한 권을 만들어 보고자 한 것이었다. 그 순간 고교 시절 가졌던 문학인이 되겠다는 청년 '우기정'의 꿈을 나이 70이 다 된 '우기정'이 그대로 간직하고 있다는 사실을 깨닫고 식지 않은 나의 열정에 스스로 놀라기도 했다.

최재목 교수의 소개로 만난 이동순 시인의 지도로 계간문예지에 작품을 응모해 신인상을 수상하며 70세 늦깎이 시인으로 데뷔했다. 2년이 지난 2017년 10월에는 시 65편을 골라 엮어 첫 시집 〈세상은 따뜻하다〉를 세상에 내놓고 대구CC 클럽하우스에서 출판기념회도 열었다. 지금도 시를 처음 썼던 순수한 마음을 그대로 간직한 채 작품 활동을 펼치며 대구CC CEO와 문인으로서의 삶을 균형감 있게 꾸려나가기 위해 노력하고 있다. 사업가로서든 시인으로서든 어떠한 길에서나 잊지 않는 추억으로부터 세상을 따뜻하게 바라보는 시선을 발견하고 더 나은 삶을 살고픈 희망을 찾아가고 있다. 나의 시작 출발이자 현재진행형인 스승 황금찬 시인과의 추억을 가슴 한편에 품고서 말이다.

시집이 나오기 수년 전인 2009년 10월 세상을 바라보는 나만의 시각과 생각, 내 인생 이야기와 소신을 담은 에세이집 〈행복한 대한민국을 위한 단상〉을 출간했다. 에세이들은 골프장을 경영하는 사업가부터 국제라이온스협회 국제이사까지 나를 따라다니는 숱한 꼬리표들을 떼고 '나는 누구인가'하고 자신에게 던지는 물음이자 스스로를 '행복을 지향하는 도전자 CEO(Challenger Endaemonism Oriented)'라고 말하는 나의 대답이라 할 만하다.

골프에 깃든 인문정신

사람들은 골프를 인생살이에 자주 비유한다. 몸을 사용해서 얻는 스포츠 측면과 경기 전반에 걸친 에티켓과 룰을 포함한 그 결과를 보면서 인생살이에 비유하는 경우가 많다. 그러기에 인문학적 근간을 골프에서 보게 된다. 인간의 행복과 즐거움 추구라는 노력은 인간 본연의 성격과 교육의 축적으로 얻는 결과라고 볼 때에 사람이라는 민낯과 인문학적 바탕을 골프에서 보게 되는 것이다. 그리고 이 바탕에서 생명존중이라는 중요한 정신을 발견하게 된다.

나에게 인문정신은 봉사활동의 근본이 된다. 대학에서 철학을 전공하면서 본격적으로 '인문정신'을 탐구한 이래 대구CC를 경영하는 오랫동안 학문과 거리를 두었다. 그렇지만 학문에 대한 아쉬움도 많았기에 2006년 이순(耳順)이 돼서야 만학으로 영남대학교 대학원 한국철학학과의 한국학 석사과정을 밟기 시작했다. 2008년 2월 '조선시대 효(孝)사상 연구'로 석사학위를 받은 뒤 곧장 한국철학 박사과정에 매진해 2010년 8월 65세의 나이에 '한국에서의 국민윤리론 성립에 대한 연구'로 철학박사 학위를 취득했다. 5년 만에 얻은 결과였다. 돌이켜 보면 준비에서 결과를 얻을 때까지 10년이라는 세월이 걸렸다.

박사학위 논문은 '凡夫 김정설의 국민윤리론'을 주제로 전통적인 화랑·풍류·효 정신을 바탕으로 대한민국이 민족국가로서의 윤리에서 국민윤리로 이양해 가는 국가관을 분석하고 균형과 조화의 정신 등 현대 한국사회가 나아갈 방향을 제시했다. 국민윤리론을 주창한 범부(凡夫) 김정설(金鼎卨, 1897~1966) 선생은 소설가 김동리의 친형이자 한국 근현대 지성사의 중요한 인물 중 한 명으로, 1940~1950년대 한국사회의 격동기에서 한민족 고유의 정신으로부터 한국적인 휴머니즘을 새롭게 이끌어낸 분이었다. 이러한 내용을 수정·보완하고 한 권의 책으로 엮어 2015년 10월 〈범부 김정설의 국민윤리론〉(예문서원)을 출판했다.

　석·박사과정을 거치는 동안 나는 범부 김정설 선생과 그의 사상을 재조명함으로써 생각이나 행동 모두 극단으로만 치닫고 있는 요즘 같은 시기에 '범부 선생의 균형과 조화의 정신, 그리고 그 바탕이 되는 풍류(風流)와 효(孝) 사상' 등의 현대적인 의미와 가치를 연구했다.

　한편 생명존중은 '사람이 살아서 숨 쉬고 활동할 수 있게 하는 힘'이라는 관점에서 배려·관심·사랑 등을 바탕으로 사회 전반에 만연한 물질만능주의와 생명경시 풍조를 걷어내고자 했다. 누구나 머릿속으로는 알고 중요하다 인식하지만, 정작 생활에서 실천하기 힘든 생명의 본래 의미와 가치를 사람들이 공감하고 사회를 변화시키는 원동력으로 삼을 수 있도록 하는 데 중점을 두었다.

생명존중 정신 확산 위한 '생명문화'

　당시 한국은 8년 연속 OECD 회원국 중 자살률 1위이라는 불명예를 안고 있었다. 이런 현실이 단순히 안타깝고 심각하다는 인식을 넘어, 나는 남들과 다른 관점에서 자살 문제에 접근했다. 그것은 아마도 한국스페셜올림픽위원장으로서 지적발달장애인들과 함께하면서 장애인·비장애인 모두를 생각하게 된 나의 경험 때문일 것이다. 당시 평균수명이 80세라고 할 때 지적발달장애인들은 자살뿐만 아니라 사고·자연사 등 여러 가지 이유로 40세가 채 되지 않아 세상과 이별하는 경우가 많다는 점에서 '생명의 존엄성'이라는 것은 비장애인들이 생각하는 자살로 인한 죽음의 범위를 훌쩍 넘어선다. 그렇기에 나는 지적발달장애인을 비롯한 우리 모두의 생명을 존중하고 살릴 수 있는 길에 대해 오랜 시간 고민했다.

그리고 장고(長考)의 시간 끝에 얻은 산물이자 정립한 생각이 바로 '생명문화'였다. 내가 말하고자 하는 생명문화는 우리 사회의 자살 예방, 지적발달장애인의 삶·죽음·생명에 대한 관심 등 인간을 비롯한 모든 생명을 존중하고 가치를 지키는 사회문화 조성에 힘을 쏟는 것이다. 그 일환으로 2014년 3월 19일 각계각층의 인사들과 범국민생명운동단체인 '생명문화'를 발족하고 초대 이사장에 추대됐다. 이 단체는 '생명존중'을 사회문화적 차원에서 접근해 실질적인 변화를 도모하고자 결성됐다.

'생명문화'는 생명의 소중함에 대한 사회적 인식 확산과 자살률을 낮추는 범국민 생명문화운동을 전개하기 시작했다. 앞으로도 나뿐만 아닌 모든 사람들이 생명을 죽이는 문화가 아니라 생명을 살리는 문화·환경을 만들고, 사회 곳곳에서 이념과 종파는 물론 정파를 초월해 인류 전체가 행복하게 사는 데 이바지했으면 한다.

고맙게도 나와 함께 생명문화운동을 하던 박인주·임삼진 동지들이 지금도 지속적으로 자살 예방 활동을 위해 '생명존중시민회의'라는 생명살림 운동을 이어주는데 대해 감사와 존경의 마음을 항상 가지고 있다.

2 골프장 경영자는 시인(詩人)이어야 한다

'생활의 달인'이라는 TV 프로그램을 보면 우리 사회 곳곳에 숨어있는 각종 달인들을 만날 수 있다. 전광석화 같은 속도를 자랑하면서 똑같은 크기로 음식 재료를 썰어 내거나 절묘한 솜씨로 물건을 포장하는 장면을 지켜보노라면 탄성이 절로 나온다. 이 프로그램에는 요식업·배달업·제조업 등에 종사하는 달인들이 주로 등장하는데, 사실 달인은 어느 분야에나 있기 마련이다. 한 분야에서 오랫동안 실력을 갈고 닦아 남들보다 월등히 뛰어난 경지에 오른 사람을 달인이라고 정의한다면 말이다.

그렇다면 기업경영 분야에서도 달인을 찾아볼 수 있을 것이다. 자타가 공인하는 기업경영의 최고달인은 누구일까? 바로 기업을 이끌고 가는 CEO라는 데는 이견이 없을 것이다. 알다시피 CEO는 'Chief Executive Officer'의 약자로, 기업의 최고 의사결정권자로서 기업을 지휘하는 마에스트로와 같은 위치에 있다. 따라서 CEO는 문제 상황과 위기를 극복하며 조직을 이끄는 데 탁월한 달인이라고 할 수 있다. 문제 해결 능력, 위기 극복 능력, 리더십 등 다양한 능력을 갖춘 경영의 달인이라면 기업뿐만 아니라 어느 조직에서나 필요로 하지 않을까?

그래서 그런지 요즘 CEO들은 예전보다 활동 범위도 넓어지고 위상도 커지고 있음을 알 수 있다. 공공분야·국제외교·문화예술 등 기업 경영관을 바탕으로 조금 더 광범위한 분야를 자유롭게 넘나들며 능력을 펼치고 있다.

시인이 경영하고 일하는 회사

CEO들이 자신의 분야뿐만 아니라 여러 방면에서 특별한 재능을 발휘하고 있는 것을 보며 인간 능력이란 대단히 크고 그 분야도 넓다는 데 감탄을 금치 못한다. 그런 한편으로 '유능하다든지, 최고라든지 하는 평가의 기준은 무엇일까?'하는 의문이 들어 곰곰이 생각에 잠길 때가 있다. 아마도 기업을 경영하는데 객관적인 평가와 측정이 가능한 항목을 기준으로, 위기관리 능력이나 리더십 등 다소 주관적이고 총괄적인 부분까지 망라한 종합적인 평가에 의해 '유능하다'거나 '최고'라는 수식어를 붙일지 아닐지를 판가름할 것이다.

어쨌거나 CEO는 기본적으로 '자기 철학'이 있어야 한다고 생각한다. 비록 눈에 보이는 경영 능력은 아니지만 분야를 막론한 CEO의 필수 자질이라 할 수 있다. 내가 몸을 담고 있는 골프장업계의 CEO를 예로 든다면 골프장의 운영을 맡은 최고경영자는 '자연의 관리'를 위임 받았다는 마음가짐이 있어야 한다고 생각한다.

'자연의 관리'라는 것은 골프장 내에 있는 무수한 생명에 대한 자상한 관심과 사랑에서 비롯된다. 그것은 자연이 행복해질 수 있는 방법이 무엇인가 하는 고민을 가지고 있을 때에만 가능하다. 그래서 골프장을 경영하는 사람의 행정능력과 경영능력이 탁월하다고만 해서 최고라고 평가하기는 어렵지 않을까 하는 생각을 해 본다. 자연을 행복하게 하는 가운데 물질적인 목표까지 성취할 수 있을 때 '최고의 CEO'라는 타이틀을 안겨 줄 수 있을 것이다.

'CEO의 마인드가 중요하다'라고 하지만, 골프장 CEO야말로 자연의 한 부분을 맡아 관리하고 경영하고 있다는 마인드를 가져야 한다. 골프장을 단순히 돈을 들여 만든 사유 재산이라고만 보지 말고, 우리 사회와 자연의 공공재라는 시각을 가질 필요가 있다. 굳이 따지자면 골프장 건설과 영업 허가를 받은 것은 우리 사회와 자연이 법적 테두리 내에서 허락해 준 것으로 볼 수 있으므로 골프장 CEO는 '자연 관리권'을 잠시 위임받은 사람과 다를 바 없다. 따라서 골프장 CEO라면 자연의 합법적이고 정당한 관리자로서 난개발에 대한 감시자여야 하며, 국토 활용의 최전선에 서 있는 첨병으로서의 소임을 다해야 할 것이다.

이러한 '자연 관리자'로서 골프장 CEO의 덕목 중에 빼놓을 수 없는 것은 자연과 함께 어우러져 살아간다는 환경 친화적인 자세라고 할 수 있다. 비단 골프장 CEO로서만이 아닌 한 인간으로서 가져야 하는 '자기 철학'이라고도 할 수 있을 것이다.

그렇다면 자연 관리자로서 마음 바탕은 무엇이어야 할까? 그것은 '시인(詩人)의 마음'이다. 어떤 사람이 시인인가? 풀잎, 돌 뿌리, 속삭이는 바람소리에도 생명을 느끼고 보통 사람들이 보지 못하는 것을 보는 눈과, 듣지 못하는 것을 듣는 귀와, 맡지 못하는 것을 맡는 코를 가진 사람, 그렇게 되기 위해 노력하는 사람, 말 못하는 미물을 대변하는 목소리를 가진 사람이 시인이 아닐까? 시인은 상대의 입장이 돼 그의 마음으로 들어가는 데 탁월해야만 한다.

나는 종종 자연과 교감하며 이러한 시인의 마음을 가져 보려고 노력한다. 그리고 그들의 이야기를 듣기 위해 눈과 귀를 곤추세운다. 황금빛 햇살이 뉘엿뉘엿 기우는 어느 가을날 기차를 타고 철교를 건널 때였다. 하얀 맨살을 드러낸 강바닥에는 묘하고 유려한 곡선들이 가득 새겨져 있었다. 지난 여름 갑자기 불어난 강물이 지나가면서 못다 한 그들의 이야기를 와자지껄하며 남겨 놓은 것이리라. 강바닥은 아마도 긴 세월동안 흘러간 강물들이 남기고 싶었던 사연들을 차곡차곡 적어 놓은 거대한 이야기책이 아닐까.

이런 생각을 하다 문득 우리 골프장의 소나무 껍질 속에도 바람과 세월이 남겨 놓은 사연들이 켜켜이 쌓여 있을 것이란 생각으로 옮아가고, 매년 봄에 잎보다 먼저 꽃을 피우며 날 반기는 개나리의 사연과, 이파리 생김새가 각기 다른 풀과 나무들에 얽힌 이야기가 무엇일지 하는 생각에 빠져들다 보면 골프장의 CEO로 있는 내가 행복하기 이를 데 없어진다.

자연을 관리하는 자랑스런 사람이라는 긍지

골프장 CEO가 시인의 마음을 가슴에 품으면 고객에게도 시를 노래하듯이 한없이 부드러운 태도와 사랑하는 마음으로 다가갈 수 있을 것이다. 아침에 골프장에 출근하면 오늘 우리 골프장을 방문하는 고객이 머무는 시간 내내 행복할 수 있게 하려면 어떻게 해야 할까 고민한다. 그러면 평소에 보이지 않던 것도 보이게 된다. 고객의 눈높이와 고객의 입장에서 골프장을 바라보게 되기 때문이다. 오늘의 그린 상태는 양호한지, 클럽하우스 레스토랑의 점심 메뉴는 괜찮은지 꼼꼼히 점검하는 등 고객의 행복지수를 높이기 위해 전념하게 된다.

때론 터무니없는 불평과 요구를 늘어놓는 고객을 만날 수도 있다. 하지만 당장 들어줄 수 없는 요구 사항이라고 할지라도 그런 고객도 변함없이 사랑과 배려를 갖추고 마음을 헤아려 주는 말과 태도로 대하게 된다. 불만을 품은 고객마저도 감동시킬 수만 있다면 그 골프장의 경영이 잘 되리라는 것은 명약관화(明若觀火)하나.

"우리는 자연을 관리하는 자랑스러운 직업을 가졌습니다. 비록 이 사회에 직접적으로 유익을 주는 물건을 만드는 그런 직업은 아니지만, 우리가 정성 들여 골프장을 가꾸고 돌본다면 이곳에 오는 사람마다 행복을 느낄 수 있으니 얼마나 보람된 직업입니까!"

내가 틈날 때마다 우리 골프장 임직원들에게 하는 말이다. 주인의식과 서비스 정신을 전 임직원이 공유하는 것이 중요하기 때문이다. 내 바람은 나뿐만 아니라 모든 임직원들이 시인이 되는 것이다. '시인이 경영하고 일하는 골프장'이 내 모토다.

나아가 골프장뿐만 아니라 다른 모든 분야에도 시인의 마음을 가진 사람들이 가득한 세상이 된다면 우리가 사는 이 세상은 더 밝고 행복한 세상이 되리라 확신한다.

3 명문 골프장, 빠른 그린과 변별력 높은 코스 관리

　골프전문지인 〈골프매거진〉 2021년 10월호에 '명문·명품·10대 골프장의 차이'라는 글이 실려 있다. 그 내용을 보면, '명문'을 '고유 가치를 오랫동안 유지'한 것으로 정의하면서 '명문 골프장'은 '골프장 건설이나 운영에서 그들만의 고유 가치를 뽑아낼 수 있느냐, 그 가치를 오랫동안 유지하고 발전하려는 노력이 있었느냐, 또 골프계의 발전이나 역할 모델을 해 온 것이 있느냐'의 여부가 중요하다고 말하고 있다.

　그러면서 우리나라에서 '명문'으로 불릴 만한 골프장으로 서울한양CC와 안양CC 등 10여 곳을 꼽고 있다. 서울한양CC는 우리나라 골프의 성지이고, 안양CC는 삼성의 이병철 회장이 만들어 우리나라 골프장의 매뉴얼을 만들어낸 종가이면서 역할 모델이라는 것이다. 그리고 대구CC나 유성CC는 주니어 육성의 산실 역할을 해 왔기에 명문 반열에 올려놓았다고 기록하고 있다.

명문 골프장이 된다는 것

　내 친구들 중에는 '명문 골프장'에 대해 유쾌하면서도 재미있게 풀이하는 경우도 있다. 자신이 '파'를 많이 하는 골프장이 곧 명문이라는 것이다. 또 어떤 사람은 자기 입에 맞는 음식이 있는 곳이면 명문 골프장이라고 주장한다. 모두가 자신의 눈높이에 따라 쉽게 이야기할 수 있지만 많은 사람이 동의하는 명문 코스의 요소는 대표적으로 몇 가지 들 수 있을 것이다.

〈골프저널〉에 실린 '명문 골프장의 정의는?'(2019년 10월 4일)에서 "명문이라는 말은 고객인 골퍼들이 자연스럽게 붙여주는 것이다. 골퍼들이 명문답다고 생각하는 서비스를 제공받았을 때 그 골프장을 '명문'이라 말할 것이며, 이러한 골퍼들이 모여 여론을 형성할 때 비로소 명문이라는 평가가 내려진다"고 말하고 있다.

지역적이나 시대적으로 역사적 숨결이 유구하게 깃든 곳일수록 명문 골프장이 될 수 있다. 그 역사 속에 골프와의 특별한 인연들이 있어야 할 것이다. 자신의 코스에서 기록된 유명하고 오래된 대회의 사연이 역사로 남아 있는 곳이라면 누가 뭐라 해도 명문 코스라 할 수 있을 것이다.

세계적 명문 골프코스로는 PGA투어 4대 메이저대회의 하나인 마스터즈가 열리는 미국의 오거스타 내셔널을 꼽는다. 이 코스는 화려하고 호화스런 코스로도 세계 1위에 꼽힐 것이다. 골프의 발상지인 세인트앤드루스 올드코스를 골프코스의 표본으로 추앙하는 사람도 많다. 이 골프코스는 자연 그대로의 엄격함에서 세계 첫손에 꼽힌다.

어느 나라에서나 명문 코스는 완만한 지형의 숲속 코스이거나 해변 코스가 대부분이다. 험산을 무리하게 깎아 만들어 기복이 심한 산악코스치고 명문 코스는 없다. 기후도 온화하며 적설량이 적고 강풍이 없어야 한다. 위치도 좋아야 하는데 농촌이나 소도시의 주택지를 끼고 있는 경치 좋은 야산, 또는 멋진 해변에 명문 코스가 많이 자리한다. 좋은 위치, 기막힌 경치, 그리고 명설계 등 3박자가 바로 명문 골프코스의 요건이라고 말하는 사람도 있다.

그렇다고 상업성이나 자본주의적 관점에 휘둘릴 필요는 없다고 생각한다. 명문 골프장이란 역사가 있는 곳이다. 골프장이나 골퍼들이 어떤 변화가 있어 왔고, 힘든 일을 겪고 그 일들을 극복해 내면서 사연이 깊어진 곳이면 다 명문이다. 거기에 골프의 재미까지 극대화하는 코스를 갖췄다면 더할 나위 없는 명문인 것이다.

대구CC만의 코스 관리 비결과 철학

명문 골프장은 기본적으로 좋은 지리적 배경을 갖추고 잔디의 컨디션과 관리가 뛰어나야 한다는 의견도 만만찮다. 골프칼럼리스트 황환수는 '황환수의 골프 오디세이(6) 일정한 그린 빠르기의 중요성'(〈매일신문〉 2019년 8월 21일자)에서 우리 대구CC를 대구·경북지역 명문 골프장의 하나로 꼽으면서 그 조건을 다음과 같이 말했다.

> "골프 고수들은 공략이 쉽지 않은 홀들이 많은 것도 좋은 골프장의 조건으로 꼽는다. 그렇다고 이해하기 어려운 난이도로 골퍼들을 애먹이는 골프장은 결코 좋은 골프장이라고 할 수 없다. 비거리와 페어웨이의 너비, 그린의 속도 등이 조화를 이뤄야 한다. 수많은 골프장의 조건 중에서 가장 비슷하게 조성할 수 있는 것은 '그린 속도'라 할 수 있다. 페어웨이나 러프, 그리고 홀의 비거리는 골프장 조성 여건에 따라 차이가 있지만 그린의 속도는 골프장의 세심한 관리 정도에 따라 확연하게 달라진다."

골프코스의 조건을 볼 때 가장 중요하게 보아야 할 것은 '그린의 빠르기'라는 것은 나 역시 동감하는 바이다. 지금도 우리 대구CC의 그린스피드는 내장객들에게 빠르기로 정평이 나있다. 골프를 쳐본 사람은 퍼팅이 중요하다는 사실을 잘 알고 있다. 퍼팅에서 공이 구르지 않으면 자연스럽게 힘이 들어가게 되고 다음 샷에도 영향을 주게 된다. 힘이 안 빠진 상태에서 샷을 하게 되는 것이다. 고객들이 가장 좋은 샷을 만들 수 있는 상태를 만들어 주는 것이 골프장 관리자의 큰일 중 하나다.

이러한 노력 끝에 대구CC는 자연 지형을 그대로 살려 만든 코스들을 내세워 뛰어난 접근성으로 영남지역에서는 이미 '골퍼들이 가장 선호하는 고급 명문 골프장'으로 자리매김했다. 다양한 매력으로 무장한 각각의 코스는 골퍼들에게 라운드 내내 도전적인 즐거움을 선사해 준다. 대구CC는 개장 이래 50년 간 사계절 내내 균일하고 빠른 그린스피드를 유지하는 등 철저한 코스 관리로 고객들로부터 수준 높은 코스로 인정받아 많은 골프대회가 열리고 있다.

지금도 골프 마니아들이 새로움을 즐길 수 있도록 코스 레이아웃 개선, 차별화된 서비스 제공 등 끊임없이 변신하고 있다. 50년 역사와 함께 해온 수려한 자연경관 속의 코스 레이아웃을 갖추고 있는 대구CC, 세계 유수의 명문 코스와 견주어도 손색이 없다. 도전할수록 코스의 웅장함에 매료될 수밖에 없다. 또한 전략적이고 힘찬 플레이를 요구해 골퍼들의 도전정신을 돋워주고 있다.

어느 골프칼럼리스트는 세계 100대 골프장 선정기준의 일부라며 △양호한 그린 컨디션과 페어웨이 △매 홀 특색 있는 전경(View) △골프채를 다양하게 사용할 수 있도록 각 홀 길이의 적당한 유지 △잘 친 공과 잘못 친 공이 구분되도록 한 설계 △안전을 중시한 설계와 운영 △파3 홀에서 반드시 핀을 보고 티샷을 할 수 있게 한 설계 등 6가지를 좋은 골프장의 조건으로 제시하기도 한다.

대구CC 그린에서 플레이하고 있는 선수들

송암배를 개최하는 대구CC는 빠른 그린으로 명성이 높다. 2022년 열린 제29회
송암배에 출전한 선수가 죽코스 1번 홀 그린에서 퍼팅을 하고 있다.

4 포스트 코로나 시대 한국골프의 위상

코로나19의 장기화로 해외여행이 제한되고, 사회적 거리두기 제약 등 이른바 '코로나19 팬데믹 시대'가 2020년부터 3년간 이어졌다. 이 시기 우리나라 전반에 변화가 많았지만 그 중에서도 골프산업의 변화는 격랑에 가까웠다.

역설적이게도 내장객이 몰리면서 국내 골프장들은 매출이 급성장했고, 또 골프 내장객의 연령대도 낮아지는 추세를 보였으며, 여성 골프인구가 늘어났다. 특히 젊은 세대들이 골프에 많은 관심을 보이면서 골프 장비나 의류에 관한 관심도 커졌다. 코로나19로 대부분 스포츠 종목이 직격탄을 맞았지만, 골프장은 역대 최고의 호황을 누린 덕분에 수년째 내리막길을 걷던 골프장 회원권 가격이 천정부지로 치솟기도 했다.

'한국골프산업백서 2020'에 따르면 우리나라 골프시장 규모는 13조 원에 육박한 가운데 골프산업의 위상이 높아지면서 K-골프라는 말이 일반화되고 있다. 미국과 일본에 이어 '세계 3대 골프 시장'으로 평가받으며 세계 골프계의 강자로 떠오르고 있었던 것이다.

골프장비 시장에서 위상 드높인 한국

"세계 3대 골프업체 중 두 곳이 한국 업체 소유다."

국내 토종사모펀드(PEF) 운용사인 센트로이드가 2021년에 테일러메이드를 인수했다. 테일러메이드는 타이거 우즈, 더스틴 존슨, 로리 매킬로이 등 세계적인 선수들이 사용하는 드라이버 브랜드다. 테일러메이드는 타이틀리스트·캘러웨이와 함께 세계 3대 골프용품 브랜드로 꼽힌다.

이에 앞서 2011년에는 휠라-미래에셋 컨소시엄이 타이틀리스트를 보유한 골프용품업체 아큐시네트를 인수했다. 세계 1위의 골프공 브랜드인 타이틀리스트 외에 골프화 브랜드 풋조이, 퍼터 브랜드 스카티카메론 등을 소유하고 있는 거대 골프용품 기업이었다.

따라서 세계 3대 골프용품 브랜드 중 2곳을 한국기업이 소유하게 됨으로써 골프용품 시장에서 한국의 위상이 높아지게 됐다. 거기에다 2017년에는 프리미엄 골프클럽 부문에서 점유율 세계 1위를 달리고 있던 마제스티골프도 한국 기업의 품에 안겼다.

뿐만 아니라 첨단 기술이 집약된 스크린골프·거리측정기·골프샤프트 등 다양한 골프용품 부문에서도 한국 기업들이 세계 영토를 확장해 나가고 있었다.

우선 골프존을 앞세워 스크린골프에서 종주국으로 불릴 만큼 뛰어난 정보기술로 세계시장을 지배해 나가고 있다. 골프존은 2023년 2월 당시 일본에 400여 개, 중국에 200여 개, 미국에 100여 개, 베트남에 40여 개, 기타 국가에 90여 개 등 약 830여 개의 글로벌 매장을 운영하고 있다.

토종 샤프트인 '오토플렉스샤프트'는 PGA투어 톱 골퍼들이 널리 애용하기 시작하며 주목을 받았다. 인터넷 골프사이트인 '골프WRX'는 2021년 1월 28일, "2013년 마스터스 챔피언인 호주의 애덤 스콧이 PGA투어 파머스인슈어런스오픈에 출전하면서 한국 샤프트제조회사인 두미나의 '오토플렉스샤프트'를 낀 드라이버를 사용할 것"이라고 보도했다. 또 "골프의 통념에 도전하는 샤프트"라며 "초경량이고 유연성 또한 뛰어난 제품"이라고 소개하기도 했다. 오토플렉스는 개당 800달러라는 고가에도 짧은 기간 동안 미국·일본·중국·태국·캐나다 등 20여 개국과 총판 계약을 맺었다.

국산 거리 측정기인 보이스캐디는 LPGA와 공식 거리 측정기 파트너십을 체결하면서 LPGA투어 대회에서 수많은 선수가 사용하는 계기를 만들었다. 보이스캐디는 2021년 6월 25일부터 열린 LPGA투어 시즌 세 번째 메이저대회인 'KPMG 위민스 PGA 챔피언십'에서 보이스캐디를 선수와 캐디에게 지급했다. 보이스캐디와 LPGA투어는 이에 앞서 공식 거리 측정기 파트너십을 체결했고, 이 대회에서 처음으로 경기 중 사용을 허용한 것이었다. 이에 따라 대다수의 선수가 보이스캐디에서 지급한 제품을 경기 중에 사용하며 우수성을 체험했다.

한국계 골프용품들의 도전적 세계시장 진출에 대해 세계 골프용품 업계에서는 상상도 못했던 일이 일어났다는 반응을 보이며 경외의 시선으로 바라보았다.

PGA·LPGA서도 한국기업은 '큰손'

한국 기업들은 세계적 골프선수들의 경연장인 PGA투어와 LPGA투어 골프대회의 주요 후원사로서 재정적 지원을 제공하면서 스포츠 발전에 기여해 왔다. 이를 통해 기업 브랜드 인지도 제고를 통한 한국 경제 활성화에도 기여했다는 평가를 받았다.

연간 30여 개 대회가 열리는 LPGA투어에서 한국기업의 영향력은 점점 커지고 있다. 2021년의 경우 33개 대회 중에서 한국기업만 따지면 5개, 한국과 연관된 대회까지 합치면 7개 대회를 후원했다.

롯데챔피언십과 KIA클래식, 휴젤-에어프리미어 LA오픈, 메디힐 챔피언십은 한국 기업이 단독 개최했고, 골프공 메이커인 볼빅은 '드라이브 온 챔피언십'의 공동 타이틀 스폰서로 대회를 열었다. 이들 5개 기업과 함께 '뱅크 오브 호프' 대회의 타이틀 스폰서는 한국계 금융기업이었다. 10월에는 BMW코리아가 한국에서 유일한 LPGA투어 대회인 'BMW 레이디스 챔피언십'을 열었다.

이는 2021년 LPGA투어 전체 대회수의 20%였고, 미국 다음으로 많은 숫자였다. 7개 대회 상금을 합치면 무려 1,210만 달러에 달했다. 총상금 7,632만 달러 규모인 LPGA투어 전체 일정에서 한국과 관련 대회 총상금이 차지하는 비율은 약 15.8%에 달할 정도였다.

세계 최고 골프투어로 꼽히는 PGA투어에서도 한국 기업들이 개최하는 대회의 무게감은 더욱 커지고 있었다. 현대자동차그룹은 2016년까지 하와이에서 열리는 PGA투어 토너먼트 오브 챔피언스 대회의 타이틀 스폰서를 맡다가 LA로 옮겨 제네시스 오픈을 개최했다. 이 대회는 타이거 우즈의 자선재단이 운영을 맡으면서 무게감이 커졌고, 2020년부터 '인비테이셔널급 대회'로 격상돼 제네시스 인비테이셔널로 이름을 바꿨다. PGA투어가 제네시스 대회를 타이거 우즈 대회로 인정하고 급을 올린 것이다.

한편 CJ그룹은 2017년부터 '더 CJ컵'을 메인 스폰서로서 개최했다. 2017년부터 2019년까지는 제주도에서 대회를 열었으나 코로나19로 인해 2020년부터는 PGA투어 대회가 주로 열리는 미국에서 개최하고 있다.

골린이 덕분에 커지는 골프의류 시장

코로나19 팬데믹으로 인한 골프산업의 변화 중의 하나로 '골린이'(골프와 어린이의 합성어)의 등장을 꼽지 않을 수 없다. 해외여행이 막힌 20·30

세대가 대거 골프로 유입되면서 골프 용품과 패션, 그리고 문화에 이르기까지 새로운 바람이 불었다. 대한민국 골프산업을 뿌리부터 바꿔놓을 정도였다.

골린이들은 필드에서 자신의 개성을 뽐내기 위해 의류는 물론 골프클럽과 용품에 수백만 원을 아낌없이 지출한다. 여자골퍼들은 꾸준히 새로운 옷을 찾고 남자골퍼들은 골프 의류를 일상복으로 입기도 한다. 골프 의류를 대여하는 업체가 호황을 누리기도 했고, 여자골퍼들은 9홀 단위로 의류를 바꿔 입은 사진을 인스타그램에 올릴 정도였다.

패션에 신경 쓰는 20대 젊은 골퍼들이 증가하면서 골프의류 시장은 더욱 커졌다. 2020년까지 골프 의류 브랜드는 100개 정도였지만 2021년에 150개 정도로 대폭 늘었다는 분석도 있었다. 국내 패션기업들은 이렇게 형성된 탄탄한 내수를 바탕으로 해외 골프브랜드 도입과 인수에 나서기도 했다. 코로나19 확산으로 야외 스포츠인 '골프'가 전 세계적으로 인기를 끌면서 골프산업 역시 시장성이 충분하다는 판단 때문이었다.

내수시장 확대는 골프 의류 브랜드들의 해외 진출로 이어졌다. 주요 골프의류 시장인 미국과 일본을 중심으로 대만·베트남·캐나다 등으로의 진출이 눈에 띄었다. 유니크한 디자인의 신규 브랜드가 많이 생겨나 국내 브랜드를 유통시키는 해외 파트너사들의 러브콜이 계속 이어지고 있다. 국내 골프 브랜드 대부분이 해외 어디에도 존재하지 않는 디자인을 보유한 덕분이었다.

2023년 1월 25일, 미국 플로리다주 올랜도에서 세계 최대 골프종합전시회인 'PGA쇼'가 열렸다. 전시회 기간 중에 '2022년 세계 골프시장 분석' 자료가 발표되자 사람들은 경악했다. 2022년 세계 골프의류 시장에서 한국이 무려 45%, 세계 골프의류 시장의 절반 가까이를 소비했기 때문이다.

자료가 잘못된 것 아니냐는 목소리가 나올 정도였지만 한국에서는 코로나19 이전 스포츠 용품 매출 증가는 16%에 그쳤지만 골프의류는 60.4% 늘었다. 우리나라 골프용품 전체 시장 규모는 세계 3~4위 정도지만 골프의류만 따지면 매출액 기준으로 세계 최고라는 것이 업계 분석이다.

미래 먹거리산업으로 부상한 골프

한국의 골프산업이 세계시장을 주도할 수 있었던 것은 골프인구의 증가에 힘입었다고 할 수 있다. 2021년의 경우 골프인구는 636만 명으로 추산된다. 이는 인구의 15%가 골프를 즐기고 있다는 것이다.

대한골프협회가 발표한 '2021 한국골프지표'에 따르면 2021년 한 해 '골프인구'는 31.5로 2017년보다 16.4% 증가했으며, 골프인구는 1,176만 명으로 추산됐다. 2017년 대비 16.4%가 늘어났으며, 백분율로 환산하면, 20세 이상 성인 31.5%가 골프인구로 분류됐다. '지속 골프인구(23.2%)'는 865만 4,518명으로 나타났으며, '신규 골프인구(8.3%)'는 311만 2,047명으로 분석됐다. 신규 골프 활동 인구 성비는 남자 65.2%, 여자 34.8%로 나타났다. 여자 골프 비중이 10%인 일본에 비해 월등히 높았다. 이 조사의 수치는 야외 골프장 외에 실외 골프연습장, 실내 골프연습장, 실내 스크린 등을 포함했기 때문이다.

골린이들이 몰려들고 있어 골프인구는 더욱더 늘어날 전망이다. 그리고 스크린골프를 처음 시작한 것도, 애용하는 것도 한국이다. 특히 전 홀 라이트 시설로 세계 유일의 야간 골프를 활성화한 것도 한국이다. 여성골퍼 비율이 높은 나라이기도 하다. 이를 증명하듯 MZ세대와 여성골퍼들이 골프 붐을 주도하고 있다.

스크린골프 시장이 커지고 있다는 점 역시 골프가 미래 먹거리 산업으로 부상할 수 있을 것이란 전망의 긍정적인 신호탄으로 작용하고 있다. 스크린골프 시장 성장 배경에는 젊은 연령층이 있기 때문이다. '2021 한국골프지표'에 따르면 영업 중인 골프장은 약 500곳이나 스크린골프장은 4,500곳이 넘었다. 스크린골프장의 성장세는 긍정적이라 할 수 있다. 스크린골프장이 일반 골프장의 수요를 갉아먹는 경쟁자가 아니라, 함께 공존하면서 동반 성장할 수 있는 관계임을 고려하면 더욱 그렇다.

골프 수요의 증가, 골프산업의 성장 등 과거 오랫동안 상류층을 위한 사치성 스포츠로 인식되던 골프가 변화하면서 최근 무한한 가능성을 보이고 있다. 한국선수들의 대활약과 골프산업까지 상승세를 타고 있어 한국 골프계의 미래는 희망적이다.

골프 문화 확산은 한국골프의 밝은 미래

골프 문화도 다양하고 활발하다. 지상파 방송에서 골프 예능프로그램이 넘쳐나고, 골프 케이블 채널도 다양해졌다. 참고로 미국과 일본의 골프 전문 케이블은 각 1개씩 정도밖에 없다. 한국은 골프 유튜브 콘텐츠도 차고 넘친다. 골프선수는 물론이고 여러 스타들도 유튜브 골프 채널을 운영하고 있다. 한국골프는 승부와 재미를 모두 갖춘 스포츠로 진화 중이었으며, 어느 나라도 우리처럼 재미있게 골프를 즐기는 국민은 없다고 단언할 수 있을 정도다. 우리 국민의 높은 사회성과 경쟁심, 그리고 승부욕이 작용해 골프라는 스포츠를 좋아하는 것으로 분석되고 있다.

나도 2021년 1월부터 유튜브 채널 '기정TV'를 개설해 대중 앞에 모습을 드러냈다. 50여 년 동안 골프산업에 종사하면서 겪은 에피소드 등을 골퍼들과 공유하기 위해서였다. 새로운 시대에 걸맞은 새로운 소통방식이 필요하기 때문이다. 그곳에서 우리나라 골프문화와 산업의 과거는 물론 지금, 그리고 미래를 고민하기도 한다.

그런데 한국골프가 스포츠를 넘어 미래 먹거리 산업으로 급부상할 수 있다는 전망이 나오고 있다. 우리나라 프로골퍼들은 지난 20여 년간 국제대회에서 세계 최정상에 오르며 국내 골프산업 성장에 긍정적인 역할을 해 왔다. 우리나라 프로골퍼들이 국제대회에서 이 같은 성과를 낼 수 있었던 배경에는 세계 상위권 수준인 우리나라 골프장의 인프라가 있었다. R&A의 세계 골프장 현황에 따르면 2020년 기준 한국의 골프장 인프라는 코스 수 기준 209개국 중 9위 수준으로 평가됐다.

한국레저산업연구소가 발표한 '한국과 일본의 골프장산업 비교' 자료에 따르면 한국골프장 시장규모는 2021년 8조 5,533억 원으로, 8조 6,857억 원인 일본의 98.5%에 육박하는 수준까지 성장한 것으로 나타났다.

한국의 골프인구는 2021년 564만 명으로 일본의 560만 명을 추월했고, 한국 대중골프장 주중 그린피는 2022년 5월 기준 17만 3,700원으로 일본의 5만 5,800원(5621엔)보다 3.1배 비싼 것으로 조사됐다.

한국골프장 시장 규모는 골프 붐에 힘입어 급성장하고 있다. 2011년 3조 9,670억 원에 불과했던 한국골프장 시장 규모(캐디피 포함)는 2021년 8조 5,533억 원으로 2011년보다 2.16배 성장했다. 반면 일본 골프장 시장 규모는 2011년 9,220억 엔에서 2021년 8,340억 엔으로 2011년보다 9.5% 감소했다.

이처럼 일본에 근접한 한국의 골프산업은 'K-골프'로 불리며 성장하고 있다. 골프로 인한 관련 산업 규모는 2020년 기준 14조 2,342억 원에 달한다. K-골프 한류 속에 골프 흥행 지속 마케팅이 펼쳐지고 있으며, 세계 3대 골프 브랜드 중 2곳이 한국 기업 소유다. 한국 교민 소유의 해외 골프장 수도 무려 200곳 이상이라는 통계도 있다.

5 골프를 국가 브랜드로

"네덜란드와 한국은 인연이 깊어요. 일찍이 17세기에 하멜(Hendrick Hamel)이 표류해 13년간 머물다 돌아가 서방에 조선을 알렸고, 2002년 한·일 월드컵 때는 히딩크가 한국 축구 국가대표 감독을 맡아 4강 신화를 남기며 국민적 영웅으로 떠올랐죠."

"그런가요? 하멜 이야기를 들으니 한국과 우리나라는 오래 전부터 알고 지낸 친구 같은 사이인 것 같네요. 저도 몇몇 한국인들을 알고 있어요. 여자프로골퍼 '피너츠'와 '팩'은 멋진 경기를 펼쳐 보이는 선수죠. 특히 개인적으로 팩은 여자프로골퍼 중 넘버원이라고 생각해요."

"골프를 좋아하시나 보네요. 실례가 되지 않는다면 혹시 골프를 얼마나 치시는지 여쭤 봐도 될까요?"

"허허, 안타깝게도 전혀 못 쳐요. 지금까지 직접 쳐본 적도 없고."

"그런데 어떻게 그들을 잘 아세요?"

"외신과 스포츠 뉴스를 꼼꼼히 챙겨 보는 편이거든요. 언제였죠? 얼마 전에는 'KJ'라는 남자 프로가 타이거 우즈를 제치고 우승하지 않았나요."

10여 년 전 네덜란드의 어느 교수를 만난 자리에서 나눈 대화의 한 토막이다. 네덜란드와 한국은 역사적으로 인연이 깊다는 말로 분위기를 띄우려고 했는데 예상치 못하게 한국골프선수 이야기가 나와서 내심 놀랍고 반가웠던 기억이 난다. 그는 '피너츠(Peanuts)'·'팩(Pak)'·'KJ' 즉, 김미현·박세리·최경주 선수의 활약상을 TV와 신문에서 접하고 있었고, 그들이 한국 사람이라는 것도 이미 알고 있었다.

골프의 경제적 효과

국제라이온스클럽의 활동을 하며 전 세계를 다니다 보면 깜짝 놀라는 일이 많다. TV 채널을 돌리다가 삼성·LG·현대기아차 등 한국 기업 제품을 광고하는 CF가 수시로 나오는 것을 보고 놀라고, 한국골프선수들이 우승컵을 들어 올리는 장면이 메인 뉴스에 보도되는 것을 보고 또 놀란다.

그전까지 해외에서 한국 인지도를 높여온 주역은 단연 기업들이었다. 하지만 2000년대 들어와 골프선수들의 기여도도 기업에 못지않다. 전 세계 수억 명이 시청하는 PGA투어나 LPGA투어 대회에서 한국선수들이 우승 레이스를 펼칠 때마다 'Korea'와 '태극기'가 화면에 비쳐졌다. 환상적인 플레이에 전 세계인이 열광하는 동안 그들의 뇌리에 한국의 이미지가 자연스럽게, 그리고 강하게 각인됐을 것이다. 한국의 국가 이미지를 개선하고 국가 브랜드 인지도를 고양하는 데 골프선수들이 혁혁한 공을 세웠던 것이다.

박세리·김미현·최경주·양용은 등 세계적인 골프 스타를 비롯한 한국 남녀 골퍼들은 국제무대에서 매해 우수한 성적을 거두며 늘 스포트라이트의 중심에 서 있다. 특히 여자선수의 경우 LPGA투어의 자동 진출권을 가진 전 세계 선수들 중 1/4이 한국 선수일 정도로 위세를 떨치고 있다. 1990년대 후반부터 혜성 같이 나타난 한국선수들의 맹활약은 아시아 변방의 자그마한 분단국가 '한국'을 세계에 널리 알리는 홍보대사 역할을 톡톡히 했다.

사실 스포츠계에서 이런 사례는 여러 군데에서 찾아볼 수 있다. 인구가 82만여 명에 불과한 남태평양의 소국 피지는 비제이 싱이란 걸출한 골프스타를 배출하면서 세계에 널리 알려졌고, 세계 탁구계를 평정한 중국 선수들의 활약은 '죽의 장막'을 친 중국을 세계무대에 등장시키는 계기가 됐다. 이제는 한국골프선수가 해외 무대에서 종횡무진 활약하며 전 세계에 한국을 대대적으로 홍보하게 된 것이다.

정부는 이들의 국위 선양을 기리기 위해 1998년 박세리, 1999년 김미현, 2002년 최경주에게 체육훈장 맹호장을 수여했다. 2008년 11월엔 최경주에게 다시 체육인으로는 세 번째로 체육훈장 청룡장을 주었다.

골프의 국가 홍보 효과도 막대하지만 가시적인 경제적 효과도 매우 크다. 한국골프선수들이 해외 대회에서 벌어들인 상금 총액이 2008년에 2억 달러를 넘어섰다는 신문기사를 본 적이 있다. 이를 상품 수출로 바꿔 보면, 평균이익률을 11% 정도로 잡고 환율을 1,000원으로만 계산해도 무려 1조 8,000억 원 어치 이상의 상품을 수출해야 얻을 수 있는 이익이라는 것이었다.

단순히 대회 상금만을 놓고 봐도 액수가 어마어마하지만 선수들의 주요 수입원이 광고와 스폰서십 등이라는 점을 감안할 때 실제로 이들이 해외에서 벌어들이는 외화는 막대할 것이라는 추측이 가능하다.

내수시장에 미치는 골프의 영향력도 갈수록 커지고 있다. 2006년 국내 골프산업 시장 규모는 3조 3,000억 원에 달했으며, 2020년에는 13조 원 규모로 늘어났다. 산업 자체의 파이도 크게 늘어났지만 관련 산업에 미치는 경제 유발효과는 더욱 증가하고 있다.

오해와 편견 벗고 국가 브랜드로

골프야말로 국가 발전에 여러 모로 기여하는 효자종목이지만 골프에 대한 부정적 인식은 별로 나아지지 않은 것 같다. 골프만큼 편견에 시달리는 스포츠가 또 있을까 싶다. '자연환경의 파괴자', '사치성 스포츠', '부자들의 전유물' 등 진실과 실제와는 거리가 먼 오해가 풀리지 않고 쌓이고 쌓여 편견이라는 퇴적층으로 굳어져 버렸다.

골프는 소수만을 위한 스포츠라는 편견을 가진 사람들이 알면 깜짝 놀랄만한 사실이 있다. 그것은 골프가 한국 15세 이상 성인인구 중 600만 명이 연간 5,500만 번이나 즐기고 있는 대중적인 스포츠라는 점이다.

골프장 내장객 증가에서도 보듯 골프에 대한 국민적 인식은 호감과 비호감이라는 이율배반적인 감정이 뒤섞여 있다. 이런 현상은 앞서 말했듯이 그동안 쌓여온 오해와 그로 인한 편견이 적절하게 해명되고 풀리지 않았기 때문일 것이다. 이를 극복하기 위해 한 가지 제안을 하고자 한다. 단순히 오해를 풀고 골프의 진면목을 바로 보는 차원에서 성큼 더 나아가 골프의 위상을 재정립하자는 것이다.

이전까지는 어쩔 수 없는 빠른 사회적 변화와 발전의 과정에서 이념적·정치적 시각으로 골프를 바라봤다면 이제는 '연간 5,500만 명이 즐기는 국민적인 스포츠로서의 골프', '국가에 수입이 되는 관광자원으로서의 골프', '내수 진작에 탁월한 복합산업으로서의 골프'라는 3가지 관점에서 새로이 바라볼 시기가 됐다는 판단이다. 1974년 대통령령에 의해 골프가 사치산업으로 규정된 이후 각종 규제와 과도한 세금 부담에 시달려온 것을 이제 바로잡자는 것이다.

미래 유망산업인 골프산업을 정부가 오히려 적극 육성하고 장려해야 할 때가 온 것이다. 예를 들어 골프산업을 관광산업이라는 시각으로 다시 바라보는 것이다. 한 일본인 관광객이 2박 3일 동안 한국에 머무르는 경우, 단순히 관광만 하러 오는 경우와 골프를 치러 오는 경우는 씀씀이 자체가 다르다. 우리가 외국 골프 관광객을 적극 유치한다면 큰 외화벌이가 될 수 있다.

외국 골프 관광객은 차치하고 심지어 국내 골프인구도 비싼 국내 골프장보다 해외 골프장에 눈을 돌리는 실정이다. 외화를 벌지는 못할망정 아끼려면 해외로 골프 여행을 떠나는 발걸음만이라도 국내로 되돌릴 수 있는 조치는 취해야 하지 않을까. 앞으로 경제적 측면에서 내수 경기 활성화도 한번 쯤 생각할 때가 된 것 같다.

페어플레이 정신과 신사도를 시민사회에

골프에 대한 위상 재정립을 좀 더 발전적인 방향으로 말하면, '골프의 국가 브랜드화'라고 할 수 있다. 국가 브랜드라는 것은 그 국가의 이미지다. 가령 물건을 살 때 가격과 품질이 비슷하다면 이미지가 더 좋은 국가의 제품을 선택될 것이다.

골프라는 고급 이미지가 국가 브랜드화될 때 한국을 바라보는 세계의 눈은 사뭇 달라질 것이다. 지금까지 우리 골프선수들의 활약으로 자연스럽게 형성되고 있는 호감의 확산을 위해 국가 정책적인 차원에서 공식적으로 뒷받침할 필요성을 적극 검토할 적기라는 생각이다.

얼마 전 세계적인 경제 석학 한 분은 "한국이 지속적인 경제발전을 하기 위해서는 수출위주 정책에 더해 내수경기 활성화를 이루어야 된다"는 조언을 했다. 차제에 골프에 관련된 골프채·공·의류 등을 내수시장화하는 노력을 펼친다면 골프의 국가브랜드화는 더욱 빛을 발할 것이다. 세계적인 스타선수, 산업으로서의 규모와 동호인 인구, 스포츠 정신의 가치 등을 종합하면 골프가 국가 브랜드로 손색이 없다고 본다.

골프를 국가 브랜드로 육성하는 그 첫걸음은 현재의 골프 중과세 정책 기조에서 탈피해 합리적이고 정상적인 세제로 복귀하는 것이다. 그러면 골프산업은 활성화되고 골프인구는 더욱 늘어나 대한민국을 대표하는 국가 브랜드 중 하나로서 자리매김할 수 있을 것이다.

그에 따라 스포츠 중에서 유일하게 심판이 없는 경기인 골프의 페어플레이 정신과 에티켓이 사회에 확산돼 시민의식 향상의 수준까지 올라간다면 스포츠를 통해 행복한 사회를 만드는 또 하나의 방법이 될 것이다.

대한민국 신풍류(新風流), 그리고 골프

건강한 육체에 건강한 정신을 목표로 하는 체육의 궁극적 목표는 어떤 스포츠라도 같다. 특히 골프에 있어서는 멘톨 트레이닝과 매너 에티켓의 체질화가 중요하다. 심판 없는 경기, 남을 배려하는 경기, 인간적 성숙도를 바탕으로 신사적 자세를 가져야 하는 골프라는 스포츠를 마주하게 되면 언뜻 떠오르는 것이 있다.

'풍류'라는 단어다. 신라시대 고운 최치원 선생이 쓰신 〈난랑비서〉(화랑 란(鸞)을 위해서 쓴 비문의 서)에 보면 "나라에는 현묘한 도가 있으니 '풍류'라고 한다"고 했다. 이 풍류는 우리 민족 고래의 정신으로 유불선 삼교가 융합된 것이다. 한국 사람의 핏속에 옛날부터 면면히 이어져 오는, 민족의 바탕을 이루는 정신의 하나이다. 이 '풍류' 정신을 연마하기 위해서 젊은이들은 산천경개를 유람하고 호연지기를 기르면서 인격적 수련은 물론이고 심신의 단련을 위해 부단히 노력해 왔다. 이것은 신라시대뿐만 아니라 단군조선 때부터 우리 민족의 의식을 관류하며 이어져 온 정신이다.

골프는 불과 몇백 년 전 인간의 놀이로 출발했지만 오늘날에 이르러서는 훌륭한 스포츠로서 전 세계적으로 자리 잡았다. 그 과정에서 유럽이라는 지역적 특성에 바탕을 두면서 고유한 매너와 에티켓이 심벌처럼 됐다. 한편에서는 신사의 스포츠라고 표현한다.

'풍류' 정신 역시 인간성의 순화와 체력의 단련을 통해 품격 있는 개인을 완성시킨다는 면에서 골프와 유사성을 찾을 수 있다. 다시 말해 골프는 현대판 '풍류도'이다. 곳곳에 만들어진 산천경개를 탐방하며 심신을 단련하는 골프를 보면서 자연스레 이러한 생각을 갖게 된다.

골프 룰의 제일 처음 장을 펼치면 매너와 에티켓을 강조하고 있다. 기량의 탁월성만 평가하는 것이 아니라, 인간성의 심화를 더 중요시한다. 가장 기본이 자신을 속이지 않는 것이다. 그와 더불어 상대방을 불편하게 하지 않는 것이다. 상대방이 나에게 하지 말아 주었으면 하는 것을 자신이 남에게 하지 않는 배려, 이것은 사회적 성숙도의 근간이다. 골프의 매력도 여기에 있다. 골프를 생각하면서 함께 생각해 보는 '풍류' 정신은 오늘날 이 시대의 시대정신(Zeitgeist)으로 어긋남이 없다.

연간 5,000만 명 이상이 골프장을 찾고 있다. 골프인구 600만 시대라고 한다. 우리가 입버릇처럼 이야기하던 골프 대중화가 현실화되고 있다. '풍류' 정신이 흐르고 있는 우리 국민들에게 골프가 인간으로서의 격을 높이고 삶의 멋을 지니는 스포츠로서 기여할 수 있으리라 믿는다.

나아가서 골프를 국가 브랜드화한 'K-골프'를 신중하게 생각해 볼 때가 됐다. 우리 선수들의 기량은 일취월장해 세계적으로 평가받고 있다. 세계인들로부터 K-골프는 다른 한류 못지않게 훌륭한 수준과 기량을 인정받고 있다.

선진국에 들어선 한국이 세계 속에서 국격을 제고하는 한 방편으로 골프의 창달을 기획하면 어떨까. K-골프를 우리의 브랜드로 내세워 국내 시장은 물론이고 세계 시장에서 산업적으로도 큰 신장을 가져올 계기를 마련했으면 한다. 바야흐로 때가 왔다.

K-골프의 중심에는 '풍류' 정신이 있다.

국민 스포츠로 자리 잡은 골프

벚꽃이 만개한 대구CC에서 골프를 만끽하고 있는 골퍼들.
새로운 풍류정신으로 무장한 K-골프의 세계화를 추구해야 할 때가 됐다.

글을 마치며

〈신풍류 新風流 * 골프, 나를 만들고 가르치다〉라는 제목을 걸고, 나는 내가 살아온 삶과 그 속에 자리했던 '골프'에 대한 기억 및 생각을 정리했다.

돌이켜보면, 나의 기억과 생각은 대체로 한국에서 골프라는 스포츠가 걸어온 길, 즉 골프의 역사와 겹칠 수 있다.

솔직히 나는 골프를 통해서 나 자신의 삶을 만들어왔다고 생각한다. 그만큼 골프는 나의 삶을 가르치고 이끌었던 것이었다.

골프장에서 일어나는 시시콜콜한 일들에서부터, 방문객들과의 관계, 골프장과 관계된 정치와 경제와 사회와 예술, 경영에서 겪는 희비애락 등은 나의 인간성을 만들고, 대인관계의 폭을 넓히고, 나의 처세를 일깨워주었다. 한 마디로 골프는 '나를 만들고 가르쳤다!'

60년을 함께 해온 골프.

앞으로도 골프는 누군가의 곁에서, 누군가를 위한 삶의 자양분이 되고 위로가 되고 길잡이가 될 수 있을 것이다.

골프를 사랑하는 남녀노소 모두의 개개인 삶을 통해서 대한민국의 골프 역사도 꾸준히 전개될 것이다.

나아가 골프가 신풍류로 자리 잡아 국가의 브랜드 가치와 국격을 높여 나갔으면 하는 바람이다. 대한민국의 역사에 비추어본다면 아마 그럴 수 있으리라 믿는다.

대한민국의 골프가 좋아 외국인들이 대한민국을 찾고, 한국인과 한국문화, 한국의 자연을 사랑하게 되는 날이 드디어 올 것이라는 작은 믿음도 이 책에 담아둔다.

그동안 함께했던, 골프를 사랑하는 모든 분에게, 나를 일깨워주고 이끌어준 모든 분에게 깊은 감사의 말씀을 전한다.

특히 골프에 대해 문외한이면서 일반인의 시각으로 이 책의 내용을 살펴봐주신 나의 지도교수(영남대학교 철학과 최재목 교수)와 책을 완성하는데 있어 색상과 디자인 등 미술적 완성을 잡아준 영남대학교 시각디자인학과 김해태 교수에게도 깊이 감사드린다.

아울러 개인적 시간을 할애해 원고를 정리하고 책을 내는데 수고를 아끼지 않은 이승하 군에게도 감사의 마음을 전한다.